The Living Language™ Series

Living Language™ Basic Courses, Revised & Updated

Spanish*	Japanese*
French*	Russian
German*	Portuguese (Brazilian)
Italian*	Portuguese (Continental)
Inglés/English for Spanish Speakers	

Living Language™ Intermediate Courses

Spanish 2	French 2
German 2	Italian 2

Living Language™ Advanced Courses

Spanish	French

Living Language All the Way™

Spanish*	Spanish 2*	Japanese*
French*	French 2*	Russian*
German*	German 2*	
Italian*	Inglés/English for Spanish Speakers*	

Living Language™ Children's Courses

Spanish	French

Living Language™ Conversational English

for Chinese Speakers	for Korean Speakers
for Japanese Speakers	for Spanish Speakers
for Russian Speakers	

Living Language™ Fast & Easy

Spanish	Italian	Portuguese
French	Russian	Czech
German	Polish	Hungarian
Japanese	Korean	Mandarin Chinese
Arabic	Hebrew	Inglés/English for Spanish Speakers

Living Language™ Speak Up!® Accent Elimination Courses

Spanish	American Regional
Asian, Indian and Middle Eastern	

Living Language Traveltalk™

Spanish	Italian	Portuguese
French	Russian	
German	Japanese	

Living Language Multimedia™ TriplePlay Plus!

Spanish	German	Hebrew
French	English	

Living Language Multimedia™ Your Way

Spanish	French

Living Language Multimedia™ Let's Talk

Spanish, French, German, Italian

*Available on Cassette and Compact Disc

Living Language™
GERMAN 2

A CONVERSATIONAL
APPROACH TO VERBS

Conversation Manual by
Kathryn Buck
Buck Language Services

Verb charts by
Bradley W. Greenquist

CROWN PUBLISHERS, INC.
NEW YORK

ACKNOWLEDGMENTS

Thanks to the staff at Living Language™: Kathy Mintz, Helga Schier, Ana Suffredini, Julie A. Lewis, Jessica Frankel, Christopher Warnasch, Mark McCauslin, Erin Bekowies, and Lenny Henderson. Special thanks also to Egila Lex, Johanna Sophia, and Wilm Pelters.

Published by Crown Publishers, Inc., 201 East 50th Street, New York, New York 10022. Member of the Crown Publishing Group.

Random House, Inc. New York, Toronto, London, Sydney, Auckland

http://www.randomhouse.com/

Living Language and colophon are trademarks of Crown Publishers, Inc.

Manufactured in the United States of America

Design by Leonard Henderson

Library of Congress Cataloging-in-Publication Data
Buck, Kathryn.
    Living language German 2: a conversational approach to verbs / conversational manual by Kathryn Buck; verb charts by Bradley W. Greenquist.
    1. German language—Verb. 2. German language—Textbooks for foreign speakers—English. 3. German language—Conversation and phrase books—English. I. Greenquist, Bradley W. II. Title.
PF3271.B78   1996
438.2′421—dc20   95-52227

ISBN 0-517-88529-8

10 9 8 7 6 5 4 3 2 1

First Edition

CONTENTS

Introduction

Welcome to *Living Language™ German 2: A Conversational Approach to Verbs*. If you have already mastered the basics of German grammar and usage in school, while traveling abroad, or with other Living Language™ courses, then *German 2* is right for you. This intermediate–advanced program features an enjoyable conversational approach to learning one of the most troublesome aspects of any language—verbs and their conjugations. The complete program consists of this text and four hours of recordings. However, if you are already comfortable with your German pronunciation, this manual may also be used on its own.

Living Language™ German 2 focuses on more than 180 of the most useful German verbs. The recordings introduce more than 75 essential verbs in a conversational context. With dialogues, explanations, and exercises that let you check your progress, you will master the verb forms quickly and easily and learn new vocabulary and idiomatic expressions along the way. This *German 2* manual includes the complete 40 lessons featured on the recordings, plus several reference sections that provide verb charts with full conjugations of more than 180 verbs, a tense formation guide, a comprehensive survey of German grammar, a pronunciation guide, and a glossary of grammatical terms. After studying with *Living Language™ German 2* for only half an hour a day, you'll be speaking with confidence and ease in six weeks!

COURSE MATERIAL

THE MANUAL

The Manual is divided into a Reference Section, Verb Charts, and a Conversation Manual and comprises the following components:

Glossary of Grammatical Terms: To make sure that you have no difficulty with the terminology used in the program, the glossary provides an easy explanation of the most important grammatical terms and their German translations. If you come across an unfamiliar term, the definition can easily be found in this section.

Pronunciation Guide: This chart serves as a quick reference guide to the pronunciation of German consonants and vowels.

Grammar Summary: The grammar summary provides information on aspects of German grammar that are not related to verbs, such as articles, nouns, pronouns, and adjectives.

Tense Formation Guide: This guide shows you the endings and formation rules in any tense or mood. It provides the key to conjugating thousands of verbs on your own.

Verb Charts: Over 180 of the most common verbs, including those introduced throughout the program, are fully conjugated in the verb charts. In addition, they feature related words and expressions. These charts offer the opportunity to focus on a particular verb in detail.

Conversation Manual: The conversation manual provides a guided tour of German verbs and their usage in everyday conversation. The forty lessons give in-depth explanations while offering conversational practice, and they correspond to the lessons on the recordings that accompany this textbook.

Index of Verbs: Every verb used in the program is listed alphabetically and translated. The entries beginning with the letter C refer to the chart where the verb is fully conjugated; the entries beginning with the letter M refer to the lessons in which the verb is featured. The verb index is particularly helpful when reviewing specific verbs.

THE RECORDINGS

This manual accompanies four 60-minute cassettes. Because the recordings are in English and German, you can study anywhere, anytime—at home and on the go. An English narrator leads you through the program, while native German speakers demonstrate the relevant forms. This textbook contains the complete transcript of the recordings, allowing you to read along if you wish. All English text appears in regular type; German phrases to be repeated appear in **boldface** type, and German phrases for listening only appear in *italic* type. The ☞ symbol indicates the expected response to a question.

Each of the forty lessons is divided into three sections. Section A begins with an English introduction to the verb or verb group and an explanation of the tense or mood the lesson focuses on. Native German speakers conjugate a model verb that illustrates the key points of the explanation, and sample sentences show you the verb in several different contexts. To practice, simply repeat the phrases and sentences after the native speakers during the pauses provided.

Section B features the verbs "in action" in the form of a dialogue. You will first hear the entire dialogue in German only, at normal conversational speed. All you have to do is listen in and you'll improve your comprehension. You will then hear the dialogue a second time, repeated phrase by phrase with English translations and pauses for you to repeat after the native speakers.

The interactive exercises in section C will help you integrate what you've learned by asking you to generate German sentences on your own. You will transform sentences (e.g., from the present tense to the past), answer questions, and occasionally translate from English into German. You will hear the correct answer after you respond.

The interactive approach of the recordings and textbook will help you master the essentials of German verbs and improve your fluency. With *Living Language™ German 2*, you will learn to understand, speak, and even think in German.

Reference Section

LETTERS AND SOUNDS

DAS ALPHABET (THE ALPHABET)

The German alphabet has 26 regular letters. They are pronounced as follows:

German Spelling	Approximate Sound in English	Example
a	father	*Anna, Albert*
b	bed	*Bank, Berlin*
c	nuts	*Celsius*
d	date; tiger	*Drama, Bad*
e	May; fairy	*Erich, Ende*
f	fly	*Film, Fabel*
g	garden	*Gas, Gustav*
h	house	*Hotel, Hunger*
i	pizza	*Idee, Iris*
j	yes	*ja, Jaguar*
k	keep	*Karl, Kanal*
l	land	*Lampe, Linie*
m	mile	*Maschine, Martha*
n	new	*Nation, Natur*
o	alone	*Oper, Ofen*
p	price	*Problem, Paul*
q	quality	*Qualität, Quiz*
r	rice	*Rose, Reis*
s	raise; boss	*Signal, See, Reis, Haus*
t	tea	*Tee, Telefon*
u	room	*Utopie, gut*

v	<u>f</u>air	*<u>V</u>ers, <u>V</u>ater*
w	<u>v</u>ain	*<u>W</u>illi, <u>W</u>olf*
x	a<u>x</u>	*<u>X</u>ylophon, A<u>x</u>t*
y	n<u>ew</u>	*t<u>y</u>pisch, L<u>y</u>rik*
z	nu<u>ts</u>	*<u>Z</u>oo, <u>Z</u>one*

DIE UMLAUTE UND ß (THE UMLAUTS AND ß)

The Letters *a, o,* and *u* can also appear with two dots above them, called umlauts; these letters have a different sound. The ß (called "ess-tsett") is a ligature of the letters *s* and *z*.

German Spelling	Approximate Sound in English	Example
ä	<u>f</u>air	*B<u>ä</u>r*
ö	M<u>ay</u>	*<u>Ö</u>l*
ü	n<u>ew</u>	*gr<u>ü</u>n*
ß	hi<u>ss</u>	*wei<u>ß</u>*

DIPHTHONGE (DIPHTHONGS)

German Spelling	Approximate Sound in English	Example
ai	l<u>i</u>ke	*K<u>ai</u>ser, <u>Ei</u>s*
äu	b<u>oy</u>	*H<u>äu</u>ser, d<u>eu</u>tsch*
au	h<u>ou</u>se	*H<u>au</u>s, M<u>au</u>s*

DIE KONSONANTENVERBINDUNGEN (CONSONANT COMBINATIONS)

German Spelling	Approximate Sound in English	Example
ch	lo<u>ch</u>	*Ba<u>ch</u>, Bu<u>ch</u>,*
	<u>h</u>ue	*i<u>ch</u>, Mün<u>ch</u>en,*
		Mil<u>ch</u>, Kir<u>ch</u>e
sch	<u>sh</u>oe	*<u>Sch</u>uh, <u>Sch</u>iff*
sp	<u>sh</u>oe	*<u>Sp</u>ort, <u>Sp</u>anien*
st	<u>sh</u>oe	*<u>St</u>uhl, <u>St</u>ern*

GLOSSARY OF
GRAMMATICAL TERMS

active voice—*das Aktiv:* a verb form in which the subject of the verb performs an action.

adjective—*das Adjektiv:* a word that describes nouns, as for example *hübsch*—"pretty."

adverb—*das Adverb:* a word that describes verbs, adjectives, or other adverbs, as for example *schnell*—"quickly."

auxiliary verb—*das Hilfsverb:* a helping verb used with a main verb to form compound tenses. German has three: *haben*—"to have," *sein*—"to be," *werden*—"to become."

compound tense—*die zusammengesetzte Zeit:* a tense formed with one of the auxiliaries *haben, sein,* or *werden,* such as the conversational past or the future.

conditional sentence—*der Konditionalsatz:* hypothetical (depending on a possible condition or circumstance) statements and questions using the conditional *würde.*

conjugation—*die Konjugation:* the system of verb forms with their endings that express tense, person, and number.

conversational past—*das Perfekt:* a verb form used to express actions or states that happened in the past; used mainly in conversation. See also "perfect."

definite article—*der bestimmte Artikel:* a word linked to a noun indicating it is specific, as for example *der*—"the" (masculine singular).

demonstrative—*das Demonstrativpronomen und -adjektiv:* words that highlight something that is referred to, as for example *dieses Buch*—"this book."

der-words—*der-Wörter:* words that are conjugated exactly like the definite article, such as *dieser*—"this."

ein-words—*ein-Wörter:* words that are conjugated exactly like the indefinite article, such as *kein*—"none."

ending—*die Endung:* the suffixes added to the stem indicating person, tense, and mood.

gender—*das Geschlecht:* grammatical categories for nouns, loosely related to physical gender and/or word ending; German has three, masculine, feminine, and neuter: *der Mann* (m.), *die Frau* (f.), *das Kind* (n.).

imperative—*der Imperativ:* the command form.

impersonal verb—*das unpersönliche Verb:* a group of verbs usually only used with an impersonal subject such as *es*—"it," or *das*—"that." For example: *Es regnet*—"It's raining."

indefinite article—*der unbestimmte Artikel:* a word linked to a noun indicating that it is nonspecific, as for example *ein*—"a/an" (masculine singular).

indicative—*der Indikativ:* the mood used for factual or objective statements and questions.

infinitive—*der Infinitiv:* the basic form of a verb found in the dictionary that does not specify the subject (person or number), tense, or mood. The German infinitive always ends on *-en.* For example *sprechen*—"to speak."

inseparable verb—*das untrennbare Verb:* verbs with a prefix that cannot be separated from the verb; for example *bekommen*—"to get."

intransitive verb—*das intransitive Verb:* a verb denoting a complete action without taking a direct object, such as *sitzen*—"to sit."

irregular verb—*das unregelmäßige Verb:* a group of verbs that undergo a stem-vowel change in their narrative past, and sometimes even in some forms of the present indicative. For example: *ich verstehe—ich verstand.* See also "strong verb."

mixed verb—*das gemischte Verb:* a group of verbs that form their narrative past and their past participle with a vowel change (like strong verbs) and the weak verb endings. For example: *brennen—brannte—gebrannt.* See also "semi-regular verb."

modal verb—*das Modalverb:* a group of six irregular verbs expressing permission, ability, wish, obligation, and necessity: *dürfen, können, wollen, möchten, sollen, müssen.*

mood—*der Modus:* the attitude toward what is expressed by the verb. See also "indicative," "conditional," and "subjunctive."

narrative past—*die einfache Vergangenheit:* the past tense used for completed actions or states; useful for narration of events.

noun—*das Substantiv:* a word referring to a person, place, or thing, as for example *das Haus*—"house."

number—*die Zahl:* the distinction between singular and plural.

object—*das Objekt:* a grammatical object can be a noun, pronoun, or noun group governed by a transitive verb or a preposition. It may be a direct object, i.e. the person or thing that receives the action of a verb (accusative—*der Akkusativ*), or an indirect object, i.e. the person or thing that receives the action of the direct object and/or is the object of a preposition (dative—*der Dativ*).

participle—*das Partizip:* an unconjugated, unchanging verb form often used with auxiliary verbs to form compound verb forms. For example: present and past participles: *essend/gegessen*—"eating/eaten."

11

passive voice—*das Passiv:* a verb form that focuses on the action of the sentence rather than on the grammatical subject performing it. The recipient of the action is usually expressed as the grammatical subject.

past perfect—*das Plusquamperfekt:* the past perfect using the narrative past of *haben*—"to have," or *sein*—"to be," plus the past participle.

perfect—*das Perfekt:* compound verb forms (present perfect or past perfect) used for past actions or events. The present perfect is more common in conversation than the simple past. See also "conversational past."

person—*die Person:* the grammatical category that distinguishes between the speaker (first person), the person spoken to (second person), and the people and things spoken about (third person); often applies to pronouns and verbs.

possessive pronoun—*das Possessivpronomen:* indicates ownership, as for example *mein*—"my."

predictable verb—*das regelmäßige Verb:* a group of regular verbs that form their narrative past by adding endings to their stem, as for example, *holen*—*holte*. Their past participle always adds the prefix *ge-* and the ending *-t: holen*—*geholt*. See also "weak verb."

preposition—*die Präposition:* a word (often as part of a phrase) that expresses spatial, temporal, and other relationships, as for example *auf*—"on."

present—*das Präsens:* verb forms used for actions or events that are in progress.

pronoun—*das Pronomen:* a word taking the place of a noun, as for example, personal or demonstrative pronouns.

reflexive verb—*das reflexive Verb:* a verb whose action reflects back to the subject, as for example *sich kämmen*—"to comb (oneself)."

12

semi-regular verb—*das semi-regelmäßige Verb:* a group of verbs that forms the narrative past and the past participle with a stem-vowel change (like strong verbs) and the weak verb endings. For example: *brennen—brannte—gebrannt.* See also "mixed verb."

separable verb—*das trennbare Verb:* a verb with a prefix that is separated from the verb in certain tenses and moods; for example: *ankommen*—"to arrive"; *Ich komme an*—"I'm arriving."

simple tense—*die nichtzusammengesetzte Zeit:* a tense such as the narrative past that is formed by adding endings to the verb stem.

stem or **root**—*der Stamm:* the basic part of the infinitive that does not change during the conjugation of regular verbs formed by dropping the *-en* ending.

strong verb—*das starke Verb:* a group of verbs that form their narrative past and sometimes their past participles with a vowel change, as for example: *singen—sang—gesungen.* Their past participles always end in *-en.*

subject—*das Subjekt:* the person, place, or thing performing the action of the verb or being in the state described by it (nominative).

subjunctive—*der Konjunktiv:* a verb form that expresses contrary-to-fact situations, wishful thinking, and indirect speech.

tense—*die Zeit:* the time of an action or event, i.e., past, present, or future.

transitive verb—*das transitive Verb:* a verb denoting a complete action accompanied by a direct object, such as *setzen*—"to put."

verb—*das Verb:* a word expressing an action or state, as for example *gehen*—"(to) walk."

weak verb—*das schwache Verb:* a group of verbs that form their narrative past by adding endings to their stem, as for example: *holen—hol*te. Their past participles always add the prefix *ge-* and the ending *-t: holen—*ge*hol*t. See also "predictable verb."

GRAMMAR SUMMARY

THE DEFINITE ARTICLE

	MASCULINE	FEMININE	NEUTER	PLURAL
NOMINATIVE	der	die	das	die
ACCUSATIVE	den	die	das	die
DATIVE	dem	der	dem	den
GENITIVE	des	der	des	der

DER-WORDS: DIESER, JENER, WELCHER, MANCHER, SOLCHER

	MASCULINE	FEMININE	NEUTER	PLURAL
NOMINATIVE	dieser	diese	dieses	diese
ACCUSATIVE	diesen	diese	dieses	diese
DATIVE	diesem	dieser	diesem	diesen
GENITIVE	dieses	dieser	dieses	dieser

THE INDEFINITE ARTICLE

	MASCULINE	FEMININE	NEUTER
NOMINATIVE	ein	eine	ein
ACCUSATIVE	einen	eine	ein
DATIVE	einem	einer	einem
GENITIVE	eines	einer	eines

EIN-WORDS: *KEIN, MEIN, DEIN, SEIN, IHR, UNSER, EUER, IHR, IHR*

	MASCULINE	FEMININE	NEUTER	PLURAL
NOMINATIVE	*mein*	*meine*	*mein*	*meine*
ACCUSATIVE	*meinen*	*meine*	*mein*	*meine*
DATIVE	*meinem*	*meiner*	*meinem*	*meinen*
GENITIVE	*meines*	*meiner*	*meines*	*meiner*

PLURAL FORMATION

SINGULAR		PLURAL
der Titel	+ -	*die Titel*
der Sommer		*die Sommer*
der Vater	+ ¨	*die Väter*
die Mutter		*die Mütter*
das Hotel	+ -s	*die Hotels*
der Film	+ -e	*die Filme*
die Hand	+ (¨)e	*die Hände*
das Haus	+ ¨er	*die Häuser*
der Mann		*die Männer*
die Adresse	+ -(e)n	*die Adressen*
das Bett		*die Betten*

PRECEDED NOUNS AND ADJECTIVES

	MASCULINE	FEMININE	NEUTER	PLURAL
NOM.	*der junge Mann*	*die alte Stadt*	*das schöne Haus*	*die guten Weine*
	ein junger Mann	*eine alte Stadt*	*ein schönes Haus*	*keine guten Weine*
ACC.	*den jungen Mann*	*die alte Stadt*	*das schöne Haus*	*die guten Weine*
	einen jungen Mann	*eine alte Stadt*	*ein schönes Haus*	*keine guten Weine*
DAT.	*dem jungen Mann*	*der alten Stadt*	*dem schönen Haus*	*den guten Weinen*
	einem jungen Mann	*einer alten Stadt*	*einem schönen Haus*	*keinen guten Weinen*
GEN.	*des jungen Mannes*	*der alten Stadt*	*des schönen Hauses*	*der guten Weine*
	eines jungen Mannes	*einer alten Stadt*	*eines schönen Hauses*	*keiner guten Weine*

UNPRECEDED NOUNS AND ADJECTIVES

	MASCULINE	FEMININE	NEUTER	PLURAL
NOMINATIVE	*guter Kuchen*	*gute Torte*	*gutes Brot*	*gute Torten*
ACCUSATIVE	*guten Kuchen*	*gute Torte*	*gutes Brot*	*gute Torten*
DATIVE	*gutem Kuchen*	*guter Torte*	*gutem Brot*	*guten Torten*
GENITIVE	*guten Kuchens*	*guter Torte*	*guten Brotes*	*guter Torten*

MASCULINE *N*-NOUNS

	SINGULAR	PLURAL
NOMINATIVE	*der Architekt*	*die Architekten*
ACCUSATIVE	*den Architekten*	*die Architekten*
DATIVE	*dem Architekten*	*den Architekten*
GENITIVE	*des Architeten*	*der Architekten*

PERSONAL PRONOUNS

SINGULAR	1ST PERSON	2ND PERSON	3RD PERSON MASCULINE	3RD PERSON FEMININE	3RD PERSON NEUTER
NOMINATIVE	*ich*	*du*	*er*	*sie*	*es*
ACCUSATIVE	*mich*	*dich*	*ihn*	*sie*	*es*
DATIVE	*mir*	*dir*	*ihm*	*ihr*	*ihm*

PLURAL	1ST PERSON	2ND PERSON	3RD PERSON	POLITE
NOMINATIVE	*wir*	*ihr*	*sie*	*Sie*
ACCUSATIVE	*uns*	*euch*	*sie*	*Sie*
DATIVE	*uns*	*euch*	*ihnen*	*Ihnen*

THE DEMONSTRATIVE PRONOUN *DER*

	MASCULINE	FEMININE	NEUTER	PLURAL
NOMINATIVE	*der*	*die*	*das*	*die*
ACCUSATIVE	*den*	*die*	*das*	*die*
DATIVE	*dem*	*der*	*dem*	*denen*

RELATIVE PRONOUNS

	MASCULINE	FEMININE	NEUTER	PLURAL
NOMINATIVE	*der*	*die*	*das*	*die*
ACCUSATIVE	*den*	*die*	*das*	*die*
DATIVE	*dem*	*der*	*dem*	*denen*
GENITIVE	*dessen*	*deren*	*dessen*	*deren*

REFLEXIVE PRONOUNS

	SINGULAR	PLURAL
1ST PERSON	*mich*	*uns*
2ND PERSON	*dich*	*euch*
3RD PERSON	*sich*	*sich*

COMPARATIVE AND SUPERLATIVE

POSITIVE	COMPARATIVE	SUPERLATIVE (ADJ.)	SUPERLATIVE (ADV.)
gut	*besser*	*beste, -r, -s*	*am besten*
groß	*größer*	*größte, -r, -s*	*am größten*
hoch	*höher*	*höchste, -r, -s*	*am höchsten*
nahe	*näher*	*nächste, -r, -s*	*am nächsten*
viel	*mehr*	*meiste, -r, -s*	*am meisten*
gern	*lieber*	*liebste, -r, -s*	*am liebsten*

INTERROGATIVE PRONOUNS

NOMINATIVE	*wer*	*was*
ACCUSATIVE	*wen*	*was*
DATIVE	*wem*	
GENITIVE	*wessen*	

QUESTION WORDS

why	*warum*	*wieviel*	how much
why	*weshalb*	*wer*	who
why	*weswegen*	*wie*	how
why	*wieso*	*wozu*	what for
when	*wann*	*was*	what
where	*wo*		

TENSE FORMATION GUIDE

German has three types of verbs: weak verbs (for example *fragen* or *reisen*), strong verbs (for example *kommen* or *sprechen*), and mixed verbs (for example *denken* or *rennen*). As the infinitive holds no clue as to which group the verb belongs, it is best to approach all verbs individually, and learn the infinitive, the 3rd person singular of the present indicative, and the narrative past, as well as its past participle: *sprechen, spricht, sprach, gesprochen*.

SIMPLE TENSES

WEAK VERBS (PREDICTABLE VERBS)

Most weak or predictable verbs are regular and follow the conjugation pattern outlined below.

Present Indicative

- stem + ending

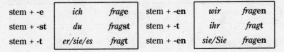

stem + -e	*ich*	*frage*	stem + -en	*wir*	*fragen*
stem + -st	*du*	*fragst*	stem + -t	*ihr*	*fragt*
stem + -t	*er/sie/es*	*fragt*	stem + -en	*sie/Sie*	*fragen*

Narrative Past

- stem + ending

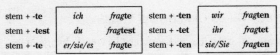

stem + -te	*ich*	*fragte*	stem + -ten	*wir*	*fragten*
stem + -test	*du*	*fragtest*	stem + -tet	*ihr*	*fragtet*
stem + -te	*er/sie/es*	*fragte*	stem + -ten	*sie/Sie*	*fragten*

Present Subjunctive

- stem + ending

stem + -e	*ich*	*frage*	stem + -en	*wir*	*fragen*
stem + -(e)st	*du*	*frag(e)st*	stem + -(e)t	*ihr*	*frag(e)t*
stem + -e	*er/sie/es*	*frage*	stem + -en	*sie/Sie*	*fragen*

Past Subjunctive

- stem + ending

stem + -te	*ich*	*fragte*	stem + -ten	*wir*	*fragten*
stem + -test	*du*	*fragtest*	stem + -tet	*ihr*	*fragtet*
stem + -te	*er/sie/es*	*fragte*	stem + -ten	*sie/Sie*	*fragten*

Present Participle   Past Participle

infinive + -d	**fragen-d**	ge- + stem + -(e)t	**ge-frag-t**

SPELLING CHANGES

- If the stem ends in *-d, -t, -m,* or *-n* preceded by a vowel or a consonant other than *-l* or *-r*, add an extra *-e-* between the stem and the ending.

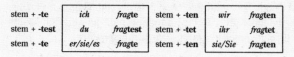

arbeiten	*er arbeitet*	*rechnen*	*er rechnete*	BUT: *lernen*	*er lernt*

- If the stem ends in *-ß, -s* or *-z*, add only *-t* to the 2nd person singular present indicative.

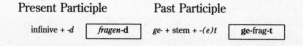

reisen	*du reist*	*heizen*	*du heizt*	BUT: *waschen*	*du wäschst*

STRONG VERBS (IRREGULAR VERBS)

All strong or irregular verbs undergo a vowel change in the narrative past, and some even in the 2nd and 3rd person singular present indicative and the singular imperative. The most common patterns for the present tense vowel changes are: *e—i*, *e—ie*, *o—ö*, *a—ä*, and *au—äu*.

Present Indicative

- either: stem + ending

stem + -e	ich	komme	stem + -en	wir	kommen
stem + -st	du	kommst	stem + -t	ihr	kommt
stem + -t	er/sie/es	kommt	stem + -en	sie/Sie	kommen

- or: stem with stem-vowel change + ending

stem + -e	ich	spreche	stem + -en	wir	sprechen
stem + -st	du	sprichst	stem + -t	ihr	sprecht
stem + -t	er/sie/es	spricht	stem + -en	sie/Sie	sprechen

Narrative Past

- stem with stem-vowel change + ending

stem + -	ich	kam	stem + -en	wir	kamen
stem + -st	du	kamst	stem + -t	ihr	kamt
stem + -	er/sie/es	kam	stem + -en	sie/Sie	kamen

Present Subjunctive

- stem + ending

stem + -e	ich	komme	stem + -en	wir	kommen
stem + -(e)st	du	komm(e)st	stem + -(e)t	ihr	komm(e)t
stem + -e	er/sie/es	komme	stem + -en	sie/Sie	kommen

Past Subjunctive

- stem with stem-vowel-change + ending

stem + ¨e	ich	käme	stem + ¨en	wir	kämen
stem + ¨(e)st	du	käm(e)st	stem + ¨(e)t	ihr	käm(e)t
stem + ¨e	er/sie/es	käme	stem + ¨en	sie/Sie	kämen

Present Participle		Past Participle	

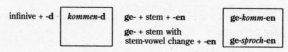

infinive + **-d** | *kommen*-**d**

ge- + stem + **-en**

ge- + stem with stem-vowel change + **-en**

ge-komm-en

ge-sproch-en

MIXED VERBS (SEMI-REGULAR VERBS)

Mixed or semi-regular verbs share the irregular stem-vowel change in the narrative past and the past participle with strong verbs, but the regular verb endings with weak verbs. There are only nine mixed verbs: *brennen* (to burn), *bringen* (to bring), *denken* (to think), *kennen* (to know), *nennen* (to name), *rennen* (to name), *senden* (to send), *wenden* (to turn), and *wissen* (to know).

Present Indicative

• stem + ending

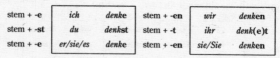

stem + -e	*ich*	*denke*	stem + -en	*wir*	*denken*
stem + -st	*du*	*denkst*	stem + -t	*ihr*	*denk(e)t*
stem + -e	*er/sie/es*	*denke*	stem + -en	*sie/Sie*	*denken*

Narrative Past

• stem with stem-vowel-change + weak endings

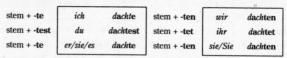

stem + -te	*ich*	*dachte*	stem + -ten	*wir*	*dachten*
stem + -test	*du*	*dachtest*	stem + -tet	*ihr*	*dachtet*
stem + -te	*er/sie/es*	*dachte*	stem + -ten	*sie/Sie*	*dachten*

Present Subjunctive

• stem + ending

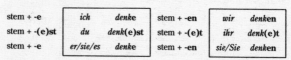

stem + -e	*ich*	*denke*	stem + -en	*wir*	*denken*
stem + -(e)st	*du*	*denk(e)st*	stem + -(e)t	*ihr*	*denk(e)t*
stem + -e	*er/sie/es*	*denke*	stem + -en	*sie/Sie*	*denken*

Past Subjunctive

- stem with stem-vowel-change + ending

stem + ¨te	*ich*	*dächte*	stem + ¨ten	*wir*	*dächten*
stem + ¨ t(e)st	*du*	*dächtest*	stem + ¨t(e)t	*ihr*	*dächtet*
stem + ¨te	*er/sie/es*	*dächte*	stem + ¨ten	*sie/Sie*	*dächten*

Present Participle   Past Participle

| infinive + -d | *denken-d* |

| ge- + stem with stem-vowel change + -t | *ge-dach-t* |

COMPOUND TENSES

The compound tenses of all three verb groups are formed by using the appropriate tense and/or mood of the appropriate auxiliary verb and the infinitive or the past participle.

Conversational Past

- either: present indicative of *haben* + past participle

ich habe gefragt/gesprochen/gedacht	*wir haben gefragt/gesprochen/gedacht*
du hast gefragt/gesprochen/gedacht	*ihr habt gefragt/gesprochen/gedacht*
er/sie/es hat gefragt/gesprochen/ gedacht	*sie/Sie haben gefragt/gesprochen/ gedacht*

- or: present indicative of *sein* + past participle

ich bin gereist/gekommen/gerannt	*wir sind gereist/gekommen/gerannt*
du bist gereist/gekommen/gerannt	*ihr seid gereist/gekommen/gerannt*
er/sie/es ist gereist/gekommen/ gerannt	*sie/Sie sind gereist/gekommen/ gerannt*

25

Past Perfect

- **either:** narrative past of *haben* + past participle

ich hatte gefragt/gesprochen/gedacht	*wir hatten gefragt/gesprochen/gedacht*
du hattest gefragt/gesprochen/gedacht	*ihr hattet gefragt/gesprochen/gedacht*
er/sie/es hatte gefragt/gesprochen/ gedacht	*sie/Sie hatten gefragt/gesprochen/ gedacht*

- **or:** narrative past of *sein* + past participle

ich war gereist/gekommen/gerannt	*wir waren gereist/gekommen/gerannt*
du warst gereist/gekommen/gerannt	*ihr wart gereist/gekommen/gerannt*
er/sie/es war gereist/gekommen/ gerannt	*sie/Sie waren gereist/gekommen/ gerannt*

Future

- **present indicative of *werden* + infinitive**

ich werde fragen/kommen/denken	*wir werden fragen/kommen/denken*
du wirst fragen/kommen/denken	*ihr werdet fragen/kommen/denken*
er/sie/es wird fragen/kommen/ denken	*sie/Sie werden fragen/kommen/ denken*

Future Perfect

- **either:** present indicative of *werden* + perfect indicative with *haben*

ich werde gefragt/gesprochen/ gedacht haben	*wir werden gefragt/gesprochen/ gedacht haben*
du wirst gefragt/gesprochen/ gedacht haben	*ihr werdet gefragt/gesprochen/ gedacht haben*
er/sie/es wird gefragt/gesprochen/ gedacht haben	*sie/Sie werden gefragt/gesprochen/ gedacht haben*

- or: present indicative of *werden* + perfect indicative with *sein*

ich werde gereist/gekommen/ gerannt sein	*wir werden gereist/gekommen/ gerannt sein*
du wirst gereist/gekommen/ gerannt sein	*ihr werdet gereist/gekommen/ gerannt sein*
er/sie/es wird gereist/gekommen/ gerannt sein	*sie/Sie werden gereist/gekommen/ gerannt sein*

Present Perfect Subjunctive

- either: present subjunctive of *haben* + past participle

ich habe gefragt/gesprochen/gedacht	*wir haben gefragt/gesprochen/gedacht*
du habest gefragt/gesprochen/gedacht	*ihr habt gefragt/gesprochen/gedacht*
er/sie/es habe gefragt/gesprochen/ gedacht	*sie/Sie haben gefragt/gesprochen/ gedacht*

- or: present subjunctive of *sein* + past participle

ich sei gereist/gekommen/gerannt	*wir seien gereist/gekommen/gerannt*
du sei(e)st gereist/gekommen/gerannt	*ihr seiet gereist/gekommen/gerannt*
er/sie/es sei gereist/gekommen/ gerannt	*sie/Sie seien gereist/gekommen/ gerannt*

Past Perfect Subjunctive

- either: past subjunctive of *haben* + past participle

ich hätte gefragt/gesprochen/gedacht	*wir hätten gefragt/gesprochen/gedacht*
du hättest gefragt/gesprochen/gedacht	*ihr hättet gefragt/gesprochen/gedacht*
er/sie/es hätte gefragt/gesprochen/ gedacht	*sie/Sie hätten gefragt/gesprochen/ gedacht*

- or: past subjunctive of *sein* + past participle

ich wäre gereist/gekommen/gerannt	*wir wären gereist/gekommen/gerannt*
du wär(e)st gereist/gekommen/gerannt	*ihr wär(e)t gereist/gekommen/gerannt*
er/sie/es wäre gereist/gekommen/ gerannt	*sie/Sie wären gereist/gekommen/ gerannt*

Future Subjunctive

- present subjunctive of *werden* + infinitive

ich werde fragen/kommen/denken	*wir werden fragen/kommen/denken*
du werdest fragen/kommen/denken	*ihr werdet fragen/kommen/denken*
er/sie/es werde fragen/kommen/denken	*sie/Sie werden fragen/kommen/denken*

Conditional Present

- past subjunctive of *werden* + infinitive

ich würde fragen/kommen/denken	*wir würden fragen/kommen/denken*
du würdest fragen/kommen/denken	*ihr würdet fragen/kommen/denken*
er/sie/es würde fragen/kommen/ denken	*sie/Sie würden fragen/kommen/ denken*

Conditional Perfect

- either: past subjunctive of *werden* + perfect infinitive with *haben*

ich würde gefragt/gesprochen/ gedacht haben	*wir würden gefragt/gesprochen/ gedacht haben*
du würdest gefragt/gesprochen/ gedacht haben	*ihr würdet gefragt/gesprochen/ gedacht haben*
er/sie/es würde gefragt/gesprochen/ gedacht haben	*sie/Sie würden gefragt/gesprochen/ gedacht haben*

- or: past subjunctive of *werden* + perfect infinitive with *sein*

ich würde gereist/gekommen/ gerannt sein	*wir würden gereist/gekommen/ gerannt sein*
du würdest gereist/gekommen/ gerannt sein	*ihr würdet gereist/gekommen/ gerannt sein*
er/sie/es würde gereist/gekommen/ gerannt sein	*sie/Sie würden gereist/gekommen/ gerannt sein*

PASSIVE VOICE

The passive voice of all three verb groups is formed with the appropriate tense and/or mood of the auxiliary *werden* and the past participle.

Present Passive

- present indicative of *werden* + past participle

ich werde gefragt	*wir werden gefragt*
du wirst gefragt	*ihr werdet gefragt*
er/sie/es wird gefragt	*sie/Sie werden gefragt*

Conversational Past Passive

- present indicative of *sein* + past participle + *worden*

ich bin gefragt worden	*wir sind gefragt worden*
du bist gefragt worden	*ihr seid gefragt worden*
er/sie/es ist gefragt worden	*sie/Sie sind gefragt worden*

Narrative Past Passive

- narrative past of *werden* + past participle

ich wurde gefragt	*wir wurden gefragt*
du wurdest gefragt	*ihr wurdet gefragt*
er/sie/es wurde gefragt	*sie/Sie wurden gefragt*

Past Perfect Passive

- narrative past of *sein* + past participle + *worden*

ich war gefragt worden	*wir waren gefragt worden*
du warst gefragt worden	*ihr wart gefragt worden*
er/sie/es war gefragt worden	*sie/Sie waren gefragt worden*

Future Passive

- present indicative of *werden* + present passive infinitive

ich werde gefragt werden	*wir werden gefragt werden*
du wirst gefragt werden	*ihr werdet gefragt werden*
er/sie/es wird gefragt werden	*sie/Sie werden gefragt werden*

Future Perfect Passive

- present indicative of *werden* + perfect passive infinitive

ich werde gefragt worden sein	*wir werden gefragt worden sein*
du wirst gefragt worden sein	*ihr werdet gefragt worden sein*
er/sie/es wird gefragt worden sein	*sie/Sie werden gefragt worden sein*

Present Subjunctive Passive

- present subjunctive of *werden* + past participle

ich werde gefragt	*wir werden gefragt*
du werdest gefragt	*ihr werdet gefragt*
er/sie/es werde gefragt	*sie/Sie werden gefragt*

Perfect Subjunctive Passive

- present subjunctive of *sein* + past participle + *worden*

ich sei gefragt worden	*wir seien gefragt worden*
du sei(e)st gefragt worden	*ihr sei(e)t gefragt worden*
er/sie/es sei gefragt worden	*sie/Sie seien gefragt worden*

Past Subjunctive Passive

- past subjunctive of *werden* + past participle

ich würde gefragt	*wir würden gefragt*
du würdest gefragt	*ihr würdet gefragt*
er/sie/es würde gefragt	*sie/Sie würden gefragt*

Past Perfect Subjunctive Passive

- past subjunctive of *sein* + past participle + *worden*

ich wäre gefragt worden	*wir wären gefragt worden*
du wär(e)st gefragt worden	*ihr wär(e)t gefragt worden*
er/sie/es wäre gefragt worden	*sie/Sie wären gefragt worden*

Future Subjunctive Passive

- present subjunctive of *werden* + present passive infinitive

ich werde gefragt werden	*wir werden gefragt werden*
du werd(e)st gefragt werden	*ihr werdet gefragt werden*
er/sie/es werde gefragt werden	*sie/Sie werden gefragt werden*

Conditional Passive

- past subjunctive of *werden* + present passive infinitive

ich würde gefragt werden	*wir würden gefragt werden*
du würdest gefragt werden	*ihr würdet gefragt werden*
er/sie/es würde gefragt werden	*sie/Sie würden gefragt werden*

Conditional Perfect Passive

- past subjunctive of *werden* + perfect passive infinitive

ich würde gefragt worden sein	*wir würden gefragt worden sein*
du würdest gefragt worden sein	*ihr würdet gefragt worden sein*
er/sie/es würde gefragt worden sein	*sie/Sie würden gefragt worden sein*

IMPERATIVE

INFINITIVE	DU-FORM	IHR-FORM	WIR-FORM	POLITE
fragen	*Frag'!*	*Fragt!*	*Fragen wir!*	*Fragen Sie!*
kommen	*Komm'!*	*Kommt!*	*Kommen wir!*	*Kommen Sie!*
sprechen	*Sprich!*	*Sprecht!*	*Sprechen wir!*	*Sprechen Sie!*
denken	*Denk'!*	*Denkt!*	*Denken wir!*	*Denken Sie!*

VERBS WITH PREFIXES

German verbs often take prefixes that are either separable or inseparable. Separable prefixes are stressed (**an**kom**men**), inseparable prefixes are not (*be***kom**men**). Whether a verb has a prefix or not is not relevant for its conjugation; it is, however, for the word order.

Inseparable prefixes are never separated from the main verb. Separable prefixes, however, are separated from the main verb in all tenses and moods except the ones using the infinitive or the past participle. Compare:

Er **bekommt** *noch viel Geld von mir.*	*Er* **kommt** *um Mitternacht* **an**
Er **bekam** *noch viel Geld von mir.*	*Er* **kam** *um Mitternacht* **an.**

Separable verbs form their past participle by inserting -*ge*- between the prefix and the past participle of the main verb whereas inseparable verbs do not need to insert -*ge*-. Compare:

Er hat noch viel Geld von mir **bekommen.**	*Er ist um Mitternacht* **an***gekommen.*

• Separable prefixes are: *ab-, an-, auf-, aus-, bei-, da-, ein-, empor-, entgegen-, fehl-, fest-, fort-, frei-, gegen-, gleich-, her-, hin-, hoch-, los-, mit-, nach-, nieder-, vor-, weg-, zu-, zurecht-, zurück-, zusammen-.*

- Inseparable prefixes are: *be-, emp-, ent-, er-, ge-, miß-, ver-, zer-.*
- Variable prefixes are: *durch-, hinter-, über-, um-, unter-, voll-, wider-, wieder-.*

REFLEXIVE VERBS

The reflexive pronouns relating to the first and second singular and plural are identical to the accusative of the personal pronoun in each respective case. Only the third person singular and plural, as well as *Sie,* show the distinctive form *sich.* The reflexive pronoun is in the dative if the sentence contains or implies another object. *Sich* never changes.

- *sich kämmen* (to comb oneself)

Ich kämme mich.	*Sie kämmt sich.*
Ich kämme mir die Haare.	*Sie kämmt sich die Haare.*

Reflexive verbs are always conjugated with *haben.* Not every verb that is reflexive in German is reflexive in English, and vice versa.

sich interessieren für   to be interested in   *Ich interessiere*   I am interested
                                               mich für Sport.   in sports.

Some verbs can be both reflexive and not reflexive. In the following verb charts this is indicated as (reflexive) in the upper left-hand corner.

anziehen	*Ich ziehe ein neues Kleid an.*	I'll put on a new dress.
	Ich ziehe mich schnell an.	I'll get dressed quickly.

VERBS WITH PREPOSITIONS

abhängen von	to depend on	*hoffen auf*	to hope for
achten auf	to pay attention to	*sich interessieren für*	to be interested in
anfangen mit	to begin with	*sich konzentrieren auf*	to concentrate on
sich ärgern über	to be annoyed about	*kämpfen um*	to fight for
sich beschäftigen mit	to occupy oneself with	*sich kümmern um*	to care for, to look after
bestehen aus	to consist of	*lachen über*	to laugh about
sich bewerben bei	to apply to	*leiden an*	to suffer from
sich bewerben um	to apply for	*riechen nach*	to smell of
bitten um	to ask for	*schmecken nach*	to taste of
denken an	to think of	*sprechen über*	to talk about
sich entschuldigen bei	to apologize to	*sprechen mit*	to talk with, to
sich erinnern an	to remember	*sterben an*	to die of
fragen nach	to ask for	*teilnehmen an*	to participate in
sich freuen über	to be happy about	*sich unterhalten über*	to converse about, to talk about
sich freuen auf	to look forward to	*sich unterhalten mit*	to converse with
sich gewöhnen an	to get used to	*sich verabschieden von*	to say good bye to
glauben an	to believe in	*sich verlassen auf*	to rely on
halten von	to think of something, to value	*warten auf*	to wait for
handeln von	to deal with, to concern	*zweifeln an*	to doubt

Verb Charts

1 abfahren to leave, depart

strong
separable
transitive/intransitive

		ich	wir
		du	ihr
		er/sie/es	sie/Sie

Indicative

Present Tense		Narrative Past	
fahre ab	fahren ab	fuhr ab	fuhren ab
fährst ab	fahrt ab	fuhrst ab	fuhrt ab
fährt ab	fahren ab	fuhr ab	fuhren ab

Conversational Past		Past Perfect	
bin abgefahren	sind abgefahren	war abgefahren	waren abgefahren
bist abgefahren	seid abgefahren	warst abgefahren	wart abgefahren
ist abgefahren	sind abgefahren	war abgefahren	waren abgefahren

Future		Future Perfect	
werde abfahren	werden abfahren	werde abgefahren sein	werden abgefahren sein
wirst abfahren	werdet abfahren	wirst abgefahren sein	werdet abgefahren sein
wird abfahren	werden abfahren	wird abgefahren sein	werden abgefahren sein

Subjunctive

Present		Past	
fahre ab	fahren ab	führe ab	führen ab
fahrest ab	fahret ab	führest ab	führet ab
fahre ab	fahren ab	führen ab	führen ab

Present Perfect		Past Perfect	
sei abgefahren	seien abgefahren	wäre abgefahren	wären abgefahren
seiest abgefahren	seiet abgefahren	wärest abgefahren	wäret abgefahren
sei abgefahren	seien abgefahren	wäre abgefahren	wären abgefahren

Conditional

Present		Perfect	
würde abfahren	würden abfahren	würde abgefahren sein	würden abgefahren sein
würdest abfahren	würdet abfahren	würdest abgefahren sein	würdet abgefahren sein
würde abfahren	würden abfahren	würde abgefahren sein	würden abgefahren sein

Imperative

fahr(e) ab!	fahren Sie ab!
fahrt ab!	fahren wir ab!

Participles

Present	Past
abfahrend	abgefahren

Related Words

fahren	to drive	*die Abfahrtszeit*	time of departure
die Abfahrt	departure		
die Autobahn-abfahrt	highway exit	*die Müllabfuhr*	trash collection

2 **abholen** to fetch, call for, come for, pick up, collect

weak
separable
transitive

		ich	wir
		du	ihr
		er/sie/es	sie/Sie

Indicative

Present Tense

		Narrative Past	
hole ab	holen ab	holte ab	holten ab
holst ab	holt ab	holtest ab	holtet ab
holt ab	holen ab	holte ab	holten ab

Conversational Past

		Past Perfect	
habe abgeholt	haben abgeholt	hatte abgeholt	hatten abgeholt
hast abgeholt	habt abgeholt	hattest abgeholt	hattet abgeholt
hat abgeholt	haben abgeholt	hatte abgeholt	hatten abgeholt

Future

		Future Perfect	
werde abholen	werden abholen	werde abgeholt haben	werden abgeholt haben
wirst abholen	werdet abholen	wirst abgeholt haben	werdet abgeholt haben
wird abholen	werden abholen	wird abgeholt haben	werden abgeholt haben

Subjunctive

Present

		Past	
hole ab	holen ab	holte ab	holten ab
holest ab	holet ab	holtest ab	holtet ab
hole ab	holen ab	holte ab	holten ab

Present Perfect

		Past Perfect	
habe abgeholt	haben abgeholt	hätte abgeholt	hätten abgeholt
habest abgeholt	habet abgeholt	hättest abgeholt	hättet abgeholt
habe abgeholt	haben abgeholt	hätte abgeholt	hätten abgeholt

Conditional

Present

		Perfect	
würde abholen	würden abholen	würde abgeholt haben	würden abgeholt haben
würdest abholen	würdet abholen	würdest abgeholt haben	würdet abgeholt haben
würde abholen	würden abholen	würde abgeholt haben	würden abgeholt haben

Imperative

hol(e) ab!	holen Sie ab!
holt ab!	holen wir ab!

Participles

Present	**Past**
abholend	abgeholt

Related Words

holen	to get	*wiederholen*	to repeat
der Abholdienst	pick-up service	*aufholen*	to catch up
abholen lassen	to send for	*einholen*	to buy, catch up

3 anbieten to offer

strong
separable
transitive

ich	wir
du	ihr
er/sie/es	sie/Sie

Indicative

Present Tense
biete an	bieten an
bietest an	bietet an
bietet an	bieten an

Narrative Past
bot an	boten an
botest an	botet an
bot an	boten an

Conversational Past
habe angeboten	haben angeboten
hast angeboten	habt angeboten
hat angeboten	haben angeboten

Past Perfect
hatte angeboten	hatten angeboten
hattest angeboten	hattet angeboten
hatte angeboten	hatten angeboten

Future
werde anbieten	werden anbieten
wirst anbieten	werdet anbieten
wird anbieten	werden anbieten

Future Perfect
werde angeboten haben	werden angeboten haben
wirst angeboten haben	werdet angeboten haben
wird angeboten haben	werden angeboten haben

Subjunctive

Present
biete an	bieten an
bietest an	bietet an
bietet an	bieten an

Past
böte an	böten an
bötest an	bötet an
böte an	böten an

Present Perfect
habe angeboten	haben angeboten
habest angeboten	habet angeboten
habe angeboten	haben angeboten

Past Perfect
hätte angeboten	hätten angeboten
hättest angeboten	hättet angeboten
hätte angeboten	hätten angeboten

Conditional

Present
würde anbieten	würden anbieten
würdest anbieten	würdet anbieten
würde anbieten	würden anbieten

Perfect
würde angeboten haben	würden angeboten haben
würdest angeboten haben	würdet angeboten haben
würde angeboten haben	würden angeboten haben

Imperative
biete an!	bieten Sie an!
bietet an!	bieten wir an!

Participles

Present
anbietend

Past
angeboten

Related Words

bieten	to offer
sich anbieten	to offer one's services, to volunteer
sich bieten lassen	to put up with
das Angebot	offer
der/die Anbieter/in	vendor
das Sonderabgebot	special offer

4 anfangen to begin, start

strong
separable
transitive/intransitive

Indicative

Present Tense

fange an	fangen an
fängst an	fangt an
fängt an	fangen an

Narrative Past

fing an	fingen an
fingst an	fingt an
fing an	fingen an

Conversational Past

habe angefangen	haben angefangen
hast angefangen	habt angefangen
hat angefangen	haben angefangen

Past Perfect

hatte angefangen	hatten angefangen
hattest angefangen	hattet angefangen
hatte angefangen	hatten angefangen

Future

werde anfangen	werden anfangen
wirst anfangen	werdet anfangen
wird anfangen	werden anfangen

Future Perfect

werde angefangen haben	werden angefangen haben
wirst angefangen haben	werdet angefangen haben
wird angefangen haben	werden angefangen haben

Subjunctive

Present

fange an	fangen an
fangest an	fanget an
fange an	fangen an

Past

finge an	fingen an
fingest an	finget an
finge an	fingen an

Present Perfect

habe angefangen	haben angefangen
habest angefangen	habet angefangen
habe angefangen	haben angefangen

Past Perfect

hätte angefangen	hätten angefangen
hättest angefangen	hättet angefangen
hätte angefangen	hätten angefangen

Conditional

Present

würde anfangen	würden anfangen
würdest anfangen	würdet anfangen
würde anfangen	würden anfangen

Perfect

würde angefangen haben	würden angefangen haben
würdest angefangen haben	würdet angefangen haben
würde angefangen haben	würden angefangen haben

Imperative

fang(e) an! fangen Sie an!
fangt an! fangen wir an!

Participles

Present
anfangend

Past
angefangen

Related Words

fangen	to catch	*Da fängst du schon wieder an!*	There you go again!
der Anfang	start, beginning		
der/die Anfänger/in	beginner, learner	*Ich weiß nichts damit anzufangen.*	I don't know what to make of it.

5 **ankommen** to arrive

strong
separable
intransitive

		ich	wir
		du	ihr
		er/sie/es	sie/Sie

Indicative

Present Tense

komme an	kommen an
kommst an	kommt an
kommt an	kommen an

Narrative Past

kam an	kamen an
kamst an	kamt an
kam an	kamen an

Conversational Past

bin angekommen	sind angekommen
bist angekommen	seid angekommen
ist angekommen	sind angekommen

Past Perfect

war angekommen	waren angekommen
warst angekommen	wart angekommen
war angekommen	waren angekommen

Future

werde ankommen	werden ankommen
wirst ankommen	werdet ankommen
wird ankommen	werden ankommen

Future Perfect

werde angekommen sein	werden angekommen sein
wirst angekommen sein	werdet angekommen sein
wird angekommen sein	werden angekommen sein

Subjunctive

Present

komme an	kommen an
kommest an	kommet an
komme an	kommen an

Past

käme an	kämen an
kämest an	kämet an
käme an	kämen an

Present Perfect

sei angekommen	seien angekommen
seiest angekommen	seiet angekommen
sei angekommen	seien angekommen

Past Perfect

wäre angekommen	wären angekommen
wärest angekommen	wäret angekommen
wäre angekommen	wären angekommen

Conditional

Present

würde ankommen	würden ankommen
würdest ankommen	würdet ankommen
würde ankommen	würden ankommen

Perfect

würde angekommen sein	würden angekommen sein
würdest angekommen sein	würdet angekommen sein
würde angekommen sein	würden angekommen sein

Imperative

komm(e) an!	kommen Sie an!
kommt an!	kommen wir an!

Participles

Present	Past
ankommend	angekommen

Related Words

kommen	to come	*es darauf ankommen lassen*	to take one's chance
die Ankunft	arrival		

41

6 **anrufen** to telephone

strong
separable
transitive/intransitive

ich   wir
du   ihr
er/sie/es   sie/Sie

Indicative

Present Tense

rufe an	rufen an
rufst an	ruft an
ruft an	rufen an

Narrative Past

rief an	riefen an
riefst an	rieft an
rief an	riefen an

Conversational Past

habe angerufen	haben angerufen
hast angerufen	habt angerufen
hat angerufen	haben angerufen

Past Perfect

hatte angerufen	hatten angerufen
hattest angerufen	hattet angerufen
hatte angerufen	hatten angerufen

Future

werde anrufen	werden anrufen
wirst anrufen	werdet anrufen
wird anrufen	werden anrufen

Future Perfect

werde angerufen haben	werden angerufen haben
wirst angerufen haben	werdet angerufen haben
wird angerufen haben	werden angerufen haben

Subjunctive

Present

rufe an	rufen an
rufest an	rufet an
rufe an	rufen an

Past

riefe an	riefen an
riefest an	riefet an
riefe an	riefen an

Present Perfect

habe angerufen	haben angerufen
habest angerufen	habet angerufen
habe angerufen	haben angerufen

Past Perfect

hätte angerufen	hätten angerufen
hättest angerufen	hättet angerufen
hätte angerufen	hätten angerufen

Conditional

Present

würde anrufen	würden anrufen
würdest anrufen	würdet anrufen
würde anrufen	würden anrufen

Perfect

würde angerufen haben	würden angerufen haben
würdest angerufen haben	würdet angerufen haben
würde angerufen haben	würden angerufen haben

Imperative

ruf(e) an!	rufen wir an!
ruft an!	rufen Sie an!

Participles

Present

anrufend

Past

angerufen

Related Words

rufen	to call	*der Anrufer*	caller
der Anruf	telephone call	*der Notruf*	emergency call
das Rufzeichen	dial tone	*zurückrufen*	to call back
die Rufnummer	phone number		

7 **antworten** to answer, reply

		ich	wir
weak		du	ihr
inseparable		er/sie/es	sie/Sie
transitive/intransitive			

Indicative

Present Tense
antworte	antworten
antwortest	antwortet
antwortet	antworten

Narrative Past
antwortete	antworteten
antwortetest	antwortetet
antwortete	antworteten

Conversational Past
habe geantwortet	haben geantwortet
hast geantwortet	habt geantwortet
hat geantwortet	haben geantwortet

Past Perfect
hatte geantwortet	hatten geantwortet
hattest geantwortet	hattet geantwortet
hatte geantwortet	hatten geantwortet

Future
werde antworten	werden antworten
wirst antworten	werdet antworten
wird antworten	werden antworten

Future Perfect
werde geantwortet haben	werden geantwortet haben
wirst geantwortet haben	werdet geantwortet haben
wird geantwortet haben	werden geantwortet haben

Subjunctive

Present
antworte	antworten
antwortest	antwortet
antworte	antworten

Past
antwortete	antworteten
antwortetest	antwortetet
antwortete	antworteten

Present Perfect
habe geantwortet	haben geantwortet
habest geantwortet	habet geantwortet
habe geantwortet	haben geantwortet

Past Perfect
hätte geantwortet	hätten geantwortet
hättest geantwortet	hättet geantwortet
hätte geantwortet	hätten geantwortet

Conditional

Present
würde antworten	würden antworten
würdest antworten	würdet antworten
würde antworten	würden antworten

Perfect
würde geantwortet haben	würden geantwortet haben
würdest geantwortet haben	würdet geantwortet haben
würde geantwortet haben	würden geantwortet haben

Imperative
antworte!	antworten Sie!
antwortet!	antworten wir!

Participles
Present	Past
antwortend	geantwortet

Related Words
die Antwort	answer, reply	*der Anrufbeantworter*	answering machine
verantworten	to be responsible for	*die Verantwortung*	responsibility

43

8 anziehen to put on, (reflexive: to get dressed)

strong
separable
transitive
(reflexive)

		ich	wir
		du	ihr
		er/sie/es	sie/Sie

Indicative

Present Tense		Narrative Past	
ziehe an	ziehen an	zog an	zogen an
ziehst an	zieht an	zogst an	zogt an
zieht an	ziehen an	zog an	zogen an

Conversational Past		Past Perfect	
habe angezogen	haben angezogen	hatte angezogen	hatten angezogen
hast angezogen	habt angezogen	hattest angezogen	hattet angezogen
hat angezogen	haben angezogen	hatte angezogen	hatten angezogen

Future		Future Perfect	
werde anziehen	werden anziehen	werde angezogen haben	werden angezogen haben
wirst anziehen	werdet anziehen	wirst angezogen haben	werdet angezogen haben
wird anziehen	werden anziehen	wird angezogen haben	werden angezogen haben

Subjunctive

Present		Past	
ziehe an	ziehen an	zöge an	zögen an
ziehest an	ziehet an	zögest an	zöget an
ziehe an	ziehen an	zöge an	zögen an

Present Perfect		Past Perfect	
habe angezogen	haben angezogen	hätte angezogen	hätten angezogen
habest angezogen	habet angezogen	hättest angezogen	hättet angezogen
habe angezogen	haben angezogen	hätte angezogen	hätten angezogen

Conditional

Present		Perfect	
würde anziehen	würden anziehen	würde angezogen haben	würden angezogen haben
würdest anziehen	würdet anziehen	würdest angezogen haben	würdet angezogen haben
würde anziehen	würden anziehen	würde angezogen haben	würden angezogen haben

Imperative

zieh(e) an!	ziehen Sie an!
zieht an!	ziehen wir an!

Participles

Present	Past
anziehend	angezogen

Related Words

ziehen	to pull	im Anzug sein	to approach
der Anzug	coat, suit	anzüglich	suggestive, risqué
die Anziehung	attraction	die Anziehungskraft	attractive power
anziehend	attractive		

44

9 arbeiten to work

weak
inseparable
intransitive

		ich	wir
		du	ihr
		er/sie/es	sie/Sie

Indicative

Present Tense
arbeite	arbeiten
arbeitest	arbeitet
arbeitet	arbeiten

Narrative Past
arbeitete	arbeiteten
arbeitetest	arbeitetet
arbeitete	arbeiteten

Conversational Past
habe gearbeitet	haben gearbeitet
hast gearbeitet	habt gearbeitet
hat gearbeitet	haben gearbeitet

Past Perfect
hatte gearbeitet	hatten gearbeitet
hattest gearbeitet	hattet gearbeitet
hatte gearbeitet	hatten gearbeitet

Future
werde arbeiten	werden arbeiten
wirst arbeiten	werdet arbeiten
wird arbeiten	werden arbeiten

Future Perfect
werde gearbeitet haben	werden gearbeitet haben
wirst gearbeitet haben	werdet gearbeitet haben
wird gearbeitet haben	werden gearbeitet haben

Subjunctive

Present
arbeite	arbeiten
arbeitest	arbeitet
arbeite	arbeiten

Past
arbeitete	arbeiteten
arbeitetest	arbeitetet
arbeitete	arbeiteten

Present Perfect
habe gearbeitet	haben gearbeitet
habest gearbeitet	habet gearbeitet
habe gearbeitet	haben gearbeitet

Past Perfect
hätte gearbeitet	hätten gearbeitet
hättest gearbeitet	hättet gearbeitet
hätte gearbeitet	hätten gearbeitet

Conditional

Present
würde arbeiten	würden arbeiten
würdest arbeiten	würdet arbeiten
würde arbeiten	würden arbeiten

Perfect
würde gearbeitet haben	würden gearbeitet haben
würdest gearbeitet haben	würdet gearbeitet haben
würde gearbeitet haben	würden gearbeitet haben

Imperative
arbeite!	arbeiten Sie!
arbeitet!	arbeiten wir!

Participles

Present
arbeitend

Past
gearbeitet

Related Words

die Arbeit	work	arbeitslos	unemployed
der/die Arbeitgeber/in	employer	der Arbeitsplatz	place of work
		der Arbeitslohn	wage, pay
der/die Arbeitnehmer/in	employee	die Arbeitslosenversicherung	unemployment insurance

10 aufmachen to open

weak
separable
transitive

	ich	wir
	du	ihr
	er/sie/es	sie/Sie

Indicative

Present Tense

mache auf	machen auf
machst auf	macht auf
macht auf	machen auf

Narrative Past

machte auf	machten auf
machtest auf	machtet auf
machte auf	machten auf

Conversational Past

habe aufgemacht	haben aufgemacht
hast aufgemacht	habt aufgemacht
hat aufgemacht	haben aufgemacht

Past Perfect

hatte aufgemacht	hatten aufgemacht
hattest aufgemacht	hattet aufgemacht
hatte aufgemacht	hatten aufgemacht

Future

werde aufmachen	werden aufmachen
wirst aufmachen	werdet aufmachen
wird aufmachen	werden aufmachen

Future Perfect

werde aufgemacht haben	werden aufgemacht haben
wirst aufgemacht haben	werdet aufgemacht haben
wird aufgemacht haben	werden aufgemacht haben

Subjunctive

Present

mache auf	machen auf
machest auf	machet auf
mache auf	machen auf

Past

machte auf	machten auf
machtest auf	machtet auf
machte auf	machten auf

Present Perfect

habe aufgemacht	haben aufgemacht
habest aufgemacht	habet aufgemacht
habe aufgemacht	haben aufgemacht

Past Perfect

hätte aufgemacht	hätten aufgemacht
hättest aufgemacht	hättet aufgemacht
hätte aufgemacht	hätten aufgemacht

Conditional

Present

würde aufmachen	würden aufmachen
würdest aufmachen	würdet aufmachen
würde aufmachen	würden aufmachen

Perfect

würde aufgemacht haben	würden aufgemacht haben
würdest aufgemacht haben	würdet aufgemacht haben
würde aufgemacht haben	würden aufgemacht haben

Imperative

mach(e) auf!	machen Sie auf!
macht auf!	machen wir auf!

Participles

Present	Past
aufmachend	aufgemacht

Related Words

machen	to do	die Augen aufmachen	to watch out
die Aufmachung	make-up	sich aufmachen	to set out for, start for

11 ausgeben to give out, spend

strong
separable
transitive

	ich	wir
	du	ihr
	er/sie/es	sie/Sie

Indicative

Present Tense		Narrative Past	
gebe aus	geben aus	gab aus	gaben aus
gibst aus	gebt aus	gabst aus	gabt aus
gibt aus	geben aus	gab aus	gaben aus

Conversational Past		Past Perfect	
habe ausgegeben	haben aus-gegeben	hatte ausgegeben	hatten ausgegeben
hast ausgegeben	habt ausgegeben	hattest ausgegeben	hattet ausgegeben
hat ausgegeben	haben aus-gegeben	hatte ausgegeben	hatten ausgegeben

Future		Future Perfect	
werde ausgeben	werden ausgeben	werde ausgeben haben	werden ausgeben haben
wirst ausgeben	werdet ausgeben	wirst ausgeben haben	werdet ausgeben haben
wird ausgeben	werden ausgeben	wird ausgeben haben	werden ausgeben haben

Subjunctive

Present		Past	
gebe aus	geben aus	gäbe aus	gäben aus
gebest aus	gebet aus	gäbest aus	gäbet aus
gebe aus	geben aus	gäbe aus	gäben aus

Present Perfect		Past Perfect	
habe ausgegeben	haben aus-gegeben	hätte ausgegeben	hätten ausgegeben
habest aus-gegeben	habet aus-gegeben	hättest ausgegeben	hättet ausgegeben
habe ausgegeben	haben aus-gegeben	hätte ausgegeben	hätten ausgegeben

Conditional

Present		Perfect	
würde ausgeben	würden ausgeben	würde ausgegeben haben	würden ausgegeben haben
würdest aus-geben	würdet ausgeben	würdest ausgegeben haben	würdet ausgegeben haben
würde ausgeben	würden ausgeben	würde ausgegeben haben	würden ausgegeben haben

Imperative

gib aus!	geben Sie aus!
gebt aus!	geben wir aus!

Participles

Present	Past
ausgebend	ausgegeben

Related Words

geben	to give	*die Ausgabe*	edition
sich ausgeben als/ für	to pass oneself off as; pretend		

47

12 **baden** to bathe

weak
inseparable
transitive

	ich	wir
	du	ihr
	er/sie/es	sie/Sie

Indicative

Present Tense

bade	baden
badest	badet
badet	baden

Narrative Past

badete	badeten
badetest	badetet
badete	badeten

Conversational Past

habe gebadet	haben gebadet
hast gebadet	habt gebadet
hat gebadet	haben gebadet

Past Perfect

hatte gebadet	hatten gebadet
hattest gebadet	hattet gebadet
hatte gebadet	hatten gebadet

Future

werde baden	werden baden
wirst baden	werdet baden
wird baden	werden baden

Future Perfect

werde gebadet haben	werden gebadet haben
wirst gebadet haben	werdet gebadet haben
wird gebadet haben	werden gebadet haben

Subjunctive

Present

bade	baden
badest	badet
bade	baden

Past

badete	badeten
badetest	badetet
badete	badeten

Present Perfect

habe gebadet	haben gebadet
habest gebadet	habet gebadet
habe gebadet	haben gebadet

Past Perfect

hätte gebadet	hätten gebadet
hättest gebadet	hättet gebadet
hätte gebadet	hätten gebadet

Conditional

Present

würde baden	würden baden
würdest baden	würdet baden
würde baden	würden baden

Perfect

würde gebadet haben	würden gebadet haben
würdest gebadet haben	würdet gebadet haben
würde gebadet haben	würden gebadet haben

Imperative

bade!	baden Sie!
badet!	baden wir!

Participles

Present

badend

Past

gebadet

Related Words

das Bad	bath	*das Badetuch*	bath towel
der Badeanzug	bathing suit	*das Badezimmer*	bathroom
die Badehose	bathing trunks	*der Bademantel*	bathrobe

13 bedeuten to mean, signify

weak
inseparable
transitive

ich wir
du ihr
er/sie/es sie/Sie

Indicative

Present Tense
bedeute	bedeuten
bedeutest	bedeutet
bedeutet	bedeuten

Narrative Past
bedeutete	bedeuteten
bedeutetest	bedeutetet
bedeutete	bedeuteten

Conversational Past
habe bedeutet	haben bedeutet
hast bedeutet	habt bedeutet
hat bedeutet	haben bedeutet

Past Perfect
hatte bedeutet	hatten bedeutet
hattest bedeutet	hattet bedeutet
hatte bedeutet	hatten bedeutet

Future
werde bedeuten	werden bedeuten
wirst bedeuten	werdet bedeuten
wird bedeuten	werden bedeuten

Future Perfect
werde bedeutet haben	werden bedeutet haben
wirst bedeutet haben	werdet bedeutet haben
wird bedeutet haben	werden bedeutet haben

Subjunctive

Present
bedeute	bedeuten
bedeutest	bedeutet
bedeute	bedeuten

Past
bedeutete	bedeuteten
bedeutetest	bedeutetet
bedeutete	bedeuteten

Present Perfect
habe bedeutet	haben bedeutet
habest bedeutet	habet bedeutet
habe bedeutet	haben bedeutet

Past Perfect
hätte bedeutet	hätten bedeutet
hättest bedeutet	hättet bedeutet
hätte bedeutet	hätten bedeutet

Conditional

Present
würde bedeuten	würden bedeuten
würdest bedeuten	würdet bedeuten
würde bedeuten	würden bedeuten

Perfect
würde bedeutet haben	würden bedeutet haben
würdest bedeutet haben	würdet bedeutet haben
würde bedeutet haben	würden bedeutet haben

Imperative
—	—
—	—

Participles

Present	Past
bedeutend	bedeutet

Related Words

die Bedeutung	meaning	*bedeutungslos*	meaningless
Sie bedeutet mir alles.	She means everything to me.	*Was soll das denn bedeuten?*	What is the meaning of this?

14 **begegnen** to meet, encounter

weak
inseparable
intransitive

	ich	wir
	du	ihr
	er/sie/es	sie/Sie

Indicative

Present Tense

begegne	begegnen
begegnest	begegnet
begegnet	begegnen

Narrative Past

begegnete	begegneten
begegnetest	begegnetet
begegnete	begegneten

Conversational Past

bin begegnet	sind begegnet
bist begegnet	seid begegnet
ist begegnet	sind begegnet

Past Perfect

war begegnet	waren begegnet
warst begegnet	wart begegnet
war begegnet	waren begegnet

Future

werde begegnen	werden begegnen
wirst begegnen	werdet begegnen
wird begegnen	werden begegnen

Future Perfect

werde begegnet sein	werden begegnet sein
wirst begegnet sein	werdet begegnet sein
wird begegnet sein	werden begegnet sein

Subjunctive

Present

begegne	begegnen
begegnest	begegnet
begegne	begegnen

Past

begegnete	begegneten
begegnetest	begegnetet
begegnete	begegneten

Present Perfect

sei begegnet	seien begegnet
seiest begegnet	seiet begegnet
sei begegnet	seien begegnet

Past Perfect

wäre begegnet	wären begegnet
wärest begegnet	wäret begegnet
wäre begegnet	wären begegnet

Conditional

Present

würde begegnen	würden begegnen
würdest begegnen	würdet begegnen
würde begegnen	würden begegnen

Perfect

würde begegnet sein	würden begegnet sein
würdest begegnet sein	würdet begegnet sein
würde begegnet sein	würden begegnet sein

Imperative

begegne!	begegnen Sie!
begegnet!	begegnen wir!

Participles

Present	Past
begegnend	begegnet

Related Words

die Begegnung	encounter, meeting	*die Feindbegegnung*	enemy attack
begegnen mit	to answer with	*sich begegnen*	to meet each other

15 beginnen to begin

strong
inseparable
transitive/intransitive

ich   wir
du   ihr
er/sie/es   sie/Sie

Indicative

Present Tense

beginne	beginnen
beginnst	beginnt
beginnt	beginnen

Narrative Past

begann	begannen
begannst	begannt
begann	begannen

Conversational Past

habe begonnen	haben begonnen
hast begonnen	habt begonnen
hat begonnen	haben begonnen

Past Perfect

hatte begonnen	hatten begonnen
hattest begonnen	hattet begonnen
hatte begonnen	hatten begonnen

Future

werde beginnen	werden beginnen
wirst beginnen	werdet beginnen
wird beginnen	werden beginnen

Future Perfect

werde begonnen haben	werden begonnen haben
wirst begonnen haben	werdet begonnen haben
wird begonnen haben	werden begonnen haben

Subjunctive

Present

beginne	beginnen
beginnest	beginnet
beginne	beginnen

Past

begönne	begönnen
begönnest	begönnet
begönne	begönnen

Present Perfect

habe begonnen	haben begonnen
habest begonnen	habet begonnen
habe begonnen	haben begonnen

Past Perfect

hätte begonnen	hätten begonnen
hättest begonnen	hättet begonnen
hätte begonnen	hätten begonnen

Conditional

Present

würde beginnen	würden beginnen
würdest beginnen	würdet beginnen
würde beginnen	würden beginnen

Perfect

würde begonnen haben	würden begonnen haben
würdest begonnen haben	würdet begonnen haben
würde begonnen haben	würden begonnen haben

Imperative

beginn(e)!	beginnen Sie!
beginnt!	beginnen wir!

Participles

Present	Past
beginnend	begonnen

Related Words

der Beginn	beginning, outset	*der Neubeginn*	new beginning

16 bekommen to get, receive

strong
inseparable
transitive

	ich	wir
	du	ihr
	er/sie/es	sie/Sie

Indicative

Present Tense
bekomme	bekommen
bekommst	bekommt
bekommt	bekommen

Narrative Past
bekam	bekamen
bekamst	bekamt
bekam	bekamen

Conversational Past
habe bekommen	haben bekommen
hast bekommen	habt bekommen
hat bekommen	haben bekommen

Past Perfect
hatte bekommen	hatten bekommen
hattest bekommen	hattet bekommen
hatte bekommen	hatten bekommen

Future
werde bekommen	werden bekommen
wirst bekommen	werdet bekommen
wird bekommen	werden bekommen

Future Perfect
werde bekommen haben	werden bekommen haben
wirst bekommen haben	werdet bekommen haben
wird bekommen haben	werden bekommen haben

Subjunctive

Present
bekomme	bekommen
bekommest	bekommet
bekomme	bekommen

Past
bekäme	bekämen
bekämest	bekämet
bekäme	bekämen

Present Perfect
habe bekommen	haben bekommen
habest bekommen	habet bekommen
habe bekommen	haben bekommen

Past Perfect
hätte bekommen	hätten bekommen
hättest bekommen	hättet bekommen
hätte bekommen	hätten bekommen

Conditional

Present
würde bekommen	würden bekommen
würdest bekommen	würdet bekommen
würde bekommen	würden bekommen

Perfect
würde bekommen haben	würden bekommen haben
würdest bekommen haben	würdet bekommen haben
würde bekommen haben	würden bekommen haben

Imperative
bekomm(e)!	bekommen Sie!
bekommt!	bekommen wir!

Participles
Present	Past
bekommend	bekommen

Related Words

Was bekommen Sie?	What can I get for you?	*bekömmlich*	wholesome
		unbekömmlich	unwholesome

17 sich beschäftigen (mit) to keep busy (with)

weak
inseparable
transitive

	ich	wir
	du	ihr
	er/sie/es	sie/Sie

Indicative

Present Tense

beschäftige mich	beschäftigen uns
beschäftigst dich	beschäftigt euch
beschäftigt sich	beschäftigen sich

Narrative Past

beschäftigte mich	beschäftigten uns
beschäftigtest dich	beschäftigtet euch
beschäftigte sich	beschäftingten sich

Conversational Past

habe mich beschäftigt	haben uns beschäftigt
hast dich beschäftigt	habt euch beschäftigt
hat sich beschäftigt	haben sich beschäftigt

Past Perfect

hatte mich beschäftigt	hatten uns beschäftigt
hattest dich beschäftigt	hattet euch beschäftigt
hatte sich beschäftigt	hatten sich beschäftigt

Future

werde mich beschäftigen	werden uns beschäftigen
wirst dich beschäftigen	werdet euch beschäftigen
wird sich beschäftigen	werden sich beschäftigen

Future Perfect

werde mich beschäftigt haben	werden uns beschäftigt haben
wirst dich beschäftigt haben	werdet euch beschäftigt haben
wird sich beschäftigt haben	werden sich beschäftigt haben

Subjunctive

Present

beschäftige mich	beschäftigen uns
beschäftigest dich	beschäftiget euch
beschäftige sich	beschäftigen sich

Past

beschäftigte mich	beschäftigten uns
beschäftigtest dich	beschäftigtet euch
beschäftigte sich	beschäftigten sich

Present Perfect

habe mich beschäftigt	haben uns beschäftigt
habest dich beschäftigt	habet euch beschäftigt
habe sich beschäftigt	haben sich beschäftigt

Past Perfect

hätte mich beschäftigt	hätten uns beschäftigt
hättest dich beschäftigt	hättet euch beschäftigt
hätte sich beschäftigt	hätten sich beschäftigt

Conditional

Present

würde mich beschäftigen	würden uns beschäftigen
würdest dich beschäftigen	würdet euch beschäftigen
würde sich beschäftigen	würden sich beschäftigen

Perfect

würde mich beschäftigt haben	würden uns beschäftigt haben
würdest dich beschäftigt haben	würdet euch beschäftigt haben
würde sich beschäftigt haben	würden sich beschäftigt haben

Imperative

beschäftig(e) dich!	beschäftigen Sie sich!
beschäftigt euch!	beschäftigen wir uns!

Participles

Present

beschäftigend

Past

beschäftigt

Related Words

die Beschäftigung	occupation
beschäftigt	busy

18 besitzen to own, possess

strong

inseparable

transitive

		ich	wir
		du	ihr
		er/sie/es	sie/Sie

Indicative

Present Tense

besitze	besitzen
besitzt	besitzt
besitzt	besitzen

Narrative Past

besaß	besaßen
besaßest	besaßt
besaß	besaßen

Conversational Past

habe besessen	haben besessen
hast besessen	habt besessen
hat besessen	haben besessen

Past Perfect

hatte besessen	hatten besessen
hattest besessen	hattet besessen
hatte besessen	hatten besessen

Future

werde besitzen	werden besitzen
wirst besitzen	werdet besitzen
wird besitzen	werden besitzen

Future Perfect

werde besessen haben	werden besessen haben
wirst besessen haben	werdet besessen haben
wird besessen haben	werden besessen haben

Subjunctive

Present

besitze	besitzen
besitzest	besitzet
besitze	besitzen

Past

besäße	besäßen
besäßest	besäßet
besäße	besäßen

Present Perfect

habe besessen	haben besessen
habest besessen	habet besessen
habe besessen	haben besessen

Past Perfect

hätte besessen	hätten besessen
hättest besessen	hättet besessen
hätte besessen	hätten besessen

Conditional

Present

würde besitzen	würden besitzen
würdest besitzen	würdet besitzen
würde besitzen	würden besitzen

Perfect

würde besessen haben	würden besessen haben
würdest besessen haben	würdet besessen haben
würde besessen haben	würden besessen haben

Imperative

—	—
—	—

Participles

Present	Past
besitzend	besessen

Related Words

der/die Besitzer/in	owner	besitzerlos	abandoned
der Besitz	posession, property	die Besitzurkunde	title-deed
		der Besitzerwechsel	change of ownership
der Besitzanspruch	claim of property		

19 **bestellen** to order (goods)

weak
inseparable
transitive

	ich	wir
	du	ihr
	er/sie/es	sie/Sie

Indicative

Present Tense

		Narrative Past	
bestelle	bestellen	bestellte	bestellten
bestellst	bestellt	bestelltest	bestelltet
bestellt	bestellen	bestellte	bestellten

Conversational Past

		Past Perfect	
habe bestellt	haben bestellt	hatte bestellt	hatten bestellt
hast bestellt	habt bestellt	hattest bestellt	hattet bestellt
hat bestellt	haben bestellt	hatte bestellt	hatten bestellt

Future

		Future Perfect	
werde bestellen	werden bestellen	werde bestellt haben	werden bestellt haben
wirst bestellen	werdet bestellen	wirst bestellt haben	werdet bestellt haben
wird bestellen	werden bestellen	wird bestellt haben	werden bestellt haben

Subjunctive

Present

		Past	
bestelle	bestellen	bestellte	bestellten
bestellest	bestellet	bestelltest	bestelltet
bestelle	bestellen	bestellte	bestellten

Present Perfect

		Past Perfect	
habe bestellt	haben bestellt	hätte bestellt	hätten bestellt
habest bestellt	habet bestellt	hättest bestellt	hättet bestellt
habe bestellt	haben bestellt	hätte bestellt	hätten bestellt

Conditional

Present

		Perfect	
würde bestellen	würden bestellen	würde bestellt haben	würden bestellt haben
würdest bestellen	würdet bestellen	würdest bestellt haben	würdet bestellt haben
würde bestellen	würden bestellen	würde bestellt haben	würden bestellt haben

Imperative

bestell(e)!	bestellen Sie!
bestellt!	bestellen wir!

Participles

Present	**Past**
bestellend	bestellt

Related Words

die Bestellung	order, message	*der Bestellschein*	order form
der Besteller	buyer, subscriber	*der Bestellzettel*	order form
nachbestellen	to repeat one's order	*die Bestellnummer*	reference number

20 besuchen to visit, attend

weak
inseparable
transitive

ich wir
du ihr
er/sie/es sie/Sie

Indicative

Present Tense

besuche	besuchen
besuchst	besucht
besucht	besuchen

Narrative Past

besuchte	besuchten
besuchtest	besuchtet
besuchte	besuchten

Conversational Past

habe besucht	haben besucht
hast besucht	habt besucht
hat besucht	haben besucht

Past Perfect

hatte besucht	hatten besucht
hattest besucht	hattet besucht
hatte besucht	hatten besucht

Future

werde besuchen	werden besuchen
wirst besuchen	werdet besuchen
wird besuchen	werden besuchen

Future Perfect

werde besucht haben	werden besucht haben
wirst besucht haben	werdet besucht haben
wird besucht haben	werden besucht haben

Subjunctive

Present

besuche	besuchen
besuchest	besuchet
besuche	besuchen

Past

besuchte	besuchten
besuchtest	besuchtet
besuchte	besuchten

Present Perfect

habe besucht	haben besucht
habest besucht	habet besucht
habe besucht	haben besucht

Past Perfect

hätte besucht	hätten besucht
hättest besucht	hättet besucht
hätte besucht	hätten besucht

Conditional

Present

würde besuchen	würden besuchen
würdest besuchen	würdet besuchen
würde besuchen	würden besuchen

Perfect

würde besucht haben	würden besucht haben
würdest besucht haben	würdet besucht haben
würde besucht haben	würden besucht haben

Imperative

besuch(e)!	besuchen Sie!
besucht!	besuchen wir!

Participles

Present	Past
besuchend	besucht

Related Words

der Besuch	visit	*einen Besuch machen*	pay a visit to
der/die	visitor	*bei*	
Besucher/in		*gut besucht*	well attended
die Besuchszeit	visiting hours		

21 **bewegen** to move, agitate, shake

weak
inseparable
transitive
(reflexive)

	ich	wir
	du	ihr
	er/sie/es	sie/Sie

Indicative

Present Tense		**Narrative Past**	
bewege	bewegen	bewegte	bewegten
bewegst	bewegt	bewegtest	bewegtet
bewegt	bewegen	bewegte	bewegten

Conversational Past		**Past Perfect**	
habe bewegt	haben bewegt	hatte bewegt	hatten bewegt
hast bewegt	habt bewegt	hattest bewegt	hattet bewegt
hat bewegt	haben bewegt	hatte bewegt	hatten bewegt

Future		**Future Perfect**	
werde bewegen	werden bewegen	werde bewegt haben	werden bewegt haben
wirst bewegen	werdet bewegen	wirst bewegt haben	werdet bewegt haben
wird bewegen	werden bewegen	wird bewegt haben	werden bewegt haben

Subjunctive

Present		**Past**	
bewege	bewegen	bewegte	bewegten
bewegest	beweget	bewegtest	bewegtet
bewege	bewegen	bewegte	bewegten

Present Perfect		**Past Perfect**	
habe bewegt	haben bewegt	hätte bewegt	hätten bewegt
habest bewegt	habet bewegt	hättest bewegt	hättet bewegt
habe bewegt	haben bewegt	hätte bewegt	hätten bewegt

Conditional

Present		**Perfect**	
würde bewegen	würden bewegen	würde bewegt haben	würden bewegt haben
würdest bewegen	würdet bewegen	würdest bewegt haben	würdet bewegt haben
würde bewegen	würden bewegen	würde bewegt haben	würden bewegt haben

Imperative

beweg(e)!	bewegen Sie!
bewegt!	bewegen wir!

Participles

Present	**Past**
bewegend	bewegt

Related Words

die Bewegung	movement, motion	*bewegt*	lively; moved
der Beweggrund	reason, motive	*bewegungslos*	motionless, immobile
die Beweglichkeit	mobility, flexibility	*bewegungsunfähig*	immobilized
sich bewegen fühlen	to feel moved to	*Was bewog ihn dazu?*	What made him do it?

22 **bezahlen** to pay, repay

			ich	wir
weak			du	ihr
inseparable			er/sie/es	sie/Sie
transitive				

Indicative

Present Tense
bezahle	bezahlen
bezahlst	bezahlt
bezahlt	bezahlen

Narrative Past
bezahlte	bezahlten
bezahltest	bezahltet
bezahlte	bezahlten

Conversational Past
habe bezahlt	haben bezahlt
hast bezahlt	habt bezahlt
hat bezahlt	haben bezahlt

Past Perfect
hatte bezahlt	hatten bezahlt
hattest bezahlt	hattet bezahlt
hatte bezahlt	hatten bezahlt

Future
werde bezahlen	werden bezahlen
wirst bezahlen	werdet bezahlen
wird bezahlen	werden bezahlen

Future Perfect
werde bezahlt haben	werden bezahlt haben
wirst bezahlt haben	werdet bezahlt haben
wird bezahlt haben	werden bezahlt haben

Subjunctive

Present
bezahle	bezahlen
bezahlest	bezahlet
bezahle	bezahlen

Past
bezahlte	bezahlten
bezahltest	bezahltet
bezahlte	bezahlten

Present Perfect
habe bezahlt	haben bezahlt
habest bezahlt	habet bezahlt
habe bezahlt	haben bezahlt

Past Perfect
hätte bezahlt	hätten bezahlt
hättest bezahlt	hättet bezahlt
hätte bezahlt	hätten bezahlt

Conditional

Present
würde bezahlen	würden bezahlen
würdest bezahlen	würdet bezahlen
würde bezahlen	würden bezahlen

Perfect
würde bezahlt haben	würden bezahlt haben
würdest bezahlt haben	würdet bezahlt haben
würde bezahlt haben	würden bezahlt haben

Imperative
bezahl(e)!	bezahlen Sie!
bezahlt!	bezahlen wir!

Participles
Present	Past
bezahlend	bezahlt

Related Words

die Bezahlung	payment, settlement	*die Zahlungsfrist*	date of payment
der Zahlungsplan	payment plan	*der Zahltag*	payday
bezahlbar	payable	*die Zahlungsbilanz*	balance of payments
die Zahlungsweise	method of payment	*die Zahl*	number

23 **bitten** to ask for, request

strong
inseparable
transitive/intransitive

ich   wir
du   ihr
er/sie/es   sie/Sie

Indicative

Present Tense

bitte	bitten
bittest	bittet
bittet	bitten

Narrative Past

bat	baten
batest	batet
bat	baten

Conversational Past

habe gebeten	haben gebeten
hast gebeten	habt gebeten
hat gebeten	haben gebeten

Past Perfect

hatte gebeten	hatten gebeten
hattest gebeten	hattet gebeten
hatte gebeten	hatten gebeten

Future

werde bitten	werden bitten
wirst bitten	werdet bitten
wird bitten	werden bitten

Future Perfect

werde gebeten haben	werden gebeten haben
wirst gebeten haben	werdet gebeten haben
wird gebeten haben	werden gebeten haben

Subjunctive

Present

bitte	bitten
bittest	bittet
bitte	bitten

Past

bäte	bäten
bätest	bätet
bäte	bäten

Present Perfect

habe gebeten	haben gebeten
habest gebeten	habet gebeten
habe gebeten	haben gebeten

Past Perfect

hätte gebeten	hätten gebeten
hättest gebeten	hättet gebeten
hätte gebeten	hätten gebeten

Conditional

Present

würde bitten	würden bitten
würdest bitten	würdet bitten
würde bitten	würden bitten

Perfect

würde gebeten haben	würden gebeten haben
würdest gebeten haben	würdet gebeten haben
würde gebeten haben	würden gebeten haben

Imperative

bitte!	bitten Sie!
bittet!	bitten wir!

Participles

Present	**Past**
bittend	gebeten

Related Words

die Bitte	request	bitte	please
die Bittschrift	petition	Bitte sehr!	Here you go!
der/die Bittsteller/in	petitioner	Wie bitte?	I beg your pardon?

24 bleiben to remain, stay

strong
inseparable
intransitive

	ich	wir
	du	ihr
	er/sie/es	sie/Sie

Indicative

Present Tense

bleibe	bleiben
bleibst	bleibt
bleibt	bleiben

Narrative Past

blieb	blieben
bliebst	bliebt
blieb	blieben

Conversational Past

bin geblieben	sind geblieben
bist geblieben	seid geblieben
ist geblieben	sind geblieben

Past Perfect

war geblieben	waren geblieben
warst geblieben	wart geblieben
war geblieben	waren geblieben

Future

werde bleiben	werden bleiben
wirst bleiben	werdet bleiben
wird bleiben	werden bleiben

Future Perfect

werde geblieben sein	werden geblieben sein
wirst geblieben sein	werdet geblieben sein
wird geblieben sein	werden geblieben sein

Subjunctive

Present

bleibe	bleiben
bleibest	bleibet
bleibe	bleiben

Past

bliebe	blieben
bliebest	bliebet
bliebe	blieben

Present Perfect

sei geblieben	seien geblieben
seiest geblieben	seiet geblieben
sei geblieben	seien geblieben

Past Perfect

wäre geblieben	wären geblieben
wärest geblieben	wäret geblieben
wäre geblieben	wären geblieben

Conditional

Present

würde bleiben	würden bleiben
würdest bleiben	würdet bleiben
würde bleiben	würden bleiben

Perfect

würde geblieben sein	würden geblieben sein
würdest geblieben sein	würdet geblieben sein
würde geblieben sein	würden geblieben sein

Imperative

bleib!	bleiben Sie!
bleibt!	bleiben wir!

Participles

Present

bleibend

Past

geblieben

Related Words

die Bleibe	accommodation	*bleiben lassen*	to leave a thing alone
bleibend	lasting, enduring	*ruhig bleiben*	to keep quiet; to keep one's temper

25 blitzen to flash, emit lightning, sparkle

weak
inseparable
intransitive
impersonal

	ich	wir
	du	ihr
	er/sie/es	sie/Sie

Indicative

Present Tense		Narrative Past	
—	—	—	—
—	—	—	—
blitzt	—	blitzte	—

Conversational Past		Past Perfect	
—	—	—	—
—	—	—	—
hat geblitzt	—	hatte geblitzt	—

Future		Future Perfect	
—	—	—	—
—	—	—	—
wird blitzen	—	wird geblitzt haben	—

Subjunctive

Present		Past	
—	—	—	—
—	—	—	—
blitze	—	blitzte	—

Present Perfect		Past Perfect	
—	—	—	—
—	—	—	—
habe geblitzt	—	hätte geblitzt	—

Conditional

Present		Perfect	
—	—	—	—
—	—	—	—
würde blitzen	—	würde geblitzt haben	—

Imperative

—	—
—	—

Participles

Present	Past
blitzend	geblitzt

Related Words

der Blitz	lightning	*das Blitzlicht*	flash bulb
blitzartig	lightninglike; abrupt	*der Blitzstrahl*	flash of lightning
blitzblank	shining	*mit den Augen blitzen*	to flash one's eyes
die Blitzesschnelle	lightning speed		

26 brauchen to need, require

weak
inseparable
transitive

	ich	wir
	du	ihr
	er/sie/es	sie/Sie

Indicative

Present Tense
brauche	brauchen
brauchst	braucht
braucht	brauchen

Narrative Past
brauchte	brauchten
brauchtest	brauchtet
brauchte	brauchten

Conversational Past
habe gebraucht	haben gebraucht
hast gebraucht	habt gebraucht
hat gebraucht	haben gebraucht

Past Perfect
hatte gebraucht	hatten gebraucht
hattest gebraucht	hattet gebraucht
hatte gebraucht	hatten gebraucht

Future
werde brauchen	werden brauchen
wirst brauchen	werdet brauchen
wird brauchen	werden brauchen

Future Perfect
werde gebraucht haben	werden gebraucht haben
wirst gebraucht haben	werdet gebraucht haben
wird gebraucht haben	werden gebraucht haben

Subjunctive

Present
brauche	brauchen
brauchest	brauchet
brauche	brauchen

Past
brauchte	brauchten
brauchtest	brauchtet
brauchte	brauchten

Present Perfect
habe gebraucht	haben gebraucht
habest gebraucht	habet gebraucht
habe gebraucht	haben gebraucht

Past Perfect
hätte gebraucht	hätten gebraucht
hättest gebraucht	hättet gebraucht
hätte gebraucht	hätten gebraucht

Conditional

Present
würde brauchen	würden brauchen
würdest brauchen	würdet brauchen
würde brauchen	würden brauchen

Perfect
würde gebraucht haben	würden gebraucht haben
würdest gebraucht haben	würdet gebraucht haben
würde gebraucht haben	würden gebraucht haben

Imperative
—   —

Participles

Present	Past
brauchend	gebraucht

Related Words

der Brauch	custom, usage	*gebraucht*	secondhand, used
brauchbar	useful	*gebrauchsfertig*	ready for use
die Brauchbarkeit	usefulness	*gebräuchlich*	customary
unbrauchbar	useless		

27 brechen to break

strong
inseparable
transitive/intransitive

	ich	wir
	du	ihr
	er/sie/es	sie/Sie

Indicative

Present Tense

breche	brechen
brichst	brecht
bricht	brechen

Narrative Past

brach	brachen
brachst	bracht
brach	brachen

Conversational Past

habe gebrochen	haben gebrochen
hast gebrochen	habt gebrochen
hat gebrochen	haben gebrochen

Past Perfect

hatte gebrochen	hatten gebrochen
hattest gebrochen	hattet gebrochen
hatte gebrochen	hatten gebrochen

Future

werde brechen	werden brechen
wirst brechen	werdet brechen
wird brechen	werden brechen

Future Perfect

werde gebrochen haben	werden gebrochen haben
wirst gebrochen haben	werdet gebrochen haben
wird gebrochen haben	werden gebrochen haben

Subjunctive

Present

breche	brechen
brechest	brechet
breche	brechen

Past

bräche	brächen
brächest	brächet
bräche	brächen

Present Perfect

habe gebrochen	haben gebrochen
habest gebrochen	habet gebrochen
habe gebrochen	haben gebrochen

Past Perfect

hätte gebrochen	hätten gebrochen
hättest gebrochen	hättet gebrochen
hätte gebrochen	hätten gebrochen

Conditional

Present

würde brechen	würden brechen
würdest brechen	würdet brechen
würde brechen	würden brechen

Perfect

würde gebrochen haben	würden gebrochen haben
würdest gebrochen haben	würdet gebrochen haben
würde gebrochen haben	würden gebrochen haben

Imperative

brich!	brechen Sie!
brecht!	brechen wir!

Participles

Present	Past
brechend	gebrochen

Related Words

der Bruch	fracture	*zerbrechlich*	fragile
brechbar	breakable	*das Gebrechen*	physical handicap
gebrochen	broken	*der Einbruch*	burglary
Hals- und Beinbruch!	Good luck!	*einbrechen*	to break in
		Er hat sich ein Bein gebrochen.	He broke his leg.

28 **bringen** to bring, fetch, convey

mixed
inseparable
transitive/intransitive

ich	wir		
du	ihr		
er/sie/es	sie/Sie		

Indicative

Present Tense
bringe	bringen
bringst	bringt
bringt	bringen

Narrative Past
brachte	brachten
brachtest	brachtet
brachte	brachten

Conversational Past
habe gebracht	haben gebracht
hast gebracht	habt gebracht
hat gebracht	haben gebracht

Past Perfect
hatte gebracht	hatten gebracht
hattest gebracht	hattet gebracht
hatte gebracht	hatten gebracht

Future
werde bringen	werden bringen
wirst bringen	werdet bringen
wird bringen	werden bringen

Future Perfect
werde gebracht haben	werden gebracht haben
wirst gebracht haben	werdet gebracht haben
wird gebracht haben	werden gebracht haben

Subjunctive

Present
bringe	bringen
bringest	bringet
bringe	bringen

Past
brächte	brächten
brächtest	brächtet
brächte	brächten

Present Perfect
habe gebracht	haben gebracht
habest gebracht	habet gebracht
habe gebracht	haben gebracht

Past Perfect
hätte gebracht	hätten gebracht
hättest gebracht	hättet gebracht
hätte gebracht	hätten gebracht

Conditional

Present
würde bringen	würden bringen
würdest bringen	würdet bringen
würde bringen	würden bringen

Perfect
würde gebracht haben	würden gebracht haben
würdest gebracht haben	würdet gebracht haben
würde gebracht haben	würden gebracht haben

Imperative
bring!	bringen Sie!
bringt!	bringen wir!

Participles

Present
bringend

Past
gebracht

Related Words

zustande bringen	to accomplish, bring about
zu Papier bringen	to put on paper
zur Sprache bringen	to mention
das Mitbringsel	little present

zum Schweigen bringen	to silence
zu Fall bringen	to ruin
in Erfahrung bringen	to ascertain, discover
Glück bringen	to bring luck

29 buchen to book, reserve; enter in the books

weak
inseparable
transitive

ich wir
du ihr
er/sie/es sie/Sie

Indicative

Present Tense

buche	buchen
buchst	bucht
bucht	buchen

Narrative Past

buchte	buchten
buchtest	buchtet
buchte	buchten

Conversational Past

habe gebucht	haben gebucht
hast gebucht	habt gebucht
hat gebucht	haben gebucht

Past Perfect

hatte gebucht	hatten gebucht
hattest gebucht	hattet gebucht
hatte gebucht	hatten gebucht

Future

werde buchen	werden buchen
wirst buchen	werdet buchen
wird buchen	werden buchen

Future Perfect

werde gebucht haben	werden gebucht haben
wirst gebucht haben	werdet gebucht haben
wird gebucht haben	werden gebucht haben

Subjunctive

Present

buche	buchen
buchest	buchet
buche	buchen

Past

buchte	buchten
buchtest	buchtet
buchte	buchten

Present Perfect

habe gebucht	haben gebucht
habest gebucht	habet gebucht
habe gebucht	haben gebucht

Past Perfect

hätte gebucht	hätten gebucht
hättest gebucht	hättet gebucht
hätte gebucht	hätten gebucht

Conditional

Present

würde buchen	würden buchen
würdest buchen	würdet buchen
würde buchen	würden buchen

Perfect

würde gebucht haben	würden gebucht haben
würdest gebucht haben	würdet gebucht haben
würde gebucht haben	würden gebucht haben

Imperative

buch(e)!	buchen Sie!
bucht!	buchen wir!

Participles

Present	Past
buchend	gebucht

Related Words

ausgebucht	booked up	etwas als Erfolg buchen	to put something down as success
einen Flug buchen	to reserve a flight		

30 danken to thank

weak
inseparable
intransitive

		ich	wir
		du	ihr
		er/sie/es	sie/Sie

Indicative

Present Tense
danke	danken
dankst	dankt
dankt	danken

Narrative Past
dankte	dankten
danktest	danktet
dankte	dankten

Conversational Past
habe gedankt	haben gedankt
hast gedankt	habt gedankt
hat gedankt	haben gedankt

Past Perfect
hatte gedankt	hatten gedankt
hattest gedankt	hattet gedankt
hatte gedankt	hatten gedankt

Future
werde danken	werden danken
wirst danken	werdet danken
wird danken	werden danken

Future Perfect
werde gedankt haben	werden gedankt haben
wirst gedankt haben	werdet gedankt haben
wird gedankt haben	werden gedankt haben

Subjunctive

Present
danke	danken
dankest	danket
danke	danken

Past
dankte	dankten
danktest	danktet
dankte	dankten

Present Perfect
habe gedankt	haben gedankt
habest gedankt	habet gedankt
habe gedankt	haben gedankt

Past Perfect
hätte gedankt	hätten gedankt
hättest gedankt	hättet gedankt
hätte gedankt	hätten gedankt

Conditional

Present
würde danken	würden danken
würdest danken	würdet danken
würde danken	würden danken

Perfect
würde gedankt haben	würden gedankt haben
würdest gedankt haben	würdet gedankt haben
würde gedankt haben	würden gedankt haben

Imperative
dank(e)!	danken Sie!
dankt!	danken wir!

Participles

Present	Past
dankend	gedankt

Related Words

der Dank	thanks, gratitude	*die Undankbarkeit*	ingratitude
dankbar	grateful	*Danke schön!*	Many thanks!
undankbar	unthankful	*Nichts zu danken!*	Don't mention it!
die Dankbarkeit	gratitude		

31 dauern to last, continue

weak
inseparable
intransitive
impersonal

ich	wir
du	ihr
er/sie/es	sie/Sie

Indicative

Present Tense
—	—
dauert	dauern

Narrative Past
—	—
dauerte	dauerten

Conversational Past
—	—
hat gedauert	haben gedauert

Past Perfect
—	—
hatte gedauert	hatten gedauert

Future
—	—
wird dauern	werden dauern

Future Perfect
—	—
wird gedauert haben	werden gedauert haben

Subjunctive

Present
—	—
dauere	daueren

Past
—	—
dauerte	dauerten

Present Perfect
—	—
habe gedauert	haben gedauert

Past Perfect
—	—
hätte gedauert	hätten gedauert

Conditional

Present
—	—
würde dauern	würden dauern

Perfect
—	—
würde gedauert haben	würden gedauert haben

Imperative
—	—
—	—

Participles

Present	Past
dauernd	gedauert

Related Words

die Dauer	length, duration	*die Dauerfestigkeit*	endurance
dauerhaft	durable	*die Dauerkarte*	season ticket
andauernd	lasting, continual	*die Dauerstellung*	permanent position (of employment)
die Dauerhaftigkeit	durability		

32 **denken** to think, reflect

mixed
inseparable
transitive/intransitive
(reflexive)

	ich	wir
	du	ihr
	er/sie/es	sie/Sie

Indicative

Present Tense

denke	denken
denkst	denkt
denkt	denken

Narrative Past

dachte	dachten
dachtest	dachtet
dachte	dachten

Conversational Past

habe gedacht	haben gedacht
hast gedacht	habt gedacht
hat gedacht	haben gedacht

Past Perfect

hatte gedacht	hatten gedacht
hattest gedacht	hattet gedacht
hatte gedacht	hatten gedacht

Future

werde denken	werden denken
wirst denken	werdet denken
wird denken	werden denken

Future Perfect

werde gedacht haben	werden gedacht haben
wirst gedacht haben	werdet gedacht haben
wird gedacht haben	werden gedacht haben

Subjunctive

Present

denke	denken
denkest	denket
denke	denken

Past

dächte	dächten
dächtest	dächtet
dächte	dächten

Present Perfect

habe gedacht	haben gedacht
habest gedacht	habet gedacht
habe gedacht	haben gedacht

Past Perfect

hätte gedacht	hätten gedacht
hättest gedacht	hättet gedacht
hätte gedacht	hätten gedacht

Conditional

Present

würde denken	würden denken
würdest denken	würdet denken
würde denken	würden denken

Perfect

würde gedacht haben	würden gedacht haben
würdest gedacht haben	würdet gedacht haben
würde gedacht haben	würden gedacht haben

Imperative

denk(e)!	denken Sie!
denkt!	denken wir!

Participles

Present

denkend

Past

gedacht

Related Words

der Gedanke	thought	*undenkbar*	inconceivable
gedankenlos	thoughtless	*der/die Denker/in*	thinker
gedanklich	intellectual, mental	*das Gedenken*	memory
denkbar	conceivable	*denkwürdig*	memorable

33 donnern to thunder; hammer (on)

weak
inseparable
intransitive
impersonal

ich wir
du ihr
er/sie/es sie/Sie

Indicative

Present Tense		Narrative Past	
—	—	—	—
—	—	—	—
donnert	—	donnerte	—

Conversational Past		Past Perfect	
—	—	—	—
—	—	—	—
hat gedonnert	—	hatte gedonnert	—

Future		Future Perfect	
—	—	—	—
—	—	—	—
wird donnern	—	wird gedonnert haben	—

Subjunctive

Present		Past	
—	—	—	—
—	—	—	—
donnere	—	donnerte	—

Present Perfect		Past Perfect	
—	—	—	—
—	—	—	—
habe gedonnert	—	hätte gedonnert	—

Conditional

Present		Perfect	
—	—	—	—
—	—	—	—
würde donnern	—	würde gedonnert haben	—

Imperative

		Participles	
—	—	**Present**	**Past**
—	—	donnernd	gedonnert

Related Words

der Donner	thunder	*die Donnerstimme*	thundering voice
der Donnerschlag	peal of thunder	*das Donnerwetter*	thunderstorm
donnernd	thundering, thunderous		

34 drücken to push, press (reflexive: to evade)

weak
inseparable
transitive/intransitive
(reflexive)

	ich	wir
	du	ihr
	er/sie/es	sie/Sie

Indicative

Present Tense
drücke	drücken
drückst	drückt
drückt	drücken

Narrative Past
drückte	drückten
drücktest	drücktet
drückte	drückten

Conversational Past
habe gedrückt	haben gedrückt
hast gedrückt	habt gedrückt
hat gedrückt	haben gedrückt

Past Perfect
hatte gedrückt	hatten gedrückt
hattest gedrückt	hattet gedrückt
hatte gedrückt	hatten gedrückt

Future
werde drücken	werden drücken
wirst drücken	werdet drücken
wird drücken	werden drücken

Future Perfect
werde gedrückt haben	werden gedrückt haben
wirst gedrückt haben	werdet gedrückt haben
wird gedrückt haben	werden gedrückt haben

Subjunctive

Present
drücke	drücken
drückest	drücket
drücke	drücken

Past
drückte	drückten
drücktest	drücktet
drückte	drückten

Present Perfect
habe gedrückt	haben gedrückt
habest gedrückt	habet gedrückt
habe gedrückt	haben gedrückt

Past Perfect
hätte gedrückt	hätten gedrückt
hättest gedrückt	hättet gedrückt
hätte gedrückt	hätten gedrückt

Conditional

Present
würde drücken	würden drücken
würdest drücken	würdet drücken
würde drücken	würden drücken

Perfect
würde gedrückt haben	würden gedrückt haben
würdest gedrückt haben	würdet gedrückt haben
würde gedrückt haben	würden gedrückt haben

Imperative
drück(e)!	drücken Sie!
drückt!	drücken wir!

Participles
Present	Past
drückend	gedrückt

Related Words

der Druck	pressure, thrust, print	*die Gedrücktheit*	depression, low spirits
drückend	oppressive	*gedrückter Stimmung sein*	to be depressed
die Hand drücken	to shake hands with		

35 dürfen may, to be allowed to

strong		ich	wir
inseparable		du	ihr
intransitive		er/sie/es	sie/Sie
modal			

Indicative

Present Tense
darf	dürfen
darfst	dürft
darf	dürfen

Narrative Past
durfte	durften
durftest	durftet
durfte	durften

Conversational Past
habe gedurft	haben gedurft
hast gedurft	habt gedurft
hat gedurft	haben gedurft

Past Perfect
hatte gedurft	hatten gedurft
hattest gedurft	hattet gedurft
hatte gedurft	hatten gedurft

Future
werde dürfen	werden dürfen
wirst dürfen	werdet dürfen
wird dürfen	werden dürfen

Future Perfect
werde gedurft haben	werden gedurft haben
wirst gedurft haben	werdet gedurft haben
wird gedurft haben	werden gedurft haben

Subjunctive

Present
dürfe	dürfen
dürfest	dürfet
dürfe	dürfen

Past
dürfte	dürften
dürftest	dürftet
dürfte	dürften

Present Perfect
habe gedurft	haben gedurft
habest gedurft	habet gedurft
habe gedurft	haben gedurft

Past Perfect
hätte gedurft	hätten gedurft
hättest gedurft	hättet gedurft
hätte gedurft	hätten gedurft

Conditional

Present
würde dürfen	würden dürfen
würdest dürfen	würdet dürfen
würde dürfen	würden dürfen

Perfect
würde gedurft haben	würden gedurft haben
würdest gedurft haben	würdet gedurft haben
würde gedurft haben	würden gedurft haben

Imperative
—	—
—	—

Participles

Present	Past
dürfend	gedurft

Related Words

dürftig	needy, indigent	*es dürfte leicht sein*	it should be easy
die Dürftigkeit	neediness, poverty	*Darf man...?*	Is it allowed to...?

36 **einkaufen** to buy; shop

weak
separable
transitive/intransitive

Indicative

Present Tense
		Narrative Past	

Present Tense

		Narrative Past	
kaufe ein	kaufen ein	kaufte ein	kauften ein
kaufst ein	kauft ein	kauftest ein	kauftet ein
kauft ein	kaufen ein	kaufte ein	kauften ein

Conversational Past | | **Past Perfect** | |
habe eingekauft	haben eingekauft	hatte eingekauft	hatten eingekauft
hast eingekauft	habt eingekauft	hattest eingekauft	hattet eingekauft
hat eingekauft	haben eingekauft	hatte eingekauft	hatten eingekauft

Future | | **Future Perfect** | |
werde einkaufen	werden einkaufen	werde eingekauft haben	werden eingekauft haben
wirst einkaufen	werdet einkaufen	wirst eingekauft haben	werdet eingekauft haben
wird einkaufen	werden einkaufen	wird eingekauft haben	werden eingekauft haben

Subjunctive

Present | | **Past** | |
kaufe ein	kaufen ein	kaufte ein	kauften ein
kaufest ein	kaufet ein	kauftest ein	kauftet ein
kaufe ein	kaufen ein	kaufte ein	kauften ein

Present Perfect | | **Past Perfect** | |
habe eingekauft	haben eingekauft	hätte eingekauft	hätten eingekauft
habest eingekauft	habet eingekauft	hättest eingekauft	hättet eingekauft
habe eingekauft	haben eingekauft	hätte eingekauft	hätten eingekauft

Conditional

Present | | **Perfect** | |
würde einkaufen	würden einkaufen	würde eingekauft haben	würden eingekauft haben
würdest einkaufen	würdet einkaufen	würdest eingekauft haben	würdet eingekauft haben
würde einkaufen	würden einkaufen	würde eingekauft haben	würden eingekauft haben

Imperative

		Participles	
kauf(e) ein!	kaufen Sie ein!	**Present**	**Past**
kauft ein!	kaufen wir ein!	einkaufend	eingekauft

Related Words

kaufen	to buy	*das Einkaufszentrum*	shopping center
der Einkauf	purchase	*der Verkauf*	sale
der/die Ein- *käufer/in*	buyer, shopper	*käuflich*	for sale
		unverkäuflich	not for sale
der Einkaufspreis	at-cost price		
die Einkaufs- *tasche*	shopping bag		

37 einladen to invite; load in

strong		ich	wir
separable		du	ihr
transitive		er/sie/es	sie/Sie

Indicative

Present Tense		Narrative Past	
lade ein	laden ein	lud ein	luden ein
lädst ein	ladet ein	ludst ein	ludet ein
lädt ein	laden ein	lud ein	luden ein

Conversational Past		Past Perfect	
habe eingeladen	haben eingeladen	hatte eingeladen	hatten eingeladen
hast eingeladen	habt eingeladen	hattest eingeladen	hattet eingeladen
hat eingeladen	haben eingeladen	hatte eingeladen	hatten eingeladen

Future		Future Perfect	
werde einladen	werden einladen	werde eingeladen haben	werden eingeladen haben
wirst einladen	werdet einladen	wirst eingeladen haben	werdet eingeladen haben
wird einladen	werden einladen	wird eingeladen haben	werden eingeladen haben

Subjunctive

Present		Past	
lade ein	laden ein	lüde ein	lüden ein
ladest ein	ladet ein	lüdest ein	lüdet ein
lade ein	laden ein	lüde ein	lüden ein

Present Perfect		Past Perfect	
habe eingeladen	haben eingeladen	hätte eingeladen	hätten eingeladen
habest einge-laden	habet eingeladen	hättest eingeladen	hättet eingeladen
habe eingeladen	haben eingeladen	hätte eingeladen	hätten eingeladen

Conditional

Present		Perfect	
würde einladen	würden einladen	würde eingeladen haben	würden eingeladen haben
würdest einladen	würdet einladen	würdest eingeladen haben	würdet eingeladen haben
würde einladen	würden einladen	würde eingeladen haben	würden eingeladen haben

Imperative

lad(e) ein!	laden Sie ein!
ladet ein!	laden wir ein!

Participles

Present	Past
einladend	eingeladen

Related Words

laden	to load	einladend	inviting, attractive
die Einladung	invitation		
die Einladungs-karte	invitation card		

38 empfehlen to recommend

strong
inseparable
transitive
(reflexive)

	ich	wir
	du	ihr
	er/sie/es	sie/Sie

Indicative

Present Tense
empfehle	empfehlen
empfiehlst	empfehlt
empfiehlt	empfehlen

Narrative Past
empfahl	empfahlen
empfahlst	empfahlt
empfahl	empfahlen

Conversational Past
habe empfohlen	haben empfohlen
hast empfohlen	habt empfohlen
hat empfohlen	haben empfohlen

Past Perfect
hatte empfohlen	hatten empfohlen
hattest empfohlen	hattet empfohlen
hatte empfohlen	hatten empfohlen

Future
werde empfehlen	werden empfehlen
wirst empfehlen	werdet empfehlen
wird empfehlen	werden empfehlen

Future Perfect
werde empfehlen haben	werden empfehlen haben
wirst empfehlen haben	werdet empfehlen haben
wird empfohlen haben	werden empfehlen haben

Subjunctive

Present
empfehle	empfehlen
empfehlest	empfehlet
empfehle	empfehlen

Past
empfähle	empfählen
empfählest	empfählet
empfähle	empfählen

Present Perfect
habe empfohlen	haben empfohlen
habest empfohlen	habet empfohlen
habe empfohlen	haben empfohlen

Past Perfect
hätte empfohlen	hätten empfohlen
hättest empfohlen	hättet empfohlen
hätte empfohlen	hätten empfohlen

Conditional

Present
würde empfehlen	würden empfehlen
würdest empfehlen	würdet empfehlen
würde empfehlen	würden empfehlen

Perfect
würde empfehlen haben	würden empfehlen haben
würdest empfehlen haben	würdet empfehlen haben
würde empfehlen haben	würden empfehlen haben

Imperative
empfiehl!	empfehlen Sie!
empfehlt!	empfehlen wir!

Participles
Present	Past
empfehlend	empfohlen

Related Words
die Empfehlung	recommendation
das Empfehlungs- schreiben	letter of recommendation
empfehlenswert	commendable
meine besten Empfehlungen an...	my best regards to...

39 entlassen to dismiss, release, fire

strong
inseparable
transitive

	ich	wir
	du	ihr
	er/sie/es	sie/Sie

Indicative

Present Tense
entlasse	entlassen
entläßt	entlaßt
entläßt	entlassen

Narrative Past
entließ	entließen
entließest	entließt
entließ	entließen

Conversational Past
habe entlassen	haben entlassen
hast entlassen	habt entlassen
hat entlassen	haben entlassen

Past Perfect
hatte entlassen	hatten entlassen
hattest entlassen	hattet entlassen
hatte entlassen	hatten entlassen

Future
werde entlassen	werden entlassen
wirst entlassen	werdet entlassen
wird entlassen	werden entlassen

Future Perfect
werde entlassen haben	werden entlassen haben
wirst entlassen haben	werdet entlassen haben
wird entlassen haben	werden entlassen haben

Subjunctive

Present
entlasse	entlassen
entlassest	entlasset
entlasse	entlassen

Past
entließe	entließen
entließest	entließet
entließe	entließen

Present Perfect
habe entlassen	haben entlassen
habest entlassen	habet entlassen
habe entlassen	haben entlassen

Past Perfect
hätte entlassen	hätten entlassen
hättest entlassen	hättet entlassen
hätte entlassen	hätten entlassen

Conditional

Present
würde entlassen	würden entlassen
würdest entlassen	würdet entlassen
würde entlassen	würden entlassen

Perfect
würde entlassen haben	würden entlassen haben
würdest entlassen haben	würdet entlassen haben
würde entlassen haben	würden entlassen haben

Imperative
entlaß(e)!	entlassen Sie!
entlaß!	entlassen wir!

Participles
Present	Past
entlassend	entlassen

Related Words
die Entlassung	dismissal, discharge	*das Entlassungs-schreiben*	letter of dismissal
die Entlassungs-papiere	discharge papers	*das Entlassungsgesuch*	resignation
der Entlassungs-grund	reason for dismissal		

40 **entscheiden** to decide

strong
inseparable
transitive/intransitive
(reflexive)

ich wir
du ihr
er/sie/es sie/Sie

Indicative

Present Tense

entscheide	entscheiden
entscheidest	entscheidet
entscheidet	entscheiden

Narrative Past

entschied	entschieden
entschiedst	entschiedet
entschied	entschieden

Conversational Past

habe entschieden	haben entschieden
hast entschieden	habt entschieden
hat entschieden	haben entschieden

Past Perfect

hatte entschieden	hatten entschieden
hattest entschieden	hattet entschieden
hatte entschieden	hatten entschieden

Future

werde entschieden	werden entschieden
wirst entschieden	werdet entschieden
wird entschieden	werden entschieden

Future Perfect

werde entschieden haben	werden entschieden haben
wirst entschieden haben	werdet entschieden haben
wird entschieden haben	werden entschieden haben

Subjunctive

Present

entscheide	entscheiden
entscheidest	entscheidet
entscheide	entscheiden

Past

entschiede	entschieden
entschiedest	entschiedet
entschiede	entschieden

Present Perfect

habe entschieden	haben entschieden
habest entschieden	habet entschieden
habe entschieden	haben entschieden

Past Perfect

hätte entschieden	hätten entschieden
hättest entschieden	hättet entschieden
hätte entschieden	hätten entschieden

Conditional

Present

würde entscheiden	würden entscheiden
würdest entscheiden	würdet entscheiden
würde entscheiden	würden entscheiden

Perfect

würde entschieden haben	würden entschieden haben
würdest entschieden haben	würdet entschieden haben
würde entschieden haben	würden entschieden haben

Imperative

entscheide!	entscheiden Sie!
entscheidet!	entscheiden wir!

Participles

Present
entscheidend

Past
entschieden

Related Words

die Entscheidung	decision	*der Entscheidungs-grund*	decisive factor
entscheidend	decisive		
entschieden	decided; determined	*das Entscheidungsspiel*	(sports) play-off, final game
die Entschiedenheit	determination	*sich entscheiden*	to make a decision

41 entwickeln to develop

weak
inseparable
transitive
(reflexive)

		ich	wir
		du	ihr
		er/sie/es	sie/Sie

Indicative

Present Tense

entwickele	entwickeln
entwickelst	entwickelt
entwickelt	entwickeln

Narrative Past

entwickelte	entwickelten
entwickeltest	entwickeltet
entwickelte	entwickelten

Conversational Past

habe entwickelt	haben entwickelt
hast entwickelt	habt entwickelt
hat entwickelt	haben entwickelt

Past Perfect

hatte entwickelt	hatten entwickelt
hattest entwickelt	hattet entwickelt
hatte entwickelt	hatten entwickelt

Future

werde entwickeln	werden entwickeln
wirst entwickeln	werdet entwickeln
wird entwickeln	werden entwickeln

Future Perfect

werde entwickelt haben	werden entwickelt haben
wirst entwickelt haben	werdet entwickelt haben
wird entwickelt haben	werden entwickelt haben

Subjunctive

Present

entwickele	entwickeln
entwickelst	entwickelt
entwickele	entwickeln

Past

entwickelte	entwickelten
entwickeltest	entwickeltet
entwickelte	entwickelten

Present Perfect

habe entwickelt	haben entwickelt
habest entwickelt	habet entwickelt
habe entwickelt	haben entwickelt

Past Perfect

hätte entwickelt	hätten entwickelt
hättest entwickelt	hättet entwickelt
hätte entwickelt	hätten entwickelt

Conditional

Present

würde entwickeln	würden entwickeln
würdest entwickeln	würdet entwickeln
würde entwickeln	würden entwickeln

Perfect

würde entwickelt haben	würden entwickelt haben
würdest entwickelt haben	würdet entwickelt haben
würde entwickelt haben	würden entwickelt haben

Imperative

entwickel(e)!	entwickeln Sie!
entwickelt!	entwickeln wir!

Participles

Present	Past
entwickelnd	entwickelt

Related Words

die Entwicklung	development, evolution	das Entwicklungsland	developing country
die Entwicklungshilfe	economic aid	die Entwicklungs-jahre	adolescence

42 erfahren to learn, hear, experience

strong
inseparable
transitive

	ich	wir
	du	ihr
	er/sie/es	sie/Sie

Indicative

Present Tense
erfahre	erfahren
erfährst	erfahrt
erfährt	erfahren

Narrative Past
erfuhr	erfuhren
erfuhrst	erfuhrt
erfuhr	erfuhren

Conversational Past
habe erfahren	haben erfahren
hast erfahren	habt erfahren
hat erfahren	haben erfahren

Past Perfect
hatte erfahren	hatten erfahren
hattest erfahren	hattet erfahren
hatte erfahren	hatten erfahren

Future
werde erfahren	werden erfahren
wirst erfahren	werdet erfahren
wird erfahren	werden erfahren

Future Perfect
werde erfahren haben	werden erfahren haben
wirst erfahren haben	werdet erfahren haben
wird erfahren haben	werden erfahren haben

Subjunctive

Present
erfahre	erfahren
erfahrest	erfahret
erfahre	erfahren

Past
erführe	erführen
erführest	erfüret
erführe	erführen

Present Perfect
habe erfahren	haben erfahren
habest erfahren	habet erfahren
habe erfahren	haben erfahren

Past Perfect
hätte erfahren	hätten erfahren
hättest erfahren	hättet erfahren
hätte erfahren	hätten erfahren

Conditional

Present
würde erfahren	würden erfahren
würdest erfahren	würdet erfahren
würde erfahren	würden erfahren

Perfect
würde erfahren haben	würden erfahren haben
würdest erfahren haben	würdet erfahren haben
würde erfahren haben	würden erfahren haben

Imperative
erfahr(e)!	erfahren Sie!
erfahrt!	erfahren wir!

Participles

Present
erfahrend

Past
erfahren

Related Words

die Erfahrung	experience	*in Erfahrung bringen*	to find out, discover
erfahren sein	to be experienced	*erfahrungsgemäß*	according to (my) experience...
unerfahren sein	to be inexperienced		

43 sich erinnern to remind, remember

strong
inseparable
transitive

		ich	wir
		du	ihr
		er/sie/es	sie/Sie

Indicative

Present Tense

		Narrative Past	
erinnere mich	erinnern uns	erinnerte mich	erinnerten uns
erinnerst dich	erinnert euch	erinnertest dich	erinnertet euch
erinnert sich	erinnern sich	erinnerte sich	erinnerten sich

Conversational Past

		Past Perfect	
habe mich erinnert	haben uns erinnert	hatte mich erinnert	hatten uns erinnert
hast dich erinnert	habt euch erinnert	hattest dich erinnert	hattet euch erinnert
hat sich erinnert	haben sich erinnert	hatte sich erinnert	hatten sich erinnert

Future

		Future Perfect	
werde mich erinnern	werden uns erinnern	werde mich erinnert haben	werden uns erinnert haben
wirst dich erinnern	werdet euch erinnern	wirst dich erinnert haben	werdet euch erinnert haben
wird sich erinnern	werden sich erinnern	wird sich erinnert haben	werden sich erinnert haben

Subjunctive

Present

		Past	
erinnere mich	erinnern uns	erinnerte mich	erinnerten uns
erinnerest dich	erinnert euch	erinnertest dich	erinnertet euch
erinnere sich	erinnern sich	erinnerte sich	erinnerten sich

Present Perfect

		Past Perfect	
habe mich erinnert	haben uns erinnert	hätte mich erinnert	hätten uns erinnert
habest dich erinnert	habet euch erinnert	hättest dich erinnert	hättet euch erinnert
habe sich erinnert	haben sich erinnert	hätte sich erinnert	hätten sich erinnert

Conditional

Present

		Perfect	
würde mich erinnern	würden uns erinnern	würde mich erinnert haben	würden uns erinnert haben
würdest dich erinnern	würdet euch erinnern	würdest dich erinnert haben	würdet euch erinnert haben
würde sich erinnern	würden sich erinnern	würde sich erinnert haben	würden sich erinnert haben

Imperative

erinner(e) dich!	erinnern Sie sich!
erinnert euch!	erinnern wir uns!

Participles

Present	Past
erinnernd	erinnert

Related Words

die Erinnerung	memory, reminder	*der Erinnerungstag*	commemorative day
in Erinnerung bringen	to recall	*das Erinnerungsvermögen*	memory, power of recollection

44 **sich erkälten** to catch a cold

weak		ich	wir
inseparable		du	ihr
transitive		er/sie/es	sie/Sie

Indicative

Present Tense

		Narrative Past	
erkälte mich	erkälten uns	erkältete mich	erkälteten uns
erkältest dich	erkältet euch	erkältetest dich	erkältetet euch
erkältet sich	erkälten sich	erkältete sich	erkälteten sich

Conversational Past

		Past Perfect	
habe mich erkältet	haben uns erkältet	hatte mich erkältet	hatten uns erkältet
hast dich erkältet	habt euch erkältet	hattest dich erkältet	hattet euch erkältet
hat sich erkältet	haben sich erkältet	hatte sich erkältet	hatten sich erkältet

Future

		Future Perfect	
werde mich erkälten	werden uns erkälten	werde mich erkältet haben	werden uns erkältet haben
wirst dich erkälten	werdet euch erkälten	wirst dich erkältet haben	werdet euch erkältet haben
wird sich erkälten	werden sich erkälten	wird sich erkältet haben	werden sich erkältet haben

Subjunctive

Present

		Past	
erkälte mich	erkälten uns	erkältete mich	erkälteten uns
erkältest dich	erkältet euch	erkältetest dich	erkältetet euch
erkälte sich	erkälten sich	erkältete sich	erkälteten sich

Present Perfect

		Past Perfect	
habe mich erkältet	haben uns erkältet	hätte mich erkältet	hätten uns erkältet
habest dich erkältet	habet euch erkältet	hättest dich erkältet	hättet euch erkältet
habe sich erkältet	haben sich erkältet	hätte sich erkältet	hätten sich erkältet

Conditional

Present

		Perfect	
würde mich erkälten	würden uns erkälten	würde mich erkältet haben	würden uns erkältet haben
würdest dich erkälten	würdet euch erkälten	würdest dich erkältet haben	würdet euch erkältet haben
würde sich erkälten	würden sich erkälten	würde sich erkältet haben	würden sich erkältet haben

Imperative

erkälte dich!	erkälten Sie sich!
erkältet euch!	erkälten wir uns!

Participles

Present	Past
erkältend	erkältet

Related Words

die Erkältung	cold, chill	*die Kälte*	cold, chill
erkalten	to get cold, cool (down)	kalt	cold

45 erklären to explain, declare, announce

weak
inseparable
transitive

		ich	wir
		du	ihr
		er/sie/es	sie/Sie

Indicative

Present Tense		**Narrative Past**	
erkläre	erklären	erklärte	erklärten
erklärst	erklärt	erklärtest	erklärtet
erklärt	erklären	erklärte	erklärten

Conversational Past		**Past Perfect**	
habe erklärt	haben erklärt	hatte erklärt	hatten erklärt
hast erklärt	habt erklärt	hattest erklärt	hattet erklärt
hat erklärt	haben erklärt	hatte erklärt	hatten erklärt

Future		**Future Perfect**	
werde erklären	werden erklären	werde erklärt haben	werden erklärt haben
wirst erklären	werdet erklären	wirst erklärt haben	werdet erklärt haben
wird erklären	werden erklären	wird erklärt haben	werden erklärt haben

Subjunctive

Present		**Past**	
erkläre	erklären	erklärte	erklärten
erklärest	erkläret	erklärtest	erklärtet
erkläre	erklären	erklärte	erklärten

Present Perfect		**Past Perfect**	
habe erklärt	haben erklärt	hätte erklärt	hätten erklärt
habest erklärt	habet erklärt	hättest erklärt	hättet erklärt
habe erklärt	haben erklärt	hätte erklärt	hätten erklärt

Conditional

Present		**Perfect**	
würde erklären	würden erklären	würde erklärt haben	würden erklärt haben
würdest erklären	würdet erklären	würdest erklärt haben	würdet erklärt haben
würde erklären	würden erklären	würde erklärt haben	würden erklärt haben

Imperative

erklär(e)!	erklären Sie!
erklärt!	erklären wir!

Participles

Present	**Past**
erklärend	erklärt

Related Words

die Erklärung	explanation	*aus erklärlichen*	for obvious reasons...
erklärbar	explainable	*Gründen...*	
erklärlich	understandable; obvious	*Ich kann mir das nicht erklären...*	I can't understand it...

46 erlauben to allow, permit

weak
inseparable
transitive
(reflexive)

		ich	wir
		du	ihr
		er/sie/es	sie/Sie

Indicative

Present Tense

erlaube	erlauben
erlaubst	erlaubt
erlaubt	erlauben

Narrative Past

erlaubte	erlaubten
erlaubtest	erlaubtet
erlaubte	erlaubten

Conversational Past

habe erlaubt	haben erlaubt
hast erlaubt	habt erlaubt
hat erlaubt	haben erlaubt

Past Perfect

hatte erlaubt	hatten erlaubt
hattest erlaubt	hattet erlaubt
hatte erlaubt	hatten erlaubt

Future

werde erlauben	werden erlauben
wirst erlauben	werdet erlauben
wird erlauben	werden erlauben

Future Perfect

werde erlaubt haben	werden erlaubt haben
wirst erlaubt haben	werdet erlaubt haben
wird erlaubt haben	werden erlaubt haben

Subjunctive

Present

erlaube	erlauben
erlaubest	erlaubet
erlaube	erlauben

Past

erlaubte	erlaubten
erlaubtest	erlaubtet
erlaubte	erlaubten

Present Perfect

habe erlaubt	haben erlaubt
habest erlaubt	habet erlaubt
habe erlaubt	haben erlaubt

Past Perfect

hätte erlaubt	hätten erlaubt
hättest erlaubt	hättet erlaubt
hätte erlaubt	hätten erlaubt

Conditional

Present

würde erlauben	würden erlauben
würdest erlauben	würdet erlauben
würde erlauben	würden erlauben

Perfect

würde erlaubt haben	würden erlaubt haben
würdest erlaubt haben	würdet erlaubt haben
würde erlaubt haben	würden erlaubt haben

Imperative

erlaub(e)!	erlauben Sie!
erlaubt!	erlauben wir!

Participles

Present	Past
erlaubend	erlaubt

Related Words

die Erlaubnis	permission	unerlaubt	not permitted
um Erlaubnis bitten	to ask permission	erlaubt	permitted
die Erlaubnis erteilen	to grant permission	die Arbeitserlaubnis	work permit

47 erschrecken* to be frightened

strong*
inseparable
transitive/intransitive
(reflexive)

ich wir
du ihr
er/sie/es sie/Sie

Indicative

Present Tense
erschrecke	erschrecken
erschrickst	erschreckt
erschrickt	erschrecken

Narrative Past
erschrak	erschraken
erschrakst	erschrakt
erschrak	erschraken

Conversational Past
bin erschrocken	sind erschrocken
bist erschrocken	seid erschrocken
ist erschrocken	sind erschrocken

Past Perfect
war erschrocken	waren erschrocken
warst erschrocken	wart erschrocken
war erschrocken	waren erschrocken

Future
werde erschrecken	werden erschrecken
wirst erschrecken	werdet erschrecken
wird erschrecken	werden erschrecken

Future Perfect
werde erschrocken sein	werden erschrocken sein
wirst erschrocken sein	werdet erschrocken sein
wird erschrocken sein	werden erschrocken sein

Subjunctive

Present
erschrecke	erschrecken
erschreckest	erschrecket
erschrecke	erschrecken

Past
erschräke	erschräken
erschräkest	erschräket
erschräke	erschräken

Present Perfect
sei erschrocken	seien erschrocken
seiest erschrocken	seiet erschrocken
sei erschrocken	seien erschrocken

Past Perfect
wäre erschrocken	wären erschrocken
wärest erschrocken	wäret erschrocken
wäre erschrocken	wären erschrocken

Conditional

Present
würde erschrecken	würden erschrecken
würdest erschrecken	würdet erschrecken
würde erschrecken	würden erschrecken

Perfect
würde erschrocken sein	würden erschrocken sein
würdest erschrocken sein	würdet erschrocken sein
würde erschrocken sein	würden erschrocken sein

Imperative
erschrick!	erschrecken Sie!
erschreckt!	erschrecken wir!

Participles
Present	Past
erschreckend	erschrocken

Related Words
erschrocken	frightened, scared	*der Schreck*	shock, fright
das Erschrecken	shock, fright	*schrecklich*	terrible, frightful

* The weak form of *erschrecken* means "to frighten": *erschrecken, erschreckte, erschreckt, erschreckt.*

48 erzählen to tell, relate

weak
inseparable
transitive

		ich	wir
		du	ihr
		er/sie/es	sie/Sie

Indicative

Present Tense
erzähle	erzählen
erzählst	erzählt
erzählt	erzählen

Narrative Past
erzählte	erzählten
erzähltest	erzähltet
erzählte	erzählten

Conversational Past
habe erzählt	haben erzählt
hast erzählt	habt erzählt
hat erzählt	haben erzählt

Past Perfect
hatte erzählt	hatten erzählt
hattest erzählt	hattet erzählt
hatte erzählt	hatten erzählt

Future
werde erzählen	werden erzählen
wirst erzählen	werdet erzählen
wird erzählen	werden erzählen

Future Perfect
werde erzählt haben	werden erzählt haben
wirst erzählt haben	werdet erzählt haben
wird erzählt haben	werden erzählt haben

Subjunctive

Present
erzähle	erzählen
erzählest	erzählet
erzähle	erzählen

Past
erzählte	erzählten
erzähltest	erzähltet
erzählte	erzählten

Present Perfect
habe erzählt	haben erzählt
habest erzählt	habet erzählt
habe erzählt	haben erzählt

Past Perfect
hätte erzählt	hätten erzählt
hättest erzählt	hättet erzählt
hätte erzählt	hätten erzählt

Conditional

Present
würde erzählen	würden erzählen
würdest erzählen	würdet erzählen
würde erzählen	würden erzählen

Perfect
würde erzählt haben	würden erzählt haben
würdest erzählt haben	würdet erzählt haben
würde erzählt haben	würden erzählt haben

Imperative
erzähl(e)!	erzählen Sie!
erzählt	erzählen wir!

Participles

Present
erzählend

Past
erzählt

Related Words

die Erzählung	narration; report; tale	*der/die Erzähler/in*	narrator

49 essen to eat

strong
inseparable
transitive

	ich	wir
	du	ihr
	er/sie/es	sie/Sie

Indicative

Present Tense
esse	essen
ißt	eßt
ißt	essen

Narrative Past
aß	aßen
aßest	aßt
aß	aßen

Conversational Past
habe gegessen	haben gegessen
hast gegessen	habt gegessen
hat gegessen	haben gegessen

Past Perfect
hatte gegessen	hatten gegessen
hattest gegessen	hattet gegessen
hatte gegessen	hatten gegessen

Future
werde essen	werden essen
wirst essen	werdet essen
wird essen	werden essen

Future Perfect
werde gegessen haben	werden gegessen haben
wirst gegessen haben	werdet gegessen haben
wird gegessen haben	werden gegessen haben

Subjunctive

Present
esse	essen
essest	esset
esse	essen

Past
äße	äßen
äßest	äßet
äße	äßen

Present Perfect
habe gegessen	haben gegessen
habest gegessen	habet gegessen
habe gegessen	haben gegessen

Past Perfect
hätte gegessen	hätten gegessen
hättest gegessen	hättet gegessen
hätte gegessen	hätten gegessen

Conditional

Present
würde essen	würden essen
würdest essen	würdet essen
würde essen	würden essen

Perfect
würde gegessen haben	würden gegessen haben
würdest gegessen haben	würdet gegessen haben
würde gegessen haben	würden gegessen haben

Imperative
iß!	essen Sie!
eßt!	essen wir!

Participles

Present
essend

Past
gegessen

Related Words

das Essen	food, meal	das Eßzimmer	dining room
eßbar	edible	der Eßtisch	dinner table
nicht eßbar	unedible	auswärts essen	to eat out
die Essenszeit	meal time		

50 **fahren** to drive, go

strong
inseparable
transitive/intransitive

	ich	wir
	du	ihr
	er/sie/es	sie/Sie

Indicative

Present Tense

fahre	fahren
fährst	fahrt
fährt	fahren

Narrative Past

fuhr	fuhren
fuhrst	fuhrt
fuhr	fuhren

Conversational Past

bin gefahren	sind gefahren
bist gefahren	seid gefahren
ist gefahren	sind gefahren

Past Perfect

war gefahren	waren gefahren
warst gefahren	wart gefahren
war gefahren	waren gefahren

Future

werde fahren	werden fahren
wirst fahren	werdet fahren
wird fahren	werden fahren

Future Perfect

werde gefahren sein	werden gefahren sein
wirst gefahren sein	werdet gefahren sein
wird gefahren sein	werden gefahren sein

Subjunctive

Present

fahre	fahren
fahrest	fahret
fahre	fahren

Past

führe	führen
führest	führet
führe	führen

Present Perfect

sei gefahren	seien gefahren
seiest gefahren	seiet gefahren
sei gefahren	seien gefahren

Past Perfect

wäre gefahren	wären gefahren
wärest gefahren	wäret gefahren
wäre gefahren	wären gefahren

Conditional

Present

würde fahren	würden fahren
würdest fahren	würdet fahren
würde fahren	würden fahren

Perfect

würde gefahren sein	würden gefahren sein
würdest gefahren sein	würdet gefahren sein
würde gefahren sein	würden gefahren sein

Imperative

fahr(e)!	fahren Sie!
fahrt!	fahren wir!

Participles

Present	Past
fahrend	gefahren

Related Words

die Fahrt	journey, trip, drive	*der Fahrausweis*	ticket
der/die Fahrer/in	driver	*die Fahrgeschwindigkeit*	(driving) speed
die Ausfahrt	exit	*die Einfahrt*	entrance

51 fallen to fall

strong   ich   wir
inseparable   du   ihr
intransitive   er/sie/es   sie/Sie

Indicative

Present Tense

falle	fallen
fällst	fallt
fällt	fallen

Narrative Past

fiel	fielen
fielst	fielt
fiel	fielen

Conversational Past

bin gefallen	sind gefallen
bist gefallen	seid gefallen
ist gefallen	sind gefallen

Past Perfect

war gefallen	waren gefallen
warst gefallen	wart gefallen
war gefallen	waren gefallen

Future

werde fallen	werden fallen
wirst fallen	werdet fallen
wird fallen	werden fallen

Future Perfect

werde gefallen sein	werden gefallen sein
wirst gefallen sein	werdet gefallen sein
wird gefallen sein	werden gefallen sein

Subjunctive

Present

falle	fallen
fallest	fallet
falle	fallen

Past

fiele	fielen
fielest	fielet
fiele	fielen

Present Perfect

sei gefallen	seien gefallen
seiest gefallen	seiet gefallen
sei gefallen	seien gefallen

Past Perfect

wäre gefallen	wären gefallen
wärest gefallen	wäret gefallen
wäre gefallen	wären gefallen

Conditional

Present

würde fallen	würden fallen
würdest fallen	würdet fallen
würde fallen	würden fallen

Perfect

würde gefallen sein	würden gefallen sein
würdest gefallen sein	würdet gefallen sein
würde gefallen sein	würden gefallen sein

Imperative

fall(e)!	fallen Sie!
fallt!	fallen wir!

Participles

Present
fallend

Past
gefallen

Related Words

der Fall	fall; case	*die Fallgrube*	pitfall, trap
fallen lassen	to drop	*der Kriminalfall*	criminal case
der Unfall	accident	*auf alle Fälle...*	in any case...
einfallen	to come to one's mind	*es fällt mir schwer*	it is difficult for me

52 fehlen to miss, be absent

weak			ich	wir
inseparable			du	ihr
intransitive			er/sie/es	sie/Sie

Indicative

Present Tense

fehle	fehlen
fehlst	fehlt
fehlt	fehlen

Narrative Past

fehlte	fehlten
fehltest	fehltet
fehlte	fehlten

Conversational Past

habe gefehlt	haben gefehlt
hast gefehlt	habt gefehlt
hat gefehlt	haben gefehlt

Past Perfect

hatte gefehlt	hatten gefehlt
hattest gefehlt	hattet gefehlt
hatte gefehlt	hatten gefehlt

Future

werde fehlen	werden fehlen
wirst fehlen	werdet fehlen
wird fehlen	werden fehlen

Future Perfect

werde gefehlt haben	werden gefehlt haben
wirst gefehlt haben	werdet gefehlt haben
wird gefehlt haben	werden gefehlt haben

Subjunctive

Present

fehle	fehlen
fehlest	fehlet
fehle	fehlen

Past

fehlte	fehlten
fehltest	fehltet
fehlte	fehlten

Present Perfect

habe gefehlt	haben gefehlt
habest gefehlt	habet gefehlt
habe gefehlt	haben gefehlt

Past Perfect

hätte gefehlt	hätten gefehlt
hättest gefehlt	hättet gefehlt
hätte gefehlt	hätten gefehlt

Conditional

Present

würde fehlen	würden fehlen
würdest fehlen	würdet fehlen
würde fehlen	würden fehlen

Perfect

würde gefehlt haben	würden gefehlt haben
würdest gefehlt haben	würdet gefehlt haben
würde gefehlt haben	würden gefehlt haben

Imperative

fehl(e)!	fehlen Sie!
fehlt!	fehlen wir!

Participles

Present

fehlend

Past

gefehlt

Related Words

der Fehler	fault, failing	Wo fehlt's denn?	What's wrong?
fehlerfrei	faultless	der Fehlschlag	miss; failure
fehlend	lacking	das Fehlurteil	misjudgement
fehlleiten	to mislead	Weit gefehlt!	Far off the mark!

88

53 **finden** to find

strong
inseparable
transitive

	ich	wir
	du	ihr
	er/sie/es	sie/Sie

Indicative

Present Tense

finde	finden
findest	findet
findet	finden

Narrative Past

fand	fanden
fandst	fandet
fand	fanden

Conversational Past

habe gefunden	haben gefunden
hast gefunden	habt gefunden
hat gefunden	haben gefunden

Past Perfect

hatte gefunden	hatten gefunden
hattest gefunden	hattet gefunden
hatte gefunden	hatten gefunden

Future

werde finden	werden finden
wirst finden	werdet finden
wird finden	werden finden

Future Perfect

werde gefunden haben	werden gefunden haben
wirst gefunden haben	werdet gefunden haben
wird gefunden haben	werden gefunden haben

Subjunctive

Present

finde	finden
findest	findet
finde	finden

Past

fände	fänden
fändest	fändet
fände	fänden

Present Perfect

habe gefunden	haben gefunden
habest gefunden	habet gefunden
habe gefunden	haben gefunden

Past Perfect

hätte gefunden	hätten gefunden
hättest gefunden	hättet gefunden
hätte gefunden	hätten gefunden

Conditional

Present

würde finden	würden finden
würdest finden	würdet finden
würde finden	würden finden

Perfect

würde gefunden haben	würden gefunden haben
würdest gefunden haben	würdet gefunden haben
würde gefunden haben	würden gefunden haben

Imperative

find(e)!	finden Sie!
findet!	finden wir!

Participles

Present	Past
findend	gefunden

Related Words

der Fund	find	die Findigkeit	resourcefulness
der/die Finder/in	finder	das Fundbüro	lost and found office
der Finderlohn	reward	Finden Sie nicht?	Don't you think so?
findig	clever, resourceful	Ich finde, daß...	I think that...

54 fliegen to fly

strong
inseparable
transitive/intransitive

	ich	wir
	du	ihr
	er/sie/es	sie/Sie

Indicative

Present Tense
fliege	fliegen
fliegst	fliegt
fliegt	fliegen

Narrative Past
flog	flogen
flogst	flogt
flog	flogen

Conversational Past
bin geflogen	sind geflogen
bist geflogen	seid geflogen
ist geflogen	sind geflogen

Past Perfect
war geflogen	waren geflogen
warst geflogen	wart geflogen
war geflogen	waren geflogen

Future
werde fliegen	werden fliegen
wirst fliegen	werdet fliegen
wird fliegen	werden fliegen

Future Perfect
werde geflogen sein	werden geflogen sein
wirst geflogen sein	werdet geflogen sein
wird geflogen sein	werden geflogen sein

Subjunctive

Present
fliege	fliegen
fliegest	flieget
fliege	fliegen

Past
flöge	flögen
flögest	flöget
flöge	flögen

Present Perfect
sei geflogen	seien geflogen
seiest geflogen	seiet geflogen
sei geflogen	seien geflogen

Past Perfect
wäre geflogen	wären geflogen
wärest geflogen	wäret geflogen
wäre geflogen	wären geflogen

Conditional

Present
würde fliegen	würden fliegen
würdest fliegen	würdet fliegen
würde fliegen	würden fliegen

Perfect
würde geflogen sein	würden geflogen sein
würdest geflogen sein	würdet geflogen sein
würde geflogen sein	würden geflogen sein

Imperative
flieg(e)!	fliegen Sie!
fliegt!	fliegen wir!

Participles

Present
fliegend

Past
geflogen

Related Words

der Flug	flight	*der Fluggast*	air passenger
das Flugzeug	airplane	*die Flugkarte*	airline ticket
der Flugplatz	airport	*die Flugpost*	airmail
die Fluglinie	airline	*die Fliege*	fly (insect)

55 fragen to ask

weak
inseparable
transitive/intransitive

ich wir
du ihr
er/sie/es sie/Sie

Indicative

Present Tense
frage — fragen
fragst — fragt
fragt — fragen

Narrative Past
fragte — fragten
fragtest — fragtet
fragte — fragten

Conversational Past
habe gefragt — haben gefragt
hast gefragt — habt gefragt
hat gefragt — haben gefragt

Past Perfect
hatte gefragt — hatten gefragt
hattest gefragt — hattet gefragt
hatte gefragt — hatten gefragt

Future
werde fragen — werden fragen
wirst fragen — werdet fragen
wird fragen — werden fragen

Future Perfect
werde gefragt haben — werden gefragt haben
wirst gefragt haben — werdet gefragt haben
wird gefragt haben — werden gefragt haben

Subjunctive

Present
frage — fragen
fragest — fraget
frage — fragen

Past
fragte — fragten
fragtest — fragtet
fragte — fragten

Present Perfect
habe gefragt — haben gefragt
habest gefragt — habet gefragt
habe gefragt — haben gefragt

Past Perfect
hätte gefragt — hätten gefragt
hättest gefragt — hättet gefragt
hätte gefragt — hätten gefragt

Conditional

Present
würde fragen — würden fragen
würdest fragen — würdet fragen
würde fragen — würden fragen

Perfect
würde gefragt haben — würden gefragt haben
würdest gefragt haben — würdet gefragt haben
würde gefragt haben — würden gefragt haben

Imperative

frag(e)! — fragen Sie!
fragt! — fragen wir!

Participles

Present
fragend

Past
gefragt

Related Words

die Frage	question	das Frage-und-Antwort-Spiel	quiz
fraglich	questionable		
fraglos	without doubt	die Anfrage	inquiry
fragwürdig	dubious	das Fragezeichen	question mark
		das Fragewort	question word, interrogative

56 sich freuen (über) to be glad (about), pleased; (auf) to look forward to

weak inseparable transitive		ich du er/sie/es	wir ihr sie/Sie

Indicative

Present Tense

freue mich	freuen uns
freust dich	freut euch
freut sich	freuen sich

Narrative Past

freute mich	freuten uns
freutest dich	freutet euch
freute sich	freuten sich

Conversational Past

habe mich gefreut	haben uns gefreut
hast dich gefreut	habt euch gefreut
hat sich gefreut	haben sich gefreut

Past Perfect

hatte mich gefreut	hatten uns gefreut
hattest dich gefreut	hattet euch gefreut
hatte sich gefreut	hatten sich gefreut

Future

werde mich freuen	werden uns freuen
wirst dich freuen	werdet euch freuen
wird sich freuen	werden sich freuen

Future Perfect

werde mich gefreut haben	werden uns gefreut haben
wirst dich gefreut haben	werdet euch gefreut haben
wird sich gefreut haben	werden sich gefreut haben

Subjunctive

Present

freue mich	freuen uns
freuest dich	freuet euch
freue sich	freuen sich

Past

freute mich	freuten uns
freutest dich	freutet euch
freute sich	freuten sich

Present Perfect

habe mich gefreut	haben uns gefreut
habest dich gefreut	habet euch gefreut
habe sich gefreut	haben sich gefreut

Past Perfect

hätte mich gefreut	hätten uns gefreut
hättest dich gefreut	hättet euch gefreut
hätte sich gefreut	hätten sich gefreut

Conditional

Present

würde mich freuen	würden uns freuen
würdest dich freuen	würdet euch freuen
würde sich freuen	würden sich freuen

Perfect

würde mich gefreut haben	würden uns gefreut haben
würdest dich gefreut haben	würdet euch gefreut haben
würde sich gefreut haben	würden sich gefreut haben

Imperative

freu(e) dich!	freuen Sie sich!
freut euch!	freuen wir uns!

Participles

Present	Past
sich freuend	gefreut

Related Words

die Freude	joy	*Freut mich, Sie kennenzulernen.*	Nice to meet you.
erfreulich	enjoyable		

57 frieren to be cold, freeze

strong
inseparable
intransitive
(reflexive)

	ich	wir
	du	ihr
	er/sie/es	sie/Sie

Indicative

Present Tense
friere	frieren
frierst	friert
friert	frieren

Narrative Past
fror	froren
frorst	frort
fror	froren

Conversational Past
habe gefroren	haben gefroren
hast gefroren	habt gefroren
hat gefroren	haben gefroren

Past Perfect
hatte gefroren	hatten gefroren
hattest gefroren	hattet gefroren
hatte gefroren	hatten gefroren

Future
werde frieren	werden frieren
wirst frieren	werdet frieren
wird frieren	werden frieren

Future Perfect
werde gefroren haben	werden gefroren haben
wirst gefroren haben	werdet gefroren haben
wird gefroren haben	werden gefroren haben

Subjunctive

Present
friere	frieren
frierest	frieret
friere	frieren

Past
fröre	frören
frörest	fröret
fröre	frören

Present Perfect
habe gefroren	haben gefroren
habest gefroren	habet gefroren
habe gefroren	haben gefroren

Past Perfect
hätte gefroren	hätten gefroren
hättest gefroren	hättet gefroren
hätte gefroren	hätten gefroren

Conditional

Present
würde frieren	würden frieren
würdest frieren	würdet frieren
würde frieren	würden frieren

Perfect
würde gefroren haben	würden gefroren haben
würdest gefroren haben	würdet gefroren haben
würde gefroren haben	würden gefroren haben

Imperative
frier(e)!	frieren Sie!
friert!	frieren wir!

Participles

Present	Past
frierend	gefroren

Related Words

gefrieren	to freeze	*die Gefriertruhe*	chest freezer
zugefroren	frozen over	*der Gefrierschrank*	upright freezer
der Gefrierpunkt	freezing point		

58 frühstücken to eat breakfast

weak   ich   wir
inseparable   du   ihr
intransitive   er/sie/es   sie/Sie

Indicative

Present Tense

frühstücke	frühstücken		
frühstückst	frühstückt		
frühstückt	frühstücken		

Narrative Past

frühstückte	frühstückten
frühstücktest	frühstücktet
frühstückte	frühstückten

Conversational Past

habe gefrühstückt	haben gefrühstückt
hast gefrühstückt	habt gefrühstückt
hat gefrühstückt	haben gefrühstückt

Past Perfect

hatte gefrühstückt	hatten gefrühstückt
hattest gefrühstückt	hattet gefrühstückt
hatte gefrühstückt	hatten gefrühstückt

Future

werde frühstücken	werden frühstücken
wirst frühstücken	werdet frühstücken
wird frühstücken	werden frühstücken

Future Perfect

werde gefrühstückt haben	werden gefrühstückt haben
wirst gefrühstückt haben	werdet gefrühstückt haben
wird gefrühstückt haben	werden gefrühstückt haben

Subjunctive

Present

frühstücke	frühstücken
frühstückest	frühstücket
frühstücke	frühstücken

Past

frühstückte	frühstückten
frühstücktest	frühstücktet
frühstückte	frühstückten

Present Perfect

habe gefrühstückt	haben gefrühstückt
habest gefrühstückt	habet gefrühstückt
habe gefrühstückt	haben gefrühstückt

Past Perfect

hätte gefrühstückt	hätten gefrühstückt
hättest gefrühstückt	hättet gefrühstückt
hätte gefrühstückt	hätten gefrühstückt

Conditional

Present

würde frühstücken	würden frühstücken
würdest frühstücken	würdet frühstücken
würde frühstücken	würden frühstücken

Perfect

würde gefrühstückt haben	würden gefrühstückt haben
würdest gefrühstückt haben	würdet gefrühstückt haben
würde gefrühstückt haben	würden gefrühstückt haben

Imperative

frühstück(e)!	frühstücken Sie!
frühstückt!	frühstücken wir!

Participles

Present	Past
frühstückend	gefrühstückt

Related Words

das Frühstück	breakfast	das Frühstücksbrötchen	breakfast roll
das zweite Frühstück	mid-morning snack	früh	early

59 fühlen to feel, perceive

weak
inseparable
transitive/intransitive

		ich	wir
		du	ihr
		er/sie/es	sie/Sie

Indicative

Present Tense
fühle	fühlen
fühlst	fühlt
fühlt	fühlen

Narrative Past
fühlte	fühlten
fühltest	fühltet
fühlte	fühlten

Conversational Past
habe gefühlt	haben gefühlt
hast gefühlt	habt gefühlt
hat gefühlt	haben gefühlt

Past Perfect
hatte gefühlt	hatten gefühlt
hattest gefühlt	hattet gefühlt
hatte gefühlt	hatten gefühlt

Future
werde fühlen	werden fühlen
wirst fühlen	werdet fühlen
wird fühlen	werden fühlen

Future Perfect
werde gefühlt haben	werden gefühlt haben
wirst gefühlt haben	werdet gefühlt haben
wird gefühlt haben	werden gefühlt haben

Subjunctive

Present
fühle	fühlen
fühlest	fühlet
fühle	fühlen

Past
fühlte	fühlten
fühltest	fühltet
fühlte	fühlten

Present Perfect
habe gefühlt	haben gefühlt
habest gefühlt	habet gefühlt
habe gefühlt	haben gefühlt

Past Perfect
hätte gefühlt	hätten gefühlt
hättest gefühlt	hättet gefühlt
hätte gefühlt	hätten gefühlt

Conditional

Present
würde fühlen	würden fühlen
würdest fühlen	würdet fühlen
würde fühlen	würden fühlen

Perfect
würde gefühlt haben	würden gefühlt haben
würdest gefühlt haben	würdet gefühlt haben
würde gefühlt haben	würden gefühlt haben

Imperative
fühl(e)!	fühlen Sie!
fühlt!	fühlen wir!

Participles

Present	Past
fühlend	gefühlt

Related Words

das Gefühl	feeling	gefühlvoll	full of feeling
gefühllos	numb	fühlbar	sensible
die Gefühllosigkeit	callousness; cruel act	fühllos	unfeeling
gefühlsbetont	emotional	die Fühlung	touch, contact

60 fürchten to fear, be afraid

weak
inseparable
transitive/intransitive
(reflexive)

	ich	wir
	du	ihr
	er/sie/es	sie/Sie

Indicative

Present Tense

fürchte	fürchten
fürchtest	fürchtet
fürchtet	fürchten

Narrative Past

fürchtete	fürchteten
fürchtetest	fürchtetet
fürchtete	fürchteten

Conversational Past

habe gefürchtet	haben gefürchtet
hast gefürchtet	habt gefürchtet
hat gefürchtet	haben gefürchtet

Past Perfect

hatte gefürchtet	hatten gefürchtet
hattest gefürchtet	hattet gefürchtet
hatte gefürchtet	hatten gefürchtet

Future

werde fürchten	werden fürchten
wirst fürchten	werdet fürchten
wird fürchten	werden fürchten

Future Perfect

werde gefürchtet haben	werden gefürchtet haben
wirst gefürchtet haben	werdet gefürchtet haben
wird gefürchtet haben	werden gefürchtet haben

Subjunctive

Present

fürchte	fürchten
fürchtest	fürchtet
fürchte	fürchten

Past

fürchtete	fürchteten
fürchtetest	fürchtetet
fürchtete	fürchteten

Present Perfect

habe gefürchtet	haben gefürchtet
habest gefürchtet	habet gefürchtet
habe gefürchtet	haben gefürchtet

Past Perfect

hätte gefürchtet	hätten gefürchtet
hättest gefürchtet	hättet gefürchtet
hätte gefürchtet	hätten gefürchtet

Conditional

Present

würde fürchten	würden fürchten
würdest fürchten	würdet fürchten
würde fürchten	würden fürchten

Perfect

würde gefürchtet haben	würden gefürchtet haben
würdest gefürchtet haben	würdet gefürchtet haben
würde gefürchtet haben	würden gefürchtet haben

Imperative

fürchte!	fürchten Sie!
fürchtet!	fürchten wir!

Participles

Present

fürchtend

Past

gefürchtet

Related Words

die Furcht	fear, fright	*furchtsam*	timid, fearful
furchtlos	fearless	*die Furchtsamkeit*	timidity
fürchterlich	horrible, dreadful	*furchtbar*	frightful, awful

61 geben to give

strong
inseparable
transitive

	ich	wir
	du	ihr
	er/sie/es	sie/Sie

Indicative

Present Tense
gebe	geben
gibst	gebt
gibt	geben

Narrative Past
gab	gaben
gabst	gabt
gab	gaben

Conversational Past
habe gegeben	haben gegeben
hast gegeben	habt gegeben
hat gegeben	haben gegeben

Past Perfect
hatte gegeben	hatten gegeben
hattest gegeben	hattet gegeben
hatte gegeben	hatten gegeben

Future
werde geben	werden geben
wirst geben	werdet geben
wird geben	werden geben

Future Perfect
werde gegeben haben	werden gegeben haben
wirst gegeben haben	werdet gegeben haben
wird gegeben haben	werden gegeben haben

Subjunctive

Present
gebe	geben
gebest	gebet
gebe	geben

Past
gäbe	gäben
gäbest	gäbet
gäbe	gäben

Present Perfect
habe gegeben	haben gegeben
habest gegeben	habet gegeben
habe gegeben	haben gegeben

Past Perfect
hätte gegeben	hätten gegeben
hättest gegeben	hättet gegeben
hätte gegeben	hätten gegeben

Conditional

Present
würde geben	würden geben
würdest geben	würdet geben
würde geben	würden geben

Perfect
würde gegeben haben	würden gegeben haben
würdest gegeben haben	würdet gegeben haben
würde gegeben haben	würden gegeben haben

Imperative
gib!	geben Sie!
gebt!	geben wir!

Participles

Present
gebend

Past
gegeben

Related Words

die Gabe	gift, donation	die Geberlaune	generous mood
der/die Geber/in	giver, donor	angeben	to give facts; to brag
begabt	gifted	der/die Angeber/in	braggart
ausgeben	to give out; to spend		

62 gefallen to like, be pleasing

strong
inseparable
intransitive

		ich	wir
		du	ihr
		er/sie/es	sie/Sie

Indicative

Present Tense

gefalle	gefallen
gefällst	gefallt
gefällt	gefallen

Narrative Past

gefiel	gefielen
gefielst	gefielt
gefiel	gefielen

Conversational Past

habe gefallen	haben gefallen
hast gefallen	habt gefallen
hat gefallen	haben gefallen

Past Perfect

hatte gefallen	hatten gefallen
hattest gefallen	hattet gefallen
hatte gefallen	hatten gefallen

Future

werde gefallen	werden gefallen
wirst gefallen	werdet gefallen
wird gefallen	werden gefallen

Future Perfect

werde gefallen haben	werden gefallen haben
wirst gefallen haben	werdet gefallen haben
wird gefallen haben	werden gefallen haben

Subjunctive

Present

gefalle	gefallen
gefallest	gefallet
gefalle	gefallen

Past

gefiele	gefielen
gefielest	gefielet
gefiele	gefielen

Present Perfect

habe gefallen	haben gefallen
habest gefallen	habet gefallen
habe gefallen	haben gefallen

Past Perfect

hätte gefallen	hätten gefallen
hättest gefallen	hättet gefallen
hätte gefallen	hätten gefallen

Conditional

Present

würde gefallen	würden gefallen
würdest gefallen	würdet gefallen
würde gefallen	würden gefallen

Perfect

würde gefallen haben	würden gefallen haben
würdest gefallen haben	würdet gefallen haben
würde gefallen haben	würden gefallen haben

Imperative

gefall(e)!	gefallen Sie!
gefallt!	gefallen wir!

Participles

Present	Past
gefallend	gefallen

Related Words

der Gefallen	favor, kindness	die Gefälligkeit	kindness
das Gefallen	pleasure	die Gefallsucht	desire to please
gefällig	pleasing, agreeable	Es gefällt mir.	I like it.
Gefallen finden an	to have a liking for		

98

63 gehen to go, walk

strong
inseparable
intransitive

	ich	wir
	du	ihr
	er/sie/es	sie/Sie

Indicative

Present Tense

gehe	gehen
gehst	geht
geht	gehen

Narrative Past

ging	gingen
gingst	gingt
ging	gingen

Conversational Past

bin gegangen	sind gegangen
bist gegangen	seid gegangen
ist gegangen	sind gegangen

Past Perfect

war gegangen	waren gegangen
warst gegangen	wart gegangen
war gegangen	waren gegangen

Future

werde gehen	werden gehen
wirst gehen	werdet gehen
wird gehen	werden gehen

Future Perfect

werde gegangen sein	werden gegangen sein
wirst gegangen sein	werdet gegangen sein
wird gegangen sein	werden gegangen sein

Subjunctive

Present

gehe	gehen
gehest	gehet
gehe	gehen

Past

ginge	gingen
gingest	ginget
ginge	gingen

Present Perfect

sei gegangen	seien gegangen
seiest gegangen	seiet gegangen
sei gegangen	seien gegangen

Past Perfect

wäre gegangen	wären gegangen
wärest gegangen	wäret gegangen
wäre gegangen	wären gegangen

Conditional

Present

würde gehen	würden gehen
würdest gehen	würdet gehen
würde gehen	würden gehen

Perfect

würde gegangen sein	würden gegangen sein
würdest gegangen sein	würdet gegangen sein
würde gegangen sein	würden gegangen sein

Imperative

geh(e)!	gehen Sie!
geht!	gehen wir!

Participles

Present

gehend

Past

gegangen

Related Words

der Gehweg	footpath; sidewalk	der Ausgang	exit
		der Eingang	entrance
der Gehsteig	sidewalk	ausgehen	to go out
der Gang	walk; gait; aisle		

64 genießen to enjoy

strong				ich	wir
inseparable				du	ihr
transitive				er/sie/es	sie/Sie

Indicative

Present Tense		**Narrative Past**	
genieße	genießen	genoß	genossen
genießt	genießt	genossest	genoßt
genießt	genießen	genoß	genossen

Conversational Past		**Past Perfect**	
habe genossen	haben genossen	hatte genossen	hatten genossen
hast genossen	habt genossen	hattest genossen	hattet genossen
hat genossen	haben genossen	hatte genossen	hatten genossen

Future		**Future Perfect**	
werde genießen	werden genießen	werde genossen haben	werden genossen haben
wirst genießen	werdet genießen	wirst genossen haben	werdet genossen haben
wird genießen	werden genießen	wird genossen haben	werden genossen haben

Subjunctive

Present		**Past**	
genieße	genießen	genösse	genössen
genießest	genießet	genössest	genösset
genieße	genießen	genösse	genössen

Present Perfect		**Past Perfect**	
habe genossen	haben genossen	hätte genossen	hätten genossen
habest genossen	habet genossen	hättest genossen	hättet genossen
habe genossen	haben genossen	hätte genossen	hätten genossen

Conditional

Present		**Perfect**	
würde genießen	würden genießen	würde genossen haben	würden genossen haben
würdest genießen	würdet genießen	würdest genossen haben	würdet genossen haben
würde genießen	würden genießen	würde genossen haben	würden genossen haben

Imperative

genieß(e)!	genießen Sie!		
genießt!	genießen wir!		

Participles

Present	**Past**
genießend	genossen

Related Words

der Genuß	pleasure; consumption	*ungenießbar*	bad, inedible
genußreich	pleasurable	*die Genußsucht*	thirst for pleasure
		in den Genuß kommen von	to enjoy

65 gewinnen to win, gain

strong
inseparable
transitive/intransitive

		ich	wir
		du	ihr
		er/sie/es	sie/Sie

Indicative

Present Tense
gewinne	gewinnen
gewinnst	gewinnt
gewinnt	gewinnen

Narrative Past
gewann	gewannen
gewannst	gewannt
gewann	gewannen

Conversational Past
habe gewonnen	haben gewonnen
hast gewonnen	habt gewonnen
hat gewonnen	haben gewonnen

Past Perfect
hatte gewonnen	hatten gewonnen
hattest gewonnen	hattet gewonnen
hatte gewonnen	hatten gewonnen

Future
werde gewinnen	werden gewinnen
wirst gewinnen	werdet gewinnen
wird gewinnen	werden gewinnen

Future Perfect
werde gewonnen haben	werden gewonnen haben
wirst gewonnen haben	werdet gewonnen haben
wird gewonnen haben	werden gewonnen haben

Subjunctive

Present
gewinne	gewinnen
gewinnest	gewinnet
gewinne	gewinnen

Past
gewänne	gewännen
gewännest	gewännet
gewänne	gewännen

Present Perfect
habe gewonnen	haben gewonnen
habest gewonnen	habet gewonnen
habe gewonnen	haben gewonnen

Past Perfect
hätte gewonnen	hätten gewonnen
hättest gewonnen	hättet gewonnen
hätte gewonnen	hätten gewonnen

Conditional

Present
würde gewinnen	würden gewinnen
würdest gewinnen	würdet gewinnen
würde gewinnen	würden gewinnen

Perfect
würde gewonnen haben	würden gewonnen haben
würdest gewonnen haben	würdet gewonnen haben
würde gewonnen haben	würden gewonnen haben

Imperative
gewinn(e)!	gewinnen Sie!
gewinnt!	gewinnen wir!

Participles

Present	Past
gewinnend	gewonnen

Related Words

der Gewinn	gain, prize	*die Gewinnsucht*	greed
der Hauptgewinn	first prize	*gewinnsüchtig*	greedy
der/die Gewinner/in	winner	*gewinnreich*	profitable
		die Gewinnlage	profit and loss situation

66 sich gewöhnen (an) to become accustomed (to)

weak
inseparable
transitive

		ich	wir
		du	ihr
		er/sie/es	sie/Sie

Indicative

Present Tense
gewöhne mich	gewöhnen uns
gewöhnst dich	gewöhnt euch
gewöhnt sich	gewöhnen sich

Narrative Past
gewöhnte mich	gewöhnten uns
gewöhntest dich	gewöhntet euch
gewöhnte sich	gewöhnten sich

Conversational Past
habe mich gewöhnt	haben uns gewöhnt
hast dich gewöhnt	habt euch gewöhnt
hat sich gewöhnt	haben sich gewöhnt

Past Perfect
hatte mich gewöhnt	hatten uns gewöhnt
hattest dich gewöhnt	hattet euch gewöhnt
hatte sich gewöhnt	hatten sich gewöhnt

Future
werde mich gewöhnen	werden uns gewöhnen
wirst dich gewöhnen	werdet euch gewöhnen
wird sich gewöhnen	werden sich gewöhnen

Future Perfect
werde mich gewöhnt haben	werden uns gewöhnt haben
wirst dich gewöhnt haben	werdet euch gewöhnt haben
wird sich gewöhnt haben	werden sich gewöhnt haben

Subjunctive

Present
gewöhne mich	gewöhnen uns
gewöhnest dich	gewöhnet euch
gewöhne sich	gewöhnen sich

Past
gewöhnte mich	gewöhnten uns
gewöhntest dich	gewöhntet euch
gewöhnte sich	gewöhnten sich

Present Perfect
habe mich gewöhnt	haben uns gewöhnt
habest dich gewöhnt	habet euch gewöhnt
habe sich gewöhnt	haben sich gewöhnt

Past Perfect
hätte mich gewöhnt	hätten uns gewöhnt
hättest dich gewöhnt	hättet euch gewöhnt
hätte sich gewöhnt	hätten sich gewöhnt

Conditional

Present
würde mich gewöhnen	würden uns gewöhnen
würdest dich gewöhnen	würdet euch gewöhnen
würde sich gewöhnen	würden sich gewöhnen

Perfect
würde mich gewöhnt haben	würden uns gewöhnt haben
würdest dich gewöhnt haben	würdet euch gewöhnt haben
würde sich gewöhnt haben	würden sich gewöhnt haben

Imperative
gewöhn(e) dich!	gewöhnen Sie sich!
gewöhnt euch!	gewöhnen wir uns!

Participles
Present	Past
gewöhnend	gewöhnt

Related Words
die Gewohnheit	habit; custom
das Gewohnheits-recht	common law
gewohntermaßen	as usual
gewöhnlich	common; ordinary

67 glauben to believe

weak
inseparable
transitive/intransitive

	ich	wir
	du	ihr
	er/sie/es	sie/Sie

Indicative

Present Tense
glaube	glauben
glaubst	glaubt
glaubt	glauben

Narrative Past
glaubte	glaubten
glaubtest	glaubtet
glaubte	glaubten

Conversational Past
habe geglaubt	haben geglaubt
hast geglaubt	habt geglaubt
hat geglaubt	haben geglaubt

Past Perfect
hatte geglaubt	hatten geglaubt
hattest geglaubt	hattet geglaubt
hatte geglaubt	hatten geglaubt

Future
werde glauben	werden glauben
wirst glauben	werdet glauben
wird glauben	werden glauben

Future Perfect
werde geglaubt haben	werden geglaubt haben
wirst geglaubt haben	werdet geglaubt haben
wird geglaubt haben	werden geglaubt haben

Subjunctive

Present
glaube	glauben
glaubest	glaubet
glaube	glauben

Past
glaubte	glaubten
glaubtest	glaubtet
glaubte	glaubten

Present Perfect
habe geglaubt	haben geglaubt
habest geglaubt	habet geglaubt
habe geglaubt	haben geglaubt

Past Perfect
hätte geglaubt	hätten geglaubt
hättest geglaubt	hättet geglaubt
hätte geglaubt	hätten geglaubt

Conditional

Present
würde glauben	würden glauben
würdest glauben	würdet glauben
würde glauben	würden glauben

Perfect
würde geglaubt haben	würden geglaubt haben
würdest geglaubt haben	würdet geglaubt haben
würde geglaubt haben	würden geglaubt haben

Imperative
glaub(e)!	glauben Sie!
glaubt!	glauben wir!

Participles
Present	Past
glaubend	geglaubt

Related Words

der Glaube	belief, faith
der Aberglaube	superstition
glaubhaft	credible
unglaublich	incredible
gläubig	faithful; devout
die Gläubigkeit	confidence; devoutness
der Gläubiger/in	creditor

68 grüßen to greet, salute, send regards

weak
inseparable
transitive/intransitive

	ich	wir
	du	ihr
	er/sie/es	sie/Sie

Indicative

Present Tense

grüße	grüßen
grüßt	grüßt
grüßt	grüßen

Narrative Past

grüßte	grüßten
grüßtest	grüßtet
grüßte	grüßten

Conversational Past

habe gegrüßt	haben gegrüßt
hast gegrüßt	habt gegrüßt
hat gegrüßt	haben gegrüßt

Past Perfect

hatte gegrüßt	hatten gegrüßt
hattest gegrüßt	hattet gegrüßt
hatte gegrüßt	hatten gegrüßt

Future

werde grüßen	werden grüßen
wirst grüßen	werdet grüßen
wird grüßen	werden grüßen

Future Perfect

werde gegrüßt haben	werden gegrüßt haben
wirst gegrüßt haben	werdet gegrüßt haben
wird gegrüßt haben	werden gegrüßt haben

Subjunctive

Present

grüße	grüßen
grüßest	grüßet
grüße	grüßen

Past

grüßte	grüßten
grüßtest	grüßtet
grüßte	grüßten

Present Perfect

habe gegrüßt	haben gegrüßt
habest gegrüßt	habet gegrüßt
habe gegrüßt	haben gegrüßt

Past Perfect

hätte gegrüßt	hätten gegrüßt
hättest gegrüßt	hättet gegrüßt
hätte gegrüßt	hätten gegrüßt

Conditional

Present

würde grüßen	würden grüßen
würdest grüßen	würdet grüßen
würde grüßen	würden grüßen

Perfect

würde gegrüßt haben	würden gegrüßt haben
würdest gegrüßt haben	würdet gegrüßt haben
würde gegrüßt haben	würden gegrüßt haben

Imperative

grüß!	grüßen Sie!
grüßt!	grüßen wir!

Participles

Present	Past
grüßend	gegrüßt

Related Words

der Gruß	greeting	der Geburtstagsgruß	birthday greetings
die Grußformel	salutation	herzliche Grüße	kind regards
Grüß Gott!	Hello! Good day!	Grüßen Sie ihn von mir.	Send him my regards.

69 **haben** to have, possess

weak
inseparable
transitive
(auxiliary)

		ich	wir
		du	ihr
		er/sie/es	sie/Sie

Indicative

Present Tense
habe	haben
hast	habt
hat	haben

Narrative Past
hatte	hatten
hattest	hattet
hatte	hatten

Conversational Past
habe gehabt	haben gehabt
hast gehabt	habt gehabt
hat gehabt	haben gehabt

Past Perfect
hatte gehabt	hatten gehabt
hattest gehabt	hattet gehabt
hatte gehabt	hatten gehabt

Future
werde haben	werden haben
wirst haben	werdet haben
wird haben	werden haben

Future Perfect
werde gehabt haben	werden gehabt haben
wirst gehabt haben	werdet gehabt haben
wird gehabt haben	werden gehabt haben

Subjunctive

Present
habe	haben
habest	habet
habe	haben

Past
hätte	hätten
hättest	hättet
hätte	hätten

Present Perfect
habe gehabt	haben gehabt
habest gehabt	habet gehabt
habe gehabt	haben gehabt

Past Perfect
hätte gehabt	hätten gehabt
hättest gehabt	hättet gehabt
hätte gehabt	hätten gehabt

Conditional

Present
würde haben	würden haben
würdest haben	würdet haben
würde haben	würden haben

Perfect
würde gehabt haben	würden gehabt haben
würdest gehabt haben	würdet gehabt haben
würde gehabt haben	würden gehabt haben

Imperative
hab!	haben Sie!
habt!	haben wir!

Participles

Present
habend

Past
gehabt

Related Words

die Habe	possessions	*habhaft werden*	to get hold of, secure
die Habgier	greed	*vorhaben*	to plan, intend
habgierig	greedy, covetous	*anhaben*	to wear
der Habenichts	beggar		

105

70 **halten** to hold, keep, stop; consider

strong
inseparable
transitive/intransitive
(reflexive)

		ich	wir
		du	ihr
		er/sie/es	sie/Sie

Indicative

Present Tense
halte	halten
hältst	haltet
hält	halten

Narrative Past
hielt	hielten
hieltest	hieltet
hielt	hielten

Conversational Past
habe gehalten	haben gehalten
hast gehalten	habt gehalten
hat gehalten	haben gehalten

Past Perfect
hatte gehalten	hatten gehalten
hattest gehalten	hattet gehalten
hatte gehalten	hatten gehalten

Future
werde halten	werden halten
wirst halten	werdet halten
wird halten	werden halten

Future Perfect
werde gehalten haben	werden gehalten haben
wirst gehalten haben	werdet gehalten haben
wird gehalten haben	werden gehalten haben

Subjunctive

Present
halte	halten
haltest	haltet
halte	halten

Past
hielte	hielten
hieltest	hieltet
hielte	hielten

Present Perfect
habe gehalten	haben gehalten
habest gehalten	habet gehalten
habe gehalten	haben gehalten

Past Perfect
hätte gehalten	hätten gehalten
hättest gehalten	hättet gehalten
hätte gehalten	hätten gehalten

Conditional

Present
würde halten	würden halten
würdest halten	würdet halten
würde halten	würden halten

Perfect
würde gehalten haben	würden gehalten haben
würdest gehalten haben	würdet gehalten haben
würde gehalten haben	würden gehalten haben

Imperative
halte!	halten Sie!
haltet!	halten wir!

Participles

Present	Past
haltend	gehalten

Related Words
der Halt	support	die Haltestelle	(bus) stop
die Haltung	posture, attitude	'Halteverbot'	'No stopping'
haltlos	unsteady, unfounded	Was hältst du davon?	What do you think of it?
		die Haltlosigkeit	weakness of character

71 **handeln** to act; trade (in goods); deal with

weak
inseparable
intransitive
(reflexive)

	ich	wir
	du	ihr
	er/sie/es	sie/Sie

Indicative

Present Tense
handele	handeln
handelst	handelt
handelt	handeln

Narrative Past
handelte	handelten
handeltest	handeltet
handelte	handelten

Conversational Past
habe gehandelt	haben gehandelt
hast gehandelt	habt gehandelt
hat gehandelt	haben gehandelt

Past Perfect
hatte gehandelt	hatten gehandelt
hattest gehandelt	hattet gehandelt
hatte gehandelt	hatten gehandelt

Future
werde handeln	werden handeln
wirst handeln	werdet handeln
wird handeln	werden handeln

Future Perfect
werde gehandelt haben	werden gehandelt haben
wirst gehandelt haben	werdet gehandelt haben
wird gehandelt haben	werden gehandelt haben

Subjunctive

Present
handele	handeln
handelest	handelt
handele	handeln

Past
handelte	handelten
handeltest	handeltet
handelte	handelten

Present Perfect
habe gehandelt	haben gehandelt
habest gehandelt	habet gehandelt
habe gehandelt	haben gehandelt

Past Perfect
hätte gehandelt	hätten gehandelt
hättest gehandelt	hättet gehandelt
hätte gehandelt	hätten gehandelt

Conditional

Present
würde handeln	würden handeln
würdest handeln	würdet handeln
würde handeln	würden handeln

Perfect
würde gehandelt haben	würden gehandelt haben
würdest gehandelt haben	würdet gehandelt haben
würde gehandelt haben	würden gehandelt haben

Imperative
handel(e)!	handeln Sie!
handelt!	handeln wir!

Participles
Present	Past
handelnd	gehandelt

Related Words
der Handel	trade
der Großhandel	wholesale
der Einzelhandel	retail
die Handels-gesellschaft	corporation
die Handlung	act, deed; story
die Handlungsweise	conduct, behavior
mißhandeln	to mistreat, abuse
verhandeln	to negotiate
behandeln	to treat

72 **heiraten** to marry

weak
inseparable
transitive

ich wir
du ihr
er/sie/es sie/Sie

Indicative

Present Tense
heirate	heiraten
heiratest	heiratet
heiratet	heiraten

Narrative Past
heiratete	heirateten
heiratetest	heiratetet
heiratete	heirateten

Conversational Past
habe geheiratet	haben geheiratet
hast geheiratet	habt geheiratet
hat geheiratet	haben geheiratet

Past Perfect
hatte geheiratet	hatten geheiratet
hattest geheiratet	hattet geheiratet
hatte geheiratet	hatten geheiratet

Future
werde heiraten	werden heiraten
wirst heiraten	werdet heiraten
wird heiraten	werden heiraten

Future Perfect
werde geheiratet haben	werden geheiratet haben
wirst geheiratet haben	werdet geheiratet haben
wird geheiratet haben	werden geheiratet haben

Subjunctive

Present
heirate	heiraten
heiratest	heiratet
heirate	heiraten

Past
heiratete	heirateten
heiratetest	heiratetet
heiratete	heirateten

Present Perfect
habe geheiratet	haben geheiratet
habest geheiratet	habet geheiratet
habe geheiratet	haben geheiratet

Past Perfect
hätte geheiratet	hätten geheiratet
hättest geheiratet	hättet geheiratet
hätte geheiratet	hätten geheiratet

Conditional

Present
würde heiraten	würden heiraten
würdest heiraten	würdet heiraten
würde heiraten	würden heiraten

Perfect
würde geheiratet haben	würden geheiratet haben
würdest geheiratet haben	würdet geheiratet haben
würde geheiratet haben	würden geheiratet haben

Imperative
| heirate! | heiraten Sie! |
| heiratet! | heiraten wir! |

Participles
Present
heiratend

Past
geheiratet

Related Words

die Heirat	wedding; marriage	*aus Liebe heiraten*	to marry for love
der Heiratsantrag	marriage proposal	*das Hochzeitsfest*	wedding celebration
die Heiratsanzeige	wedding announcement	*die Heiratsurkunde*	marriage certificate

73 **heißen** to be named, called

			ich	wir
weak			du	ihr
inseparable			er/sie/es	sie/Sie
transitive/intransitive				

Indicative

Present Tense		**Narrative Past**	
heiße	heißen	hieß	hießen
heißt	heißt	hießest	hießt
heißt	heißen	hieß	hießen

Conversational Past		**Past Perfect**	
habe geheißen	haben geheißen	hatte geheißen	hatten geheißen
hast geheißen	habt geheißen	hattest geheißen	hattet geheißen
hat geheißen	haben geheißen	hatte geheißen	hatten geheißen

Future		**Future Perfect**	
werde heißen	werden heißen	werde geheißen haben	werden geheißen haben
wirst heißen	werdet heißen	wirst geheißen haben	werdet geheißen haben
wird heißen	werden heißen	wird geheißen haben	werden geheißen haben

Subjunctive

Present		**Past**	
heiße	heißen	hieße	hießen
heißest	heißet	hießest	hießet
heiße	heißen	hieße	hießen

Present Perfect		**Past Perfect**	
habe geheißen	haben geheißen	hätte geheißen	hätten geheißen
habest geheißen	habet geheißen	hättest geheißen	hättet geheißen
habe geheißen	haben geheißen	hätte geheißen	hätten geheißen

Conditional

Present		**Perfect**	
würde heißen	würden heißen	würde geheißen haben	würden geheißen haben
würdest heißen	würdet heißen	würdest geheißen haben	würdet geheißen haben
würde heißen	würden heißen	würde geheißen haben	würden geheißen haben

Imperative

heiß!	heißen Sie!
heißt!	heißen wir!

Participles

Present	**Past**
heißend	geheißen

Related Words

Wie heißen Sie?	What is your name?	*das heißt...*	that is (to say)...
Wie heißt das auf englisch?	How do you say that in English?	*es heißt, daß...*	it is said that...
		Ich heiße...	My name is...

74 helfen to help, assist

strong
inseparable
intransitive

ich wir
du ihr
er/sie/es sie/Sie

Indicative

Present Tense		Narrative Past	
helfe	helfen	half	halfen
hilfst	helft	halfst	halft
hilft	helfen	half	halfen

Conversational Past		Past Perfect	
habe geholfen	haben geholfen	hatte geholfen	hatten geholfen
hast geholfen	habt geholfen	hattest geholfen	hattet geholfen
hat geholfen	haben geholfen	hatte geholfen	hatten geholfen

Future		Future Perfect	
werde helfen	werden helfen	werde geholfen haben	werden geholfen haben
wirst helfen	werdet helfen	wirst geholfen haben	werdet geholfen haben
wird helfen	werden helfen	wird geholfen haben	werden geholfen haben

Subjunctive

Present		Past	
helfe	helfen	hülfe	hülfen
helfest	helfet	hülfest	hülfet
helfe	helfen	hülfe	hülfen

Present Perfect		Past Perfect	
habe geholfen	haben geholfen	hätte geholfen	hätten geholfen
habest geholfen	habet geholfen	hättest geholfen	hättet geholfen
habe geholfen	haben geholfen	hätte geholfen	hätten geholfen

Conditional

Present		Perfect	
würde helfen	würden helfen	würde geholfen haben	würden geholfen haben
würdest helfen	würdet helfen	würdest geholfen haben	würdet geholfen haben
würde helfen	würden helfen	würde geholfen haben	würden geholfen haben

Imperative

hilf!	helfen Sie!
helft!	helfen wir!

Participles

Present	Past
helfend	geholfen

Related Words

die Hilfe	help	*hilfreich*	helpful
die Unfallhilfe	emergency help	*hilflos*	helpless
Erste Hilfe	first aid	*die Hilfsbereitschaft*	helpfulness
der/die Helfer/in	helper	*Hilfe!*	Help!

75 **hoffen** to hope, expect

weak
inseparable
transitive/intransitive

		ich	wir
		du	ihr
		er/sie/es	sie/Sie

Indicative

Present Tense

hoffe	hoffen
hoffst	hofft
hofft	hoffen

Narrative Past

hoffte	hofften
hofftest	hofftet
hoffte	hofften

Conversational Past

habe gehofft	haben gehofft
hast gehofft	habt gehofft
hat gehofft	haben gehofft

Past Perfect

hatte gehofft	hatten gehofft
hattest gehofft	hattet gehofft
hatte gehofft	hatten gehofft

Future

werde hoffen	werden hoffen
wirst hoffen	werdet hoffen
wird hoffen	werden hoffen

Future Perfect

werde gehofft haben	werden gehofft haben
wirst gehofft haben	werdet gehofft haben
wird gehofft haben	werden gehofft haben

Subjunctive

Present

hoffe	hoffen
hoffest	hoffet
hoffe	hoffen

Past

hoffte	hofften
hofftest	hofftet
hoffte	hofften

Present Perfect

habe gehofft	haben gehofft
habest gehofft	habet gehofft
habe gehofft	haben gehofft

Past Perfect

hätte gehofft	hätten gehofft
hättest gehofft	hättet gehofft
hätte gehofft	hätten gehofft

Conditional

Present

würde hoffen	würden hoffen
würdest hoffen	würdet hoffen
würde hoffen	würden hoffen

Perfect

würde gehofft haben	würden gehofft haben
würdest gehofft haben	würdet gehofft haben
würde gehofft haben	würden gehofft haben

Imperative

hoff(e)!	hoffen Sie!
hofft!	hoffen wir!

Participles

Present	Past
hoffend	gehofft

Related Words

die Hoffnung	hope	*hoffnungsfreudig*	hopeful
hoffentlich	hopefully	*hoffnungsvoll*	hopeful
hoffnungslos	hopeless	*die Hoffnungslosigkeit*	hopelessness, despair

76 **holen** to fetch, get

weak
inseparable
transitive

	ich	wir
	du	ihr
	er/sie/es	sie/Sie

Indicative

Present Tense

hole	holen
holst	holt
holt	holen

Narrative Past

holte	holten
holtest	holtet
holte	holten

Conversational Past

habe geholt	haben geholt
hast geholt	habt geholt
hat geholt	haben geholt

Past Perfect

hatte geholt	hatten geholt
hattest geholt	hattet geholt
hatte geholt	hatten geholt

Future

werde holen	werden holen
wirst holen	werdet holen
wird holen	werden holen

Future Perfect

werde geholt haben	werden geholt haben
wirst geholt haben	werdet geholt haben
wird geholt haben	werden geholt haben

Subjunctive

Present

hole	holen
holest	holet
hole	holen

Past

holte	holten
holtest	holtet
holte	holten

Present Perfect

habe geholt	haben geholt
habest geholt	habet geholt
habe geholt	haben geholt

Past Perfect

hätte geholt	hätten geholt
hättest geholt	hättet geholt
hätte geholt	hätten geholt

Conditional

Present

würde holen	würden holen
würdest holen	würdet holen
würde holen	würden holen

Perfect

würde geholt haben	würden geholt haben
würdest geholt haben	würdet geholt haben
würde geholt haben	würden geholt haben

Imperative

hol(e)!	holen Sie!
holt!	holen wir!

Participles

Present

holend

Past

geholt

Related Words

abholen	to collect; meet; pick up	*einholen*	to buy, catch up
		überholen	to overtake; to pass
sich erholen	to recuperate, recover	*wiederholen*	to repeat
		die Wiederholung	repeat; rerun
aufholen	to catch up		

77 hören to hear, obey

weak
inseparable
transitive/intransitive

		ich	wir
		du	ihr
		er/sie/es	sie/Sie

Indicative

Present Tense
höre	hören
hörst	hört
hört	hören

Narrative Past
hörte	hörten
hörtest	hörtet
hörte	hörten

Conversational Past
habe gehört	haben gehört
hast gehört	habt gehört
hat gehört	haben gehört

Past Perfect
hatte gehört	hatten gehört
hattest gehört	hattet gehört
hatte gehört	hatten gehört

Future
werde hören	werden hören
wirst hören	werdet hören
wird hören	werden hören

Future Perfect
werde gehört haben	werden gehört haben
wirst gehört haben	werdet gehört haben
wird gehört haben	werden gehört haben

Subjunctive

Present
höre	hören
hörest	höret
höre	hören

Past
hörte	hörten
hörtest	hörtet
hörte	hörten

Present Perfect
habe gehört	haben gehört
habest gehört	habet gehört
habe gehört	haben gehört

Past Perfect
hätte gehört	hätten gehört
hättest gehört	hättet gehört
hätte gehört	hätten gehört

Conditional

Present
würde hören	würden hören
würdest hören	würdet hören
würde hören	würden hören

Perfect
würde gehört haben	würden gehört haben
würdest gehört haben	würdet gehört haben
würde gehört haben	würden gehört haben

Imperative
hör(e)!	hören Sie!
hört!	hören wir!

Participles

Present
hörend

Past
gehört

Related Words

das Gehör	hearing	*das Hörgerät*	hearing aid
der Hörer	telephone receiver	*zuhören*	to listen
		aufhören	to stop
der/die Hörer/in	listener	*verhören*	to interrogate
der Hörfehler	defective hearing	*sich verhören*	to misunderstand, to hear wrong
das Hörspiel	radio play		

78 sich interessieren (für) to be interested (in)

weak
inseparable
transitive/intransitive

ich   wir
du   ihr
er/sie/es   sie/Sie

Indicative

Present Tense

interessiere mich	interessieren uns
interessierst dich	interessiert euch
interessiert sich	interessieren sich

Narrative Past

interessierte mich	interessierten uns
interessiertest dich	interessiertet euch
interessierte sich	interessierten sich

Conversational Past

habe mich interessiert	haben uns interessiert
hast dich interessiert	habt euch interessiert
hat sich interessiert	haben sich interessiert

Past Perfect

hatte mich interessiert	hatten uns interessiert
hattest dich interessiert	hattet euch interessiert
hatte sich interessiert	hatten sich interessiert

Future

werde mich interessieren	werden uns interessieren
wirst dich interessieren	werdet euch interessieren
wird sich interessieren	werden sich interessieren

Future Perfect

werde mich interessiert haben	werden uns interessiert haben
wirst dich interessiert haben	werdet euch interessiert haben
wird sich interessiert haben	werden sich interessiert haben

Subjunctive

Present

interessiere mich	interessieren uns
interessierest dich	interessieret euch
interessiere sich	interessieren sich

Past

interessierte mich	interessierten uns
interessiertest dich	interessiertet euch
interessierte sich	interessierten sich

Present Perfect

habe mich interessiert	haben uns interessiert
habest dich interessiert	habet euch interessiert
habe sich interessiert	haben sich interessiert

Past Perfect

hätte mich interessiert	hätten uns interessiert
hättest dich interessiert	hättet euch interessiert
hätte sich interessiert	hätten sich interessiert

Conditional

Present

würde mich interessieren	würden uns interessieren
würdest dich interessieren	würdet euch interessieren
würde sich interessieren	würden sich interessieren

Perfect

würde mich interessiert haben	würden uns interessiert haben
würdest dich interessiert haben	würdet euch interessiert haben
würde sich interessiert haben	würden sich interessiert haben

Imperative

interessier(e) dich!	interessieren Sie sich!
interessiert euch!	interessieren wir uns!

Participles

Present

interessierend

Past

interessiert

79 **kämpfen** to fight, struggle

weak
inseparable
transitive/intransitive

ich	wir
du	ihr
er/sie/es	sie/Sie

Indicative

Present Tense

kämpfe	kämpfen
kämpfst	kämpft
kämpft	kämpfen

Narrative Past

kämpfte	kämpften
kämpftest	kämpftet
kämpfte	kämpften

Conversational Past

habe gekämpft	haben gekämpft
hast gekämpft	habt gekämpft
hat gekämpft	haben gekämpft

Past Perfect

hatte gekämpft	hatten gekämpft
hattest gekämpft	hattet gekämpft
hatte gekämpft	hatten gekämpft

Future

werde kämpfen	werden kämpfen
wirst kämpfen	werdet kämpfen
wird kämpfen	werden kämpfen

Future Perfect

werde gekämpft haben	werden gekämpft haben
wirst gekämpft haben	werdet gekämpft haben
wird gekämpft haben	werden gekämpft haben

Subjunctive

Present

kämpfe	kämpfen
kämpfest	kämpfet
kämpfe	kämpfen

Past

kämpfte	kämpften
kämpftest	kämpftet
kämpfte	kämpften

Present Perfect

habe gekämpft	haben gekämpft
habest gekämpft	habet gekämpft
habe gekämpft	haben gekämpft

Past Perfect

hätte gekämpft	hätten gekämpft
hättest gekämpft	hättet gekämpft
hätte gekämpft	hätten gekämpft

Conditional

Present

würde kämpfen	würden kämpfen
würdest kämpfen	würdet kämpfen
würde kämpfen	würden kämpfen

Perfect

würde gekämpft haben	würden gekämpft haben
würdest gekämpft haben	würdet gekämpft haben
würde gekämpft haben	würden gekämpft haben

Imperative

kämpf(e)!	kämpfen Sie!
kämpft!	kämpfen wir!

Participles

Present	Past
kämpfend	gekämpft

Related Words

der Kampf	fight	*kampflos*	without a fight
der/die Kämpfer/in	fighter	*kampflustig*	belligerent
die Kampfansage	challenge	*der/die Kampfrichter/in*	judge, umpire, referee

115

80 kaufen to buy, purchase

		ich	wir
weak			
inseparable		du	ihr
transitive/intransitive		er/sie/es	sie/Sie

Indicative

Present Tense
kaufe	kaufen
kaufst	kauft
kauft	kaufen

Narrative Past
kaufte	kauften
kauftest	kauftet
kaufte	kauften

Conversational Past
habe gekauft	haben gekauft
hast gekauft	habt gekauft
hat gekauft	haben gekauft

Past Perfect
hatte gekauft	hatten gekauft
hattest gekauft	hattet gekauft
hatte gekauft	hatten gekauft

Future
werde kaufen	werden kaufen
wirst kaufen	werdet kaufen
wird kaufen	werden kaufen

Future Perfect
werde gekauft haben	werden gekauft haben
wirst gekauft haben	werdet gekauft haben
wird gekauft haben	werden gekauft haben

Subjunctive

Present
kaufe	kaufen
kaufest	kaufet
kaufe	kaufen

Past
kaufte	kauften
kauftest	kauftet
kaufte	kauften

Present Perfect
habe gekauft	haben gekauft
habest gekauft	habet gekauft
habe gekauft	haben gekauft

Past Perfect
hätte gekauft	hätten gekauft
hättest gekauft	hättet gekauft
hätte gekauft	hätten gekauft

Conditional

Present
würde kaufen	würden kaufen
würdest kaufen	würdet kaufen
würde kaufen	würden kaufen

Perfect
würde gekauft haben	würden gekauft haben
würdest gekauft haben	würdet gekauft haben
würde gekauft haben	würden gekauft haben

Imperative
kauf(e)!	kaufen Sie!
kauft!	kaufen wir!

Participles

Present	Past
kaufend	gekauft

Related Words

der Kauf	purchase	der Verkauf	sale
der/die Käufer/in	buyer, customer	unverkäuflich	not for sale
der/die Verkäufer/in	salesperson	verkaufen	to sell
das Kaufhaus	department store	einkaufen	to shop
käuflich	for sale		

81 kennen to know, be familiar with

mixed
inseparable
transitive

		ich	wir
		du	ihr
		er/sie/es	sie/Sie

Indicative

Present Tense
kenne	kennen
kennst	kennt
kennt	kennen

Narrative Past
kannte	kannten
kanntest	kanntet
kannte	kannten

Conversational Past
habe gekannt	haben gekannt
hast gekannt	habt gekannt
hat gekannt	haben gekannt

Past Perfect
hatte gekannt	hatten gekannt
hattest gekannt	hattet gekannt
hatte gekannt	hatten gekannt

Future
werde kennen	werden kennen
wirst kennen	werdet kennen
wird kennen	werden kennen

Future Perfect
werde gekannt haben	werden gekannt haben
wirst gekannt haben	werdet gekannt haben
wird gekannt haben	werden gekannt haben

Subjunctive

Present
kenne	kennen
kennest	kennet
kenne	kennen

Past
kennte	kennten
kenntest	kenntet
kennte	kennten

Present Perfect
habe gekannt	haben gekannt
habest gekannt	habet gekannt
habe gekannt	haben gekannt

Past Perfect
hätte gekannt	hätten gekannt
hättest gekannt	hättet gekannt
hätte gekannt	hätten gekannt

Conditional

Present
würde kennen	würden kennen
würdest kennen	würdet kennen
würde kennen	würden kennen

Perfect
würde gekannt haben	würden gekannt haben
würdest gekannt haben	würdet gekannt haben
würde gekannt haben	würden gekannt haben

Imperative
kenn(e)!	kennen Sie!
kennt!	kennen wir!

Participles

Present	Past
kennend	gekannt

Related Words

der/die Kenner/in	expert	der/die Bekannte	acquaintance
erkennen	to recognize	kennenlernen	to become acquainted with
kenntlich	recognizable		
bekannt	well known	sich auskennen	to know one's way around

82 kennenlernen to become acquainted with

weak
separable
transitive

		ich	wir
		du	ihr
		er/sie/es	sie/Sie

Indicative

Present Tense

lerne kennen	lernen kennen
lernst kennen	lernt kennen
lernt kennen	lernen kennen

Narrative Past

lernte kennen	lernten kennen
lerntest kennen	lerntet kennen
lernte kennen	lernten kennen

Conversational Past

habe kennen-gelernt	haben kennen-gelernt
hast kennen-gelernt	habt kennen-gelernt
hat kennen-gelernt	haben kennen-gelernt

Past Perfect

hatte kennengelernt	hatten kennengelernt
hattest kennengelernt	hattet kennengelernt
hatte kennengelernt	hatten kennengelernt

Future

werde kennen-lernen	werden kennen-lernen
wirst kennen-lernen	werdet kennen-lernen
wird kennen-lernen	werden kennen-lernen

Future Perfect

werde kennengelernt haben	werden kennengelernt haben
wirst kennengelernt haben	werdet kennengelernt haben
wird kennengelernt haben	werden kennengelernt haben

Subjunctive

Present

lerne kennen	lernen kennen
lernest kennen	lernet kennen
lerne kennen	lernen kennen

Past

lernte kennen	lernten kennen
lerntest kennen	lerntet kennen
lernte kennen	lernten kennen

Present Perfect

habe kennen-gelernt	haben kennen-gelernt
habest kennen-gelernt	habet kennen-gelernt
habe kennen-gelernt	haben kennen-gelernt

Past Perfect

hätte kennengelernt	hätten kennengelernt
hättest kennengelernt	hättet kennengelernt
hätte kennengelernt	hätten kennengelernt

Conditional

Present

würde kennen-lernen	würden kennen-lernen
würdest kennen-lernen	würdet kennen-lernen
würde kennen-lernen	würden kennen-lernen

Perfect

würde kennengelernt haben	würden kennengelernt haben
würdest kennengelernt haben	würdet kennengelernt haben
würde kennengelernt haben	würden kennengelernt haben

Imperative

lern(e) kennen!   lernen Sie kennen!
lernt kennen!   lernen wir kennen!

Participles

Present	Past
kennenlernend	kennengelernt

Related Words

lernen	to learn
kennen	to know
Schön, Sie kennenzulernen.	Nice to meet you.

118

83 **kochen** to cook, boil

weak
inseparable
transitive/intransitive

		ich	wir
		du	ihr
		er/sie/es	sie/Sie

Indicative

Present Tense
koche	kochen
kochst	kocht
kocht	kochen

Narrative Past
kochte	kochten
kochtest	kochtet
kochte	kochten

Conversational Past
habe gekocht	haben gekocht
hast gekocht	habt gekocht
hat gekocht	haben gekocht

Past Perfect
hatte gekocht	hatten gekocht
hattest gekocht	hattet gekocht
hatte gekocht	hatten gekocht

Future
werde kochen	werden kochen
wirst kochen	werdet kochen
wird kochen	werden kochen

Future Perfect
werde gekocht haben	werden gekocht haben
wirst gekocht haben	werdet gekocht haben
wird gekocht haben	werden gekocht haben

Subjunctive

Present
koche	kochen
kochest	kochet
koche	kochen

Past
kochte	kochten
kochtest	kochtet
kochte	kochten

Present Perfect
habe gekocht	haben gekocht
habest gekocht	habet gekocht
habe gekocht	haben gekocht

Past Perfect
hätte gekocht	hätten gekocht
hättest gekocht	hättet gekocht
hätte gekocht	hätten gekocht

Conditional

Present
würde kochen	würden kochen
würdest kochen	würdet kochen
würde kochen	würden kochen

Perfect
würde gekocht haben	würden gekocht haben
würdest gekocht haben	würdet gekocht haben
würde gekocht haben	würden gekocht haben

Imperative
koch(e)!	kochen Sie!
kocht!	kochen wir!

Participles
Present	Past
kochend	gekocht

Related Words

der Koch	cook (male)	der Kochtopf	saucepan
die Köchin	cook (female)	der Kochlöffel	wooden spoon
das Kochbuch	cookbook	abkochen	to blanch
die Kochkunst	culinary art	einkochen	to preserve

84 kommen to come

strong
inseparable
intransitive

	ich	wir
	du	ihr
	er/sie/es	sie/Sie

Indicative

Present Tense

komme	kommen
kommst	kommt
kommt	kommen

Narrative Past

kam	kamen
kamst	kamt
kam	kamen

Conversational Past

bin gekommen	sind gekommen
bist gekommen	seid gekommen
ist gekommen	sind gekommen

Past Perfect

war gekommen	waren gekommen
warst gekommen	wart gekommen
war gekommen	waren gekommen

Future

werde kommen	werden kommen
wirst kommen	werdet kommen
wird kommen	werden kommen

Future Perfect

werde gekommen sein	werden gekommen sein
wirst gekommen sein	werdet gekommen sein
wird gekommen sein	werden gekommen sein

Subjunctive

Present

komme	kommen
kommest	kommet
komme	kommen

Past

käme	kämen
kämest	kämet
käme	kämen

Present Perfect

sei gekommen	seien gekommen
seiest gekommen	seiet gekommen
sei gekommen	seien gekommen

Past Perfect

wäre gekommen	wären gekommen
wärest gekommen	wäret gekommen
wäre gekommen	wären gekommen

Conditional

Present

würde kommen	würden kommen
würdest kommen	würdet kommen
würde kommen	würden kommen

Perfect

würde gekommen sein	würden gekommen sein
würdest gekommen sein	würdet gekommen sein
würde gekommen sein	würden gekommen sein

Imperative

komm(e)!	kommen Sie!
kommt!	kommen wir!

Participles

Present

kommend

Past

gekommen

Related Words

ankommen	to arrive	*das Einkommen*	income
vorankommen	to make progress	*das Übereinkommen*	agreement
das Abkommen	treaty, pact		

85 können can, to be able to, know

strong
inseparable
transitive/intransitive
modal

ich wir
du ihr
er/sie/es sie/Sie

Indicative

Present Tense
kann	können
kannst	könnt
kann	können

Narrative Past
konnte	konnten
konntest	konntet
konnte	konnten

Conversational Past
habe gekonnt	haben gekonnt
hast gekonnt	habt gekonnt
hat gekonnt	haben gekonnt

Past Perfect
hatte gekonnt	hatten gekonnt
hattest gekonnt	hattet gekonnt
hatte gekonnt	hatten gekonnt

Future
werde können	werden können
wirst können	werdet können
wird können	werden können

Future Perfect
werde gekonnt haben	werden gekonnt haben
wirst gekonnt haben	werdet gekonnt haben
wird gekonnt haben	werden gekonnt haben

Subjunctive

Present
könne	können
könnest	könnet
könne	können

Past
könnte	könnten
könntest	könntet
könnte	könnten

Present Perfect
habe gekonnt	haben gekonnt
habest gekonnt	habet gekonnt
habe gekonnt	haben gekonnt

Past Perfect
hätte gekonnt	hätten gekonnt
hättest gekonnt	hättet gekonnt
hätte gekonnt	hätten gekonnt

Conditional

Present
würde können	würden können
würdest können	würdet können
würde können	würden können

Perfect
würde gekonnt haben	würden gekonnt haben
würdest gekonnt haben	würdet gekonnt haben
würde gekonnt haben	würden gekonnt haben

Imperative
—   —

Participles
Present	Past
könnend	gekonnt

Related Words
das Können	ability, knowledge	*der/die Könner/in*	expert
Ich kann nichts dafür.	It's not my fault.	*Ich kann nicht mehr.*	I'm at the end of my tether.

86 kosten to cost; taste, try

weak
inseparable
transitive/intransitive

ich   wir
du   ihr
er/sie/es   sie/Sie

Indicative

Present Tense

koste	kosten
kostest	kostet
kostet	kosten

Narrative Past

kostete	kosteten
kostetest	kostetet
kostete	kosteten

Conversational Past

habe gekostet	haben gekostet
hast gekostet	habt gekostet
hat gekostet	haben gekostet

Past Perfect

hatte gekostet	hatten gekostet
hattest gekostet	hattet gekostet
hatte gekostet	hatten gekostet

Future

werde kosten	werden kosten
wirst kosten	werdet kosten
wird kosten	werden kosten

Future Perfect

werde gekostet haben	werden gekostet haben
wirst gekostet haben	werdet gekostet haben
wird gekostet haben	werden gekostet haben

Subjunctive

Present

koste	kosten
kostest	kostet
koste	kosten

Past

kostete	kosteten
kostetest	kostetet
kostete	kosteten

Present Perfect

habe gekostet	haben gekostet
habest gekostet	habet gekostet
habe gekostet	haben gekostet

Past Perfect

hätte gekostet	hätten gekostet
hättest gekostet	hättet gekostet
hätte gekostet	hätten gekostet

Conditional

Present

würde kosten	würden kosten
würdest kosten	würdet kosten
würde kosten	würden kosten

Perfect

würde gekostet haben	würden gekostet haben
würdest gekostet haben	würdet gekostet haben
würde gekostet haben	würden gekostet haben

Imperative

koste!	kosten Sie!
kostet!	kosten wir!

Participles

Present

kostend

Past

gekostet

Related Words

die Kosten	costs	*der Kosten-*	estimate
kostbar	valuable; costly	*voranschlag*	
kostspielig	expensive, costly	*köstlich*	delicious, savory
kostenlos	free of charge	*die Kostprobe*	sample, taste

87 **kriegen** to get, obtain

weak		ich	wir
inseparable		du	ihr
transitive		er/sie/es	sie/Sie

Indicative

Present Tense

kriege	kriegen
kriegst	kriegt
kriegt	kriegen

Narrative Past

kriegte	kriegten
kriegtest	kriegtet
kriegte	kriegten

Conversational Past

habe gekriegt	haben gekriegt
hast gekriegt	habt gekriegt
hat gekriegt	haben gekriegt

Past Perfect

hatte gekriegt	hatten gekriegt
hattest gekriegt	hattet gekriegt
hatte gekriegt	hatten gekriegt

Future

werde kriegen	werden kriegen
wirst kriegen	werdet kriegen
wird kriegen	werden kriegen

Future Perfect

werde gekriegt haben	werden gekriegt haben
wirst gekriegt haben	werdet gekriegt haben
wird gekriegt haben	werden gekriegt haben

Subjunctive

Present

kriege	kriegen
kriegest	krieget
kriege	kriegen

Past

kriegte	kriegten
kriegtest	kriegtet
kriegte	kriegten

Present Perfect

habe gekriegt	haben gekriegt
habest gekriegt	habet gekriegt
habe gekriegt	haben gekriegt

Past Perfect

hätte gekriegt	hätten gekriegt
hättest gekriegt	hättet gekriegt
hätte gekriegt	hätten gekriegt

Conditional

Present

würde kriegen	würden kriegen
würdest kriegen	würdet kriegen
würde kriegen	würden kriegen

Perfect

würde gekriegt haben	würden gekriegt haben
würdest gekriegt haben	würdet gekriegt haben
würde gekriegt haben	würden gekriegt haben

Imperative

krieg(e)!	kriegen Sie!
kriegt!	kriegen wir!

Participles

Present	Past
kriegend	gekriegt

Related Words

ein Kind kriegen	to have a baby
es mit der Angst kriegen	to get scared
sie kriegen sich	they get each other, boy gets girl
das werden wir schon kriegen	we'll manage that all

88 lachen to laugh

weak
inseparable
intransitive

ich	wir
du	ihr
er/sie/es	sie/Sie

Indicative

Present Tense

lache	lachen
lachst	lacht
lacht	lachen

Narrative Past

lachte	lachten
lachtest	lachtet
lachte	lachten

Conversational Past

habe gelacht	haben gelacht
hast gelacht	habt gelacht
hat gelacht	haben gelacht

Past Perfect

hatte gelacht	hatten gelacht
hattest gelacht	hattet gelacht
hatte gelacht	hatten gelacht

Future

werde lachen	werden lachen
wirst lachen	werdet lachen
wird lachen	werden lachen

Future Perfect

werde gelacht haben	werden gelacht haben
wirst gelacht haben	werdet gelacht haben
wird gelacht haben	werden gelacht haben

Subjunctive

Present

lache	lachen
lachest	lachet
lache	lachen

Past

lachte	lachten
lachtest	lachtet
lachte	lachten

Present Perfect

habe gelacht	haben gelacht
habest gelacht	habet gelacht
habe gelacht	haben gelacht

Past Perfect

hätte gelacht	hätten gelacht
hättest gelacht	hättet gelacht
hätte gelacht	hätten gelacht

Conditional

Present

würde lachen	würden lachen
würdest lachen	würdet lachen
würde lachen	würden lachen

Perfect

würde gelacht haben	würden gelacht haben
würdest gelacht haben	würdet gelacht haben
würde gelacht haben	würden gelacht haben

Imperative

lach(e)!	lachen Sie!
lacht!	lachen wir!

Participles

Present	Past
lachend	gelacht

Related Words

die Lache	laugh	*auslachen*	to laugh at, ridicule
das Lachen	laughter	*verlachen*	to deride
lachhaft	laughable	*lächeln*	to smile
lächerlich	ridiculous	*das Lächeln*	smile

89 lassen to let, leave, allow, have

strong
inseparable
transitive/intransitive

		ich	wir
		du	ihr
		er/sie/es	sie/Sie

Indicative

Present Tense
		Narrative Past	
lasse	lassen	ließ	ließen
läßt	laßt	ließest	ließt
läßt	lassen	ließ	ließen

Conversational Past
		Past Perfect	
habe gelassen	haben gelassen	hatte gelassen	hatten gelassen
hast gelassen	habt gelassen	hattest gelassen	hattet gelassen
hat gelassen	haben gelassen	hatte gelassen	hatten gelassen

Future
		Future Perfect	
werde lassen	werden lassen	werde gelassen haben	werden gelassen haben
wirst lassen	werdet lassen	wirst gelassen haben	werdet gelassen haben
wird lassen	werden lassen	wird gelassen haben	werden gelassen haben

Subjunctive

Present
		Past	
lasse	lassen	ließe	ließen
lassest	lasset	ließest	ließet
lasse	lassen	ließe	ließen

Present Perfect
		Past Perfect	
habe gelassen	haben gelassen	hätte gelassen	hätten gelassen
habest gelassen	habet gelassen	hättest gelassen	hättet gelassen
habe gelassen	haben gelassen	hätte gelassen	hätten gelassen

Conditional

Present
		Perfect	
würde lassen	würden lassen	würde gelassen haben	würden gelassen haben
würdest lassen	würdet lassen	würdest gelassen haben	würdet gelassen haben
würde lassen	würden lassen	würde gelassen haben	würden gelassen haben

Imperative
laß!	lassen Sie!
laßt!	lassen wir!

Participles
Present	Past
lassend	gelassen

Related Words

sich verlassen auf	to rely on	anlassen	to keep on; leave on; turn on
entlassen	to dismiss, fire		
sich niederlassen	to settle	der Anlaß	motive, reason
Laß mich in Ruhe!	Leave me alone!	Laß das!	Stop that!

90 laufen to run, walk, go

		ich	wir
strong		du	ihr
inseparable		er/sie/es	sie/Sie
transitive/intransitive			

Indicative

Present Tense
laufe	laufen
läufst	lauft
läuft	laufen

Narrative Past
lief	liefen
liefst	lieft
lief	liefen

Conversational Past
bin gelaufen	sind gelaufen
bist gelaufen	seid gelaufen
ist gelaufen	sind gelaufen

Past Perfect
war gelaufen	waren gelaufen
warst gelaufen	wart gelaufen
war gelaufen	waren gelaufen

Future
werde laufen	werden laufen
wirst laufen	werdet laufen
wird laufen	werden laufen

Future Perfect
werde gelaufen sein	werden gelaufen sein
wirst gelaufen sein	werdet gelaufen sein
wird gelaufen sein	werden gelaufen sein

Subjunctive

Present
laufe	laufen
laufest	laufet
laufe	laufen

Past
liefe	liefen
liefest	liefet
liefe	liefen

Present Perfect
sei gelaufen	seien gelaufen
seiest gelaufen	seiet gelaufen
sei gelaufen	seien gelaufen

Past Perfect
wäre gelaufen	wären gelaufen
wärest gelaufen	wäret gelaufen
wäre gelaufen	wären gelaufen

Conditional

Present
würde laufen	würden laufen
würdest laufen	würdet laufen
würde laufen	würden laufen

Perfect
würde gelaufen sein	würden gelaufen sein
würdest gelaufen sein	würdet gelaufen sein
würde gelaufen sein	würden gelaufen sein

Imperative
lauf(e)!	laufen Sie!
lauft!	laufen wir!

Participles
Present	Past
laufend	gelaufen

Related Words

der Lauf	run, race	*auflaufen*	to rise, swell; accumulate
der/die Läufer/in	runner		
anlaufen	to start	*zulaufen*	to run up to
		auslaufen	to run out; leak

126

91 leben to live

weak
inseparable
transitive/intransitive

	ich	wir
	du	ihr
	er/sie/es	sie/Sie

Indicative

Present Tense
lebe	leben
lebst	lebt
lebt	leben

Narrative Past
lebte	lebten
lebtest	lebtet
lebte	lebten

Conversational Past
habe gelebt	haben gelebt
hast gelebt	habt gelebt
hat gelebt	haben gelebt

Past Perfect
hatte gelebt	hatten gelebt
hattest gelebt	hattet gelebt
hatte gelebt	hatten gelebt

Future
werde leben	werden leben
wirst leben	werdet leben
wird leben	werden leben

Future Perfect
werde gelebt haben	werden gelebt haben
wirst gelebt haben	werdet gelebt haben
wird gelebt haben	werden gelebt haben

Subjunctive

Present
lebe	leben
lebest	lebet
lebe	leben

Past
lebte	lebten
lebtest	lebtet
lebte	lebten

Present Perfect
habe gelebt	haben gelebt
habest gelebt	habet gelebt
habe gelebt	haben gelebt

Past Perfect
hätte gelebt	hätten gelebt
hättest gelebt	hättet gelebt
hätte gelebt	hätten gelebt

Conditional

Present
würde leben	würden leben
würdest leben	würdet leben
würde leben	würden leben

Perfect
würde gelebt haben	würden gelebt haben
würdest gelebt haben	würdet gelebt haben
würde gelebt haben	würden gelebt haben

Imperative
leb(e)!	leben Sie!
lebt!	leben wir!

Participles
Present	Past
lebend	gelebt

Related Words

das Leben	life	*der Lebensstandard*	living standard
die Lebensdauer	life span	*der Lebensstil*	lifestyle
der Lebensraum	living space	*die Lebensmittel*	food, provisions
die Lebens-versicherung	life insurance	*lebensnotwendig*	vital, essential

92 legen to lay, put, place

weak
inseparable
transitive

	ich	wir
	du	ihr
	er/sie/es	sie/Sie

Indicative

Present Tense
lege	legen
legst	legt
legt	legen

Narrative Past
legte	legten
legtest	legtet
legte	legten

Conversational Past
habe gelegt	haben gelegt
hast gelegt	habt gelegt
hat gelegt	haben gelegt

Past Perfect
hatte gelegt	hatten gelegt
hattest gelegt	hattet gelegt
hatte gelegt	hatten gelegt

Future
werde legen	werden legen
wirst legen	werdet legen
wird legen	werden legen

Future Perfect
werde gelegt haben	werden gelegt haben
wirst gelegt haben	werdet gelegt haben
wird gelegt haben	werden gelegt haben

Subjunctive

Present
lege	legen
legest	leget
lege	legen

Past
legte	legten
legtest	legtet
legte	legten

Present Perfect
habe gelegt	haben gelegt
habest gelegt	habet gelegt
habe gelegt	haben gelegt

Past Perfect
hätte gelegt	hätten gelegt
hättest gelegt	hättet gelegt
hätte gelegt	hätten gelegt

Conditional

Present
würde legen	würden legen
würdest legen	würdet legen
würde legen	würden legen

Perfect
würde gelegt haben	würden gelegt haben
würdest gelegt haben	würdet gelegt haben
würde gelegt haben	würden gelegt haben

Imperative
leg(e)!	legen Sie!
legt!	legen wir!

Participles

Present
legend

Past
gelegt

Related Words

die Lage	position, situation	auslegen	to lay out; to lend
die Anlage	investment		s.o. money
Geld anlegen	to invest	in den Mund legen	to suggest
überlegen	to consider	Wert legen auf	to place value on

93 leihen to lend, borrow

strong
inseparable
transitive
(reflexive)

	ich	wir
	du	ihr
	er/sie/es	sie/Sie

Indicative

Present Tense
leihe	leihen
leihst	leiht
leiht	leihen

Narrative Past
lieh	liehen
liehst	lieht
lieh	liehen

Conversational Past
habe geliehen	haben geliehen
hast geliehen	habt geliehen
hat geliehen	haben geliehen

Past Perfect
hatte geliehen	hatten geliehen
hattest geliehen	hattet geliehen
hatte geliehen	hatten geliehen

Future
werde leihen	werden leihen
wirst leihen	werdet leihen
wird leihen	werden leihen

Future Perfect
werde geliehen haben	werden geliehen haben
wirst geliehen haben	werdet geliehen haben
wird geliehen haben	werden geliehen haben

Subjunctive

Present
leihe	leihen
leihest	leihet
leihe	leihen

Past
liehe	liehen
liehest	liehet
liehe	liehen

Present Perfect
habe geliehen	haben geliehen
habest geliehen	habet geliehen
habe geliehen	haben geliehen

Past Perfect
hätte geliehen	hätten geliehen
hättest geliehen	hättet geliehen
hätte geliehen	hätten geliehen

Conditional

Present
würde leihen	würden leihen
würdest leihen	würdet leihen
würde leihen	würden leihen

Perfect
würde geliehen haben	würden geliehen haben
würdest geliehen haben	würdet geliehen haben
würde geliehen haben	würden geliehen haben

Imperative
leih(e)!	leihen Sie!
leiht!	leihen wir!

Participles
Present	Past
leihend	geliehen

Related Words

die Anleihe	loan	*der Autoverleih*	car rental
die Leihzinsen	interest on loan	*die Leihgebühr*	rental fee
verleihen	to rent out	*das Leihgeschäft*	loan office

94 lernen to learn, study

weak
inseparable
transitive/intransitive

	ich	wir
	du	ihr
	er/sie/es	sie/Sie

Indicative

Present Tense

lerne	lernen
lernst	lernt
lernt	lernen

Narrative Past

lernte	lernten
lerntest	lerntet
lernte	lernten

Conversational Past

habe gelernt	haben gelernt
hast gelernt	habt gelernt
hat gelernt	haben gelernt

Past Perfect

hatte gelernt	hatten gelernt
hattest gelernt	hattet gelernt
hatte gelernt	hatten gelernt

Future

werde lernen	werden lernen
wirst lernen	werdet lernen
wird lernen	werden lernen

Future Perfect

werde gelernt haben	werden gelernt haben
wirst gelernt haben	werdet gelernt haben
wird gelernt haben	werden gelernt haben

Subjunctive

Present

lerne	lernen
lernest	lernet
lerne	lernen

Past

lernte	lernten
lerntest	lerntet
lernte	lernten

Present Perfect

habe gelernt	haben gelernt
habest gelernt	habet gelernt
habe gelernt	haben gelernt

Past Perfect

hätte gelernt	hätten gelernt
hättest gelernt	hättet gelernt
hätte gelernt	hätten gelernt

Conditional

Present

würde lernen	würden lernen
würdest lernen	würdet lernen
würde lernen	würden lernen

Perfect

würde gelernt haben	würden gelernt haben
würdest gelernt haben	würdet gelernt haben
würde gelernt haben	würden gelernt haben

Imperative

lern(e)!	lernen Sie!
lernt!	lernen wir!

Participles

Present	Past
lernend	gelernt

Related Words

das Lernen	learning process	kennenlernen	to get to know
lernfähig	capable of learning	jemanden anlernen	to train someone
verlernen	to forget something already learnt	umlernen	to retrain
		lernbehindert	educationally handicapped

130

95 lesen to read

strong
inseparable
transitive/intransitive

ich wir
du ihr
er/sie/es sie/Sie

Indicative

Present Tense

lese	lesen		
liest	lest		
liest	lesen		

Narrative Past

las	lasen
lasest	last
las	lasen

Conversational Past

habe gelesen	haben gelesen
hast gelesen	habt gelesen
hat gelesen	haben gelesen

Past Perfect

hatte gelesen	hatten gelesen
hattest gelesen	hattet gelesen
hatte gelesen	hatten gelesen

Future

werde lesen	werden lesen
wirst lesen	werdet lesen
wird lesen	werden lesen

Future Perfect

werde gelesen haben	werden gelesen haben
wirst gelesen haben	werdet gelesen haben
wird gelesen haben	werden gelesen haben

Subjunctive

Present

lese	lesen
lesest	leset
lese	lesen

Past

läse	läsen
läsest	läset
läse	läsen

Present Perfect

habe gelesen	haben gelesen
habest gelesen	habet gelesen
habe gelesen	haben gelesen

Past Perfect

hätte gelesen	hätten gelesen
hättest gelesen	hättet gelesen
hätte gelesen	hätten gelesen

Conditional

Present

würde lesen	würden lesen
würdest lesen	würdet lesen
würde lesen	würden lesen

Perfect

würde gelesen haben	würden gelesen haben
würdest gelesen haben	würdet gelesen haben
würde gelesen haben	würden gelesen haben

Imperative

lies!	lesen Sie!
lest!	lesen wir!

Participles

Present
lesend

Past
gelesen

Related Words

die Lesung	reading	*leserlich*	legible
der/die Leser/in	reader; subscriber	*nachlesen*	to read again; check
		das Lesezimmer	reading room
vorlesen	to read aloud	*das Lesezeichen*	bookmark
lesenswert	worth reading		

96 lieben to love

weak
inseparable
transitive/intransitive

ich	wir
du	ihr
er/sie/es	sie/Sie

Indicative

Present Tense

liebe	lieben
liebst	liebt
liebt	lieben

Narrative Past

liebte	liebten
liebtest	liebtet
liebte	liebten

Conversational Past

habe geliebt	haben geliebt
hast geliebt	habt geliebt
hat geliebt	haben geliebt

Past Perfect

hatte geliebt	hatten geliebt
hattest geliebt	hattet geliebt
hatte geliebt	hatten geliebt

Future

werde lieben	werden lieben
wirst lieben	werdet lieben
wird lieben	werden lieben

Future Perfect

werde geliebt haben	werden geliebt haben
wirst geliebt haben	werdet geliebt haben
wird geliebt haben	werden geliebt haben

Subjunctive

Present

liebe	lieben
liebest	liebet
liebe	lieben

Past

liebte	liebten
liebtest	liebtet
liebte	liebten

Present Perfect

habe geliebt	haben geliebt
habest geliebt	habet geliebt
habe geliebt	haben geliebt

Past Perfect

hätte geliebt	hätten geliebt
hättest geliebt	hättet geliebt
hätte geliebt	hätten geliebt

Conditional

Present

würde lieben	würden lieben
würdest lieben	würdet lieben
würde lieben	würden lieben

Perfect

würde geliebt haben	würden geliebt haben
würdest geliebt haben	würdet geliebt haben
würde geliebt haben	würden geliebt haben

Imperative

lieb(e)!	lieben Sie!
liebt!	lieben wir!

Participles

Present

liebend

Past

geliebt

Related Words

die Liebe	love	*der/die Liebhaber/in*	lover
lieb	dear; beloved; kind	*lieb haben*	to be fond of, like
die Liebesaffäre	love affair	*liebkosen*	caress, fondle, cuddle

97 liegen to lie, be situated

strong
inseparable
intransitive

	ich	wir
	du	ihr
	er/sie/es	sie/Sie

Indicative

Present Tense		Narrative Past	
liege	liegen	lag	lagen
liegst	liegt	lagst	lagt
liegt	liegen	lag	lagen

Conversational Past		Past Perfect	
habe gelegen	haben gelegen	hatte gelegen	hatten gelegen
hast gelegen	habt gelegen	hattest gelegen	hattet gelegen
hat gelegen	haben gelegen	hatte gelegen	hatten gelegen

Future		Future Perfect	
werde liegen	werden liegen	werde gelegen haben	werden gelegen haben
wirst liegen	werdet liegen	wirst gelegen haben	werdet gelegen haben
wird liegen	werden liegen	wird gelegen haben	werden gelegen haben

Subjunctive

Present		Past	
liege	liegen	läge	lägen
liegest	liegt	lägest	läge
liege	liegen	läge	lägen

Present Perfect		Past Perfect	
habe gelegen	haben gelegen	hätte gelegen	hätten gelegen
habest gelegen	habet gelegen	hättest gelegen	hättet gelegen
habe gelegen	haben gelegen	hätte gelegen	hätten gelegen

Conditional

Present		Perfect	
würde liegen	würden liegen	würde gelegen haben	würden gelegen haben
würdest liegen	würdet liegen	würdest gelegen haben	würdet gelegen haben
würde liegen	würden liegen	würde gelegen haben	würden gelegen haben

Imperative

lieg(e)!	liegen Sie!
liegt!	liegen wir!

Participles

Present	Past
liegend	gelegen

Related Words

die Liege	couch	der Anlieger	resident
liegen bleiben	to keep lying; stay in bed	naheliegen	to be close
		unterliegen	to be defeated
liegen lassen	to let lie; leave behind or alone	sich in den Haaren liegen	to fight

133

98 **machen** to do, make

	weak			ich	wir
	inseparable			du	ihr
	transitive/intransitive			er/sie/es	sie/Sie
	(reflexive)				

Indicative

Present Tense		**Narrative Past**	
mache	machen	machte	machten
machst	macht	machtest	machtet
macht	machen	machte	machten

Conversational Past		**Past Perfect**	
habe gemacht	haben gemacht	hatte gemacht	hatten gemacht
hast gemacht	habt gemacht	hattest gemacht	hattet gemacht
hat gemacht	haben gemacht	hatte gemacht	hatten gemacht

Future		**Future Perfect**	
werde machen	werden machen	werde gemacht haben	werden gemacht haben
wirst machen	werdet machen	wirst gemacht haben	werdet gemacht haben
wird machen	werden machen	wird gemacht haben	werden gemacht haben

Subjunctive

Present		**Past**	
mache	machen	machte	machten
machest	machet	machtest	machtet
mache	machen	machte	machten

Present Perfect		**Past Perfect**	
habe gemacht	haben gemacht	hätte gemacht	hätten gemacht
habest gemacht	habet gemacht	hättest gemacht	hättet gemacht
habe gemacht	haben gemacht	hätte gemacht	hätten gemacht

Conditional

Present		**Perfect**	
würde machen	würden machen	würde gemacht haben	würden gemacht haben
würdest machen	würdet machen	würdest gemacht haben	würdet gemacht haben
würde machen	würden machen	würde gemacht haben	würden gemacht haben

Imperative

mach!	machen Sie!
macht!	machen wir!

Participles

Present	**Past**
machend	gemacht

Related Words

aufmachen	to open	*sich machen*	to develop, come along
zumachen	to shut, close	*Das macht nichts.*	Never mind.
anmachen	to attach, fasten;	*Spaß machen*	to have fun
	to come on to	*Was macht das?*	How much is it?

99 **meinen** to be of the opinion, think, mean

weak
inseparable
transitive/intransitive

ich wir
du ihr
er/sie/es sie/Sie

Indicative

Present Tense

meine	meinen
meinst	meint
meint	meinen

Narrative Past

meinte	meinten
meintest	meintet
meinte	meinten

Conversational Past

habe gemeint	haben gemeint
hast gemeint	habt gemeint
hat gemeint	haben gemeint

Past Perfect

hatte gemeint	hatten gemeint
hattest gemeint	hattet gemeint
hatte gemeint	hatten gemeint

Future

werde meinen	werden meinen
wirst meinen	werdet meinen
wird meinen	werden meinen

Future Perfect

werde gemeint haben	werden gemeint haben
wirst gemeint haben	werdet gemeint haben
wird gemeint haben	werden gemeint haben

Subjunctive

Present

meine	meinen
meinest	meinet
meine	meinen

Past

meinte	meinten
meintest	meintet
meinte	meinten

Present Perfect

habe gemeint	haben gemeint
habest gemeint	habet gemeint
habe gemeint	haben gemeint

Past Perfect

hätte gemeint	hätten gemeint
hättest gemeint	hättet gemeint
hätte gemeint	hätten gemeint

Conditional

Present

würde meinen	würden meinen
würdest meinen	würdet meinen
würde meinen	würden meinen

Perfect

würde gemeint haben	würden gemeint haben
würdest gemeint haben	würdet gemeint haben
würde gemeint haben	würden gemeint haben

Imperative

mein(e)!	meinen Sie!
meint!	meinen wir!

Participles

Present

meinend

Past

gemeint

Related Words

die Meinung	opinion
einer Meinung sein	to agree
die Meinungsverschiedenheit	difference of opinion
der Meinungsaustausch	exchange of ideas
er meint, daß...	he says that...

100 merken to notice, remember

weak
inseparable
intransitive
(reflexive)

ich wir
du ihr
er/sie/es sie/Sie

Indicative

Present Tense

merke	merken
merkst	merkt
merkt	merken

Narrative Past

merkte	merkten
merktest	merktet
merkte	merkten

Conversational Past

habe gemerkt	haben gemerkt
hast gemerkt	habt gemerkt
hat gemerkt	haben gemerkt

Past Perfect

hatte gemerkt	hatten gemerkt
hattest gemerkt	hattet gemerkt
hatte gemerkt	hatten gemerkt

Future

werde merken	werden merken
wirst merken	werdet merken
wird merken	werden merken

Future Perfect

werde gemerkt haben	werden gemerkt haben
wirst gemerkt haben	werdet gemerkt haben
wird gemerkt haben	werden gemerkt haben

Subjunctive

Present

merke	merken
merkest	merket
merke	merken

Past

merkte	merkten
merktest	merktet
merkte	merkten

Present Perfect

habe gemerkt	haben gemerkt
habest gemerkt	habet gemerkt
habe gemerkt	haben gemerkt

Past Perfect

hätte gemerkt	hätten gemerkt
hättest gemerkt	hättet gemerkt
hätte gemerkt	hätten gemerkt

Conditional

Present

würde merken	würden merken
würdest merken	würdet merken
würde merken	würden merken

Perfect

würde gemerkt haben	würden gemerkt haben
würdest gemerkt haben	würdet gemerkt haben
würde gemerkt haben	würden gemerkt haben

Imperative

merk(e)!	merken Sie!
merkt!	merken wir!

Participles

Present	Past
merkend	gemerkt

Related Words

das Merkmal	mark, sign	*bemerken*	to observe, perceive, remark
merklich	noticeable		
merkwürdig	noteworthy	*die Bemerkung*	remark
die Anmerkung	annotation	*bemerkenswert*	remarkable

101 messen to measure; compete

strong
inseparable
transitive/intransitive
(reflexive)

ich	wir
du	ihr
er/sie/es	sie/Sie

Indicative

Present Tense

messe	messen
mißt	meßt
mißt	messen

Narrative Past

maß	maßen
maßest	maßt
maß	maßen

Conversational Past

habe gemessen	haben gemessen
hast gemessen	habt gemessen
hat gemessen	haben gemessen

Past Perfect

hatte gemessen	hatten gemessen
hattest gemessen	hattet gemessen
hatte gemessen	hatten gemessen

Future

werde messen	werden messen
wirst messen	werdet messen
wird messen	werden messen

Future Perfect

werde gemessen haben	werden gemessen haben
wirst gemessen haben	werdet gemessen haben
wird gemessen haben	werden gemessen haben

Subjunctive

Present

messe	messen
messest	messet
messe	messen

Past

mäße	mäßen
mäßest	mäßet
mäße	mäßen

Present Perfect

habe gemessen	haben gemessen
habest gemessen	habet gemessen
habe gemessen	haben gemessen

Past Perfect

hätte gemessen	hätten gemessen
hättest gemessen	hättet gemessen
hätte gemessen	hätten gemessen

Conditional

Present

würde messen	würden messen
würdest messen	würdet messen
würde messen	würden messen

Perfect

würde gemessen haben	würden gemessen haben
würdest gemessen haben	würdet gemessen haben
würde gemessen haben	würden gemessen haben

Imperative

miß!	messen Sie!
meßt!	messen wir!

Participles

Present

messend

Past

gemessen

Related Words

das Maß	measure	*die Abmessung*	dimension
die Messung	measurement	*das Ausmaß*	extent
meßbar	measurable	*die Bemessung*	calculation
unermeßlich	immesurable, vast		

102 mieten to rent, hire

weak
inseparable
transitive

	ich	wir
	du	ihr
	er/sie/es	sie/Sie

Indicative

Present Tense
miete	mieten
mietest	mietet
mietet	mieten

Narrative Past
mietete	mieteten
mietetest	mietetet
mietete	mieteten

Conversational Past
habe gemietet	haben gemietet
hast gemietet	habt gemietet
hat gemietet	haben gemietet

Past Perfect
hatte gemietet	hatten gemietet
hattest gemietet	hattet gemietet
hatte gemietet	hatten gemietet

Future
werde mieten	werden mieten
wirst mieten	werdet mieten
wird mieten	werden mieten

Future Perfect
werde gemietet haben	werden gemietet haben
wirst gemietet haben	werdet gemietet haben
wird gemietet haben	werden gemietet haben

Subjunctive

Present
miete	mieten
mietest	mietet
miete	mieten

Past
mietete	mieteten
mietetest	mietetet
mietete	mieteten

Present Perfect
habe gemietet	haben gemietet
habest gemietet	habet gemietet
habe gemietet	haben gemietet

Past Perfect
hätte gemietet	hätten gemietet
hättest gemietet	hättet gemietet
hätte gemietet	hätten gemietet

Conditional

Present
würde mieten	würden mieten
würdest mieten	würdet mieten
würde mieten	würden mieten

Perfect
würde gemietet haben	würden gemietet haben
würdest gemietet haben	würdet gemietet haben
würde gemietet haben	würden gemietet haben

Imperative
miete!	mieten Sie!
mietet!	mieten wir!

Participles

Present
mietend

Past
gemietet

Related Words

die Miete	rent	*der/die Mieter/in*	tenant
der Mietvertrag	lease, contract	*der/die Vermieter/in*	landlord
vermieten	to rent out	*der Mietpreis*	rental charge
die Autover-mietung	car rental	*die Mieterhöhung*	increase in rent

103 mögen to want, like

strong		ich	wir
inseparable		du	ihr
transitive/intransitive		er/sie/es	sie/Sie
modal			

Indicative

Present Tense
mag	mögen
magst	mögt
mag	mögen

Narrative Past
mochte	mochten
mochtest	mochtet
mochte	mochten

Conversational Past
habe gemocht	haben gemocht
hast gemocht	habt gemocht
hat gemocht	haben gemocht

Past Perfect
hatte gemocht	hatten gemocht
hattest gemocht	hattet gemocht
hatte gemocht	hatten gemocht

Future
werde mögen	werden mögen
wirst mögen	werdet mögen
wird mögen	werden mögen

Future Perfect
werde gemocht haben	werden gemocht haben
wirst gemocht haben	werdet gemocht haben
wird gemocht haben	werden gemocht haben

Subjunctive

Present
möge	mögen
mögest	möget
möge	mögen

Past
möchte	möchten
möchtest	möchtet
möchte	möchten

Present Perfect
habe gemocht	haben gemocht
habest gemocht	habet gemocht
habe gemocht	haben gemocht

Past Perfect
hätte gemocht	hätten gemocht
hättest gemocht	hättet gemocht
hätte gemocht	hätten gemocht

Conditional

Present
würde mögen	würden mögen
würdest mögen	würdet mögen
würde mögen	würden mögen

Perfect
würde gemocht haben	würden gemocht haben
würdest gemocht haben	würdet gemocht haben
würde gemocht haben	würden gemocht haben

Imperative
——	——
——	——

Participles

Present	Past
mögend	gemocht

Related Words

möglich	possible	*so schnell wie*	as fast as possible
unmöglich	impossible	*möglich*	
die Möglichkeit	possibility	*Das mag sein.*	That may be.

104 müssen must, to have to

weak	
inseparable	
intransitive	
modal	

ich	wir
du	ihr
er/sie/es	sie/Sie

Indicative

Present Tense
muß	müssen
mußt	müßt
muß	müssen

Narrative Past
mußte	mußten
mußtest	mußtet
mußte	mußten

Conversational Past
habe gemußt	haben gemußt
hast gemußt	habt gemußt
hat gemußt	haben gemußt

Past Perfect
hatte gemußt	hatten gemußt
hattest gemußt	hattet gemußt
hatte gemußt	hatten gemußt

Future
werde müssen	werden müssen
wirst müssen	werdet müssen
wird müssen	werden müssen

Future Perfect
werde gemußt haben	werden gemußt haben
wirst gemußt haben	werdet gemußt haben
wird gemußt haben	werden gemußt haben

Subjunctive

Present
müsse	müssen
müssest	müsset
müsse	müssen

Past
müßte	müßten
müßtest	müßtet
müßte	müßten

Present Perfect
habe gemußt	haben gemußt
habest gemußt	habet gemußt
habe gemußt	haben gemußt

Past Perfect
hätte gemußt	hätten gemußt
hättest gemußt	hättet gemußt
hätte gemußt	hätten gemußt

Conditional

Present
würde müssen	würden müssen
würdest müssen	würdet müssen
würde müssen	würden müssen

Perfect
würde gemußt haben	würden gemußt haben
würdest gemußt haben	würdet gemußt haben
würde gemußt haben	würden gemußt haben

Imperative
—	—
—	—

Participles

Present
müssend

Past
gemußt

Related Words

Kein Mensch muß müssen.	There's no such thing as "must."	*Das Konzert ist ein Muß.*	The concert is a must.

105 nehmen to take, receive

strong
inseparable
transitive/intransitive

ich wir
du ihr
er/sie/es sie/Sie

Indicative

Present Tense
nehme	nehmen
nimmst	nehmt
nimmt	nehmen

Narrative Past
nahm	nahmen
nahmst	nahmt
nahm	nahmen

Conversational Past
habe genommen	haben genommen
hast genommen	habt genommen
hat genommen	haben genommen

Past Perfect
hatte genommen	hatten genommen
hattest genommen	hattet genommen
hatte genommen	hatten genommen

Future
werde nehmen	werden nehmen
wirst nehmen	werdet nehmen
wird nehmen	werden nehmen

Future Perfect
werde genommen haben	werden genommen haben
wirst genommen haben	werdet genommen haben
wird genommen haben	werden genommen haben

Subjunctive

Present
nehme	nehmen
nehmest	nehmet
nehme	nehmen

Past
nähme	nähmen
nähmest	nähmet
nähme	nähmen

Present Perfect
habe genommen	haben genommen
habest genommen	habet genommen
habe genommen	haben genommen

Past Perfect
hätte genommen	hätten genommen
hättest genommen	hättet genommen
hätte genommen	hätten genommen

Conditional

Present
würde nehmen	würden nehmen
würdest nehmen	würdet nehmen
würde nehmen	würden nehmen

Perfect
würde genommen haben	würden genommen haben
würdest genommen haben	würdet genommen haben
würde genommen haben	würden genommen haben

Imperative
nimm!	nehmen Sie!
nehmt!	nehmen wir!

Participles

Present
nehmend

Past
genommen

Related Words
aufnehmen	to pick up; lift up
die Aufnahme	recording, integration; picture
ausnehmen	to take out
die Ausnahme	exception
mitnehmen	to take along
übernehmen	to take over; receive
unternehmen	to undertake
das Unternehmen	enterprise
wegnehmen	to take away
zunehmen	to increase; grow; gain weight

106 nennen to name, call

mixed
inseparable
transitive
(reflexive)

ich	wir
du	ihr
er/sie/es	sie/Sie

Indicative

Present Tense

nenne	nennen
nennst	nennt
nennt	nennen

Narrative Past

nannte	nannten
nanntest	nanntet
nannte	nannten

Conversational Past

habe genannt	haben genannt
hast genannt	habt genannt
hat genannt	haben genannt

Past Perfect

hatte genannt	hatten genannt
hattest genannt	hattet genannt
hatte genannt	hatten genannt

Future

werde nennen	werden nennen
wirst nennen	werdet nennen
wird nennen	werden nennen

Future Perfect

werde genannt haben	werden genannt haben
wirst genannt haben	werdet genannt haben
wird genannt haben	werden genannt haben

Subjunctive

Present

nenne	nennen
nennest	nennet
nenne	nennen

Past

nennte	nennten
nenntest	nenntet
nennte	nennten

Present Perfect

habe genannt	haben genannt
habest genannt	habet genannt
habe genannt	haben genannt

Past Perfect

hätte genannt	hätten genannt
hättest genannt	hättet genannt
hätte genannt	hätten genannt

Conditional

Present

würde nennen	würden nennen
würdest nennen	würdet nennen
würde nennen	würden nennen

Perfect

würde genannt haben	würden genannt haben
würdest genannt haben	würdet genannt haben
würde genannt haben	würden genannt haben

Imperative

nenn(e)!   nennen Sie!
nennt!   nennen wir!

Participles

Present	Past
nennend	genannt

Related Words

die Nennung	naming, mention	nennenswert	worth mentioning; considerable
nennbar	mentionable		

107 nützen to use

weak
inseparable
transitive/intransitive

	ich	wir
	du	ihr
	er/sie/es	sie/Sie

Indicative

Present Tense
nütze	nützen
nützt	nützt
nützt	nützen

Narrative Past
nützte	nützten
nütztest	nütztet
nützte	nützten

Conversational Past
habe genützt	haben genützt
hast genützt	habt genützt
hat genützt	haben genützt

Past Perfect
hatte genützt	hatten genützt
hattest genützt	hattet genützt
hatte genützt	hatten genützt

Future
werde nützen	werden nützen
wirst nützen	werdet nützen
wird nützen	werden nützen

Future Perfect
werde genützt haben	werden genützt haben
wirst genützt haben	werdet genützt haben
wird genützt haben	werden genützt haben

Subjunctive

Present
nütze	nützen
nützest	nützet
nütze	nützen

Past
nützte	nützten
nütztest	nütztet
nützte	nützten

Present Perfect
habe genützt	haben genützt
habest genützt	habet genützt
habe genützt	haben genützt

Past Perfect
hätte genützt	hätten genützt
hättest genützt	hättet genützt
hätte genützt	hätten genützt

Conditional

Present
würde nützen	würden nützen
würdest nützen	würdet nützen
würde nützen	würden nützen

Perfect
würde genützt haben	würden genützt haben
würdest genützt haben	würdet genützt haben
würde genützt haben	würden genützt haben

Imperative
nütz(e)!	nützen Sie!
nützt!	nützen wir!

Participles

Present
nützend

Past
genützt

Related Words

nütze	useful	*der Nutzwert*	economic value
nutzbringend	profitable	*benützen*	to use, make use of
nützlich	useful, helpful	*der/die Benützer/in*	user
nutzlos	useless		

108 öffnen to open

weak
inseparable
transitive
(reflexive)

	ich	wir
	du	ihr
	er/sie/es	sie/Sie

Indicative

Present Tense
öffne	öffnen
öffnest	öffnet
öffnet	öffnen

Narrative Past
öffnete	öffneten
öffnetest	öffnetet
öffnete	öffneten

Conversational Past
habe geöffnet	haben geöffnet
hast geöffnet	habt geöffnet
hat geöffnet	haben geöffnet

Past Perfect
hatte geöffnet	hatten geöffnet
hattest geöffnet	hattet geöffnet
hatte geöffnet	hatten geöffnet

Future
werde öffnen	werden öffnen
wirst öffnen	werdet öffnen
wird öffnen	werden öffnen

Future Perfect
werde geöffnet haben	werden geöffnet haben
wirst geöffnet haben	werdet geöffnet haben
wird geöffnet haben	werden geöffnet haben

Subjunctive

Present
öffne	öffnen
öffnest	öffnet
öffne	öffnen

Past
öffnete	öffneten
öffnetest	öffnetet
öffnete	öffneten

Present Perfect
habe geöffnet	haben geöffnet
habest geöffnet	habet geöffnet
habe geöffnet	haben geöffnet

Past Perfect
hätte geöffnet	hätten geöffnet
hättest geöffnet	hättet geöffnet
hätte geöffnet	hätten geöffnet

Conditional

Present
würde öffnen	würden öffnen
würdest öffnen	würdet öffnen
würde öffnen	würden öffnen

Perfect
würde geöffnet haben	würden geöffnet haben
würdest geöffnet haben	würdet geöffnet haben
würde geöffnet haben	würden geöffnet haben

Imperative
öffne!	öffnen Sie!
öffnet!	öffnen wir!

Participles

Present	Past
öffnend	geöffnet

Related Words

offen	open	*öffentlich*	public
die Öffnung	opening	*offen halten*	to leave open
die Öffnungszeiten	opening hours	*offen lassen*	to leave open
ein Konto eröffnen	to open an account	*veröffentlichen*	to publish, print

109 passen to fit, be suitable for; pass

weak
inseparable
intransitive

	ich	wir
	du	ihr
	er/sie/es	sie/Sie

Indicative

Present Tense
passe	passen
paßt	paßt
paßt	passen

Narrative Past
paßte	paßten
paßtest	paßtet
paßte	paßten

Conversational Past
habe gepaßt	haben gepaßt
hast gepaßt	habt gepaßt
hat gepaßt	haben gepaßt

Past Perfect
hatte gepaßt	hatten gepaßt
hattest gepaßt	hattet gepaßt
hatte gepaßt	hatten gepaßt

Future
werde passen	werden passen
wirst passen	werdet passen
wird passen	werden passen

Future Perfect
werde gepaßt haben	werden gepaßt haben
wirst gepaßt haben	werdet gepaßt haben
wird gepaßt haben	werden gepaßt haben

Subjunctive

Present
passe	passen
passest	passet
passe	passen

Past
paßte	paßten
paßtest	paßtet
paßte	paßten

Present Perfect
habe gepaßt	haben gepaßt
habest gepaßt	habet gepaßt
habe gepaßt	haben gepaßt

Past Perfect
hätte gepaßt	hätten gepaßt
hättest gepaßt	hättet gepaßt
hätte gepaßt	hätten gepaßt

Conditional

Present
würde passen	würden passen
würdest passen	würdet passen
würde passen	würden passen

Perfect
würde gepaßt haben	würden gepaßt haben
würdest gepaßt haben	würdet gepaßt haben
würde gepaßt haben	würden gepaßt haben

Imperative
paß!	passen Sie!
paßt!	passen wir!

Participles

Present
passend

Past
gepaßt

Related Words

passend	fit, suitable	*aufpassen*	to take care of
der Paß	passport	*Paß auf!*	Watch out!
anpassen	to fit on, adapt, adjust		

110 passieren to happen, take place; pass, cross

weak
inseparable
transitive/intransitive

		ich	wir
		du	ihr
		er/sie/es	sie/Sie

Indicative

Present Tense

passiere	passieren
passierst	passiert
passiert	passieren

Narrative Past

passierte	passierten
passiertest	passiertet
passierte	passierten

Conversational Past

bin/habe passiert	sind/haben passiert
bist/hast passiert	seid/habt passiert
ist/hat passiert	sind/haben passiert

Past Perfect

war/hatte passiert	waren/hatten passiert
warst/hattest passiert	wart/hattet passiert
war/hatte passiert	waren/hatten passiert

Future

werde passieren	werden passieren
wirst passieren	werdet passieren
wird passieren	werden passieren

Future Perfect

werde passiert sein	werden passiert sein
wirst passiert sein	werdet passiert sein
wird passiert sein	werden passiert sein

Subjunctive

Present

passiere	passieren
passierest	passieret
passiere	passieren

Past

passierte	passierten
passiertest	passiertet
passierte	passierten

Present Perfect

sei/habe passiert	seien/haben passiert
seiest/habest passiert	seiet/habet passiert
sei/habe passiert	seien/haben passiert

Past Perfect

wäre/hätte passiert	wären/hätten passiert
wärest/hättest passiert	wäret/hättet passiert
wäre/hätte passiert	wären/hätten passiert

Conditional

Present

würde passieren	würden passieren
würdest passieren	würdet passieren
würde passieren	würden passieren

Perfect

würde passiert sein	würden passiert sein
würdest passiert sein	würdet passiert sein
würde passiert sein	würden passiert sein

Imperative

passier(e)!	passieren Sie!
passiert!	passieren wir!

Participles

Present	Past
passierend	passiert

Related Words

der Passierschein	pass, permit
passierbar	passable
die Passierstelle	crossing point
der Paß	passport; passage

111 **probieren** to try; taste

weak
inseparable
transitive/intransitive

ich   wir
du   ihr
er/sie/es   sie/Sie

Indicative

Present Tense
probiere	probieren
probierst	probiert
probiert	probieren

Narrative Past
probierte	probierten
probiertest	probiertet
probierte	probierten

Conversational Past
habe probiert	haben probiert
hast probiert	habt probiert
hat probiert	haben probiert

Past Perfect
hatte probiert	hatten probiert
hattest probiert	hattet probiert
hatte probiert	hatten probiert

Future
werde probieren	werden probieren
wirst probieren	werdet probieren
wird probieren	werden probieren

Future Perfect
werde probiert haben	werden probiert haben
wirst probiert haben	werdet probiert haben
wird probiert haben	werden probiert haben

Subjunctive

Present
probiere	probieren
probierest	probieret
probiere	probieren

Past
probierte	probierten
probiertest	probiertet
probierte	probierten

Present Perfect
habe probiert	haben probiert
habest probiert	habet probiert
habe probiert	haben probiert

Past Perfect
hätte probiert	hätten probiert
hättest probiert	hättet probiert
hätte probiert	hätten probiert

Conditional

Present
würde probieren	würden probieren
würdest probieren	würdet probieren
würde probieren	würden probieren

Perfect
würde probiert haben	würden probiert haben
würdest probiert haben	würdet probiert haben
würde probiert haben	würden probiert haben

Imperative
| probier(e)! | probieren Sie! |
| probiert! | probieren wir! |

Participles
| **Present** | **Past** |
| probierend | probiert |

Related Words

die Probe	experiment; test	*die Anprobe*	fitting
das Probestück	sample, specimen	*ausprobieren*	to try out, test
anprobieren	to try on		

147

112 **putzen** to clean

weak
inseparable
transitive
(reflexive)

	ich	wir
	du	ihr
	er/sie/es	sie/Sie

Indicative

Present Tense
putze	putzen
putzt	putzt
putzt	putzen

Narrative Past
putzte	putzten
putztest	putztet
putzte	putzten

Conversational Past
habe geputzt	haben geputzt
hast geputzt	habt geputzt
hat geputzt	haben geputzt

Past Perfect
hatte geputzt	hatten geputzt
hattest geputzt	hattet geputzt
hatte geputzt	hatten geputzt

Future
werde putzen	werden putzen
wirst putzen	werdet putzen
wird putzen	werden putzen

Future Perfect
werde geputzt haben	werden geputzt haben
wirst geputzt haben	werdet geputzt haben
wird geputzt haben	werden geputzt haben

Subjunctive

Present
putze	putzen
putzest	putzet
putze	putzen

Past
putzte	putzten
putztest	putztet
putzte	putzten

Present Perfect
habe geputzt	haben geputzt
habest geputzt	habet geputzt
habe geputzt	haben geputzt

Past Perfect
hätte geputzt	hätten geputzt
hättest geputzt	hättet geputzt
hätte geputzt	hätten geputzt

Conditional

Present
würde putzen	würden putzen
würdest putzen	würdet putzen
würde putzen	würden putzen

Perfect
würde geputzt haben	würden geputzt haben
würdest geputzt haben	würdet geputzt haben
würde geputzt haben	würden geputzt haben

Imperative
putz(e)!	putzen Sie!
putzt!	putzen wir!

Participles
Present	Past
putzend	geputzt

Related Words

die Putzfrau	cleaning lady	*sich aufputzen*	to dress up
putzig	droll, funny	*ausputzen*	to clean out
der Putzlappen	cleaning rag	*sich die Nase putzen*	to blow one's nose
das Putzzeug	cleaning utensils	*sich die Zähne putzen*	to brush one's teeth

148

113 reden to talk, speak

			ich	wir
weak			du	ihr
inseparable			er/sie/es	sie/Sie
transitive/intransitive				

Indicative

Present Tense
rede	reden
redest	redet
redet	reden

Narrative Past
redete	redeten
redetest	redetet
redete	redeten

Conversational Past
habe geredet	haben geredet
hast geredet	habt geredet
hat geredet	haben geredet

Past Perfect
hatte geredet	hatten geredet
hattest geredet	hattet geredet
hatte geredet	hatten geredet

Future
werde reden	werden reden
wirst reden	werdet reden
wird reden	werden reden

Future Perfect
werde geredet haben	werden geredet haben
wirst geredet haben	werdet geredet haben
wird geredet haben	werden geredet haben

Subjunctive

Present
rede	reden
redest	redet
rede	reden

Past
redete	redeten
redetest	redetet
redete	redeten

Present Perfect
habe geredet	haben geredet
habest geredet	habet geredet
habe geredet	haben geredet

Past Perfect
hätte geredet	hätten geredet
hättest geredet	hättet geredet
hätte geredet	hätten geredet

Conditional

Present
würde reden	würden reden
würdest reden	würdet reden
würde reden	würden reden

Perfect
würde geredet haben	würden geredet haben
würdest geredet haben	würdet geredet haben
würde geredet haben	würden geredet haben

Imperative
red(e)!	reden Sie!
redet!	reden wir!

Participles

Present	Past
redend	geredet

Related Words

die Rede	speech	*anreden*	to adress someone
der/die Redner/in	speaker	*sich verabreden*	to arrange to meet
die Redefigur	figure of speech	*sich einreden*	to convince oneself
das Gerede	empty talk	*jemanden überreden*	to pursuade someone

114 **regnen** to rain

weak
inseparable
intransitive
impersonal

ich   wir
du   ihr
er/sie/es   sie/Sie

Indicative

Present Tense
— | —
— | —
regnet | —

Narrative Past
— | —
— | —
regnete | —

Conversational Past
— | —
— | —
hat geregnet | —

Past Perfect
— | —
— | —
hatte geregnet | —

Future
— | —
— | —
wird regnen | —

Future Perfect
— | —
— | —
wird geregnet haben | —

Subjunctive

Present
— | —
— | —
regne | —

Past
— | —
— | —
regnete | —

Present Perfect
— | —
— | —
habe geregnet | —

Past Perfect
— | —
— | —
hätte geregnet | —

Conditional

Present
— | —
— | —
würde regnen | —

Perfect
— | —
— | —
würde geregnet haben | —

Imperative
— | —
— | —

Participles

Present | **Past**
regnend | geregnet

Related Words

der Regen	rain	*der Regenmantel*	raincoat
regnerisch	rainy	*der Regenschauer*	rain shower
der Regenbogen	rainbow	*der Regenschirm*	umbrella
der Regenfall	rainfall	*der Regenguß*	heavy shower

115 reuse reisen to travel

weak
inseparable
intransitive

ich wir
du ihr
er/sie/es sie/Sie

Indicative

Present Tense
reise	reisen
reist	reist
reist	reisen

Narrative Past
reiste	reisten
reistest	reistet
reiste	reisten

Conversational Past
bin gereist	sind gereist
bist gereist	seid gereist
ist gereist	sind gereist

Past Perfect
war gereist	waren gereist
warst gereist	wart gereist
war gereist	waren gereist

Future
werde reisen	werden reisen
wirst reisen	werdet reisen
wird reisen	werden reisen

Future Perfect
werde gereist sein	werden gereist sein
wirst gereist sein	werdet gereist sein
wird gereist sein	werden gereist sein

Subjunctive

Present
reise	reisen
reisest	reiset
reise	reisen

Past
reiste	reisten
reistest	reistet
reiste	reisten

Present Perfect
sei gereist	seien gereist
seiest gereist	seiet gereist
sei gereist	seien gereist

Past Perfect
wäre gereist	wären gereist
wärest gereist	wäret gereist
wäre gereist	wären gereist

Conditional

Present
würde reisen	würden reisen
würdest reisen	würdet reisen
würde reisen	würden reisen

Perfect
würde gereist sein	würden gereist sein
würdest gereist sein	würdet gereist sein
würde gereist sein	würden gereist sein

Imperative
reis(e)!	reisen Sie!
reist!	reisen wir!

Participles
Present	Past
reisend	gereist

Related Words
die Reise	journey	*der Reisescheck*	traveller's check
die Hinreise	outgoing trip	*der Reisepaß*	passport
die Rückreise	return trip	*die Reisetasche*	travelling bag
das Reisebüro	travel agency	*das Reiseziel*	destination

116 **reparieren** to repair

		ich	wir
weak		du	ihr
inseparable		er/sie/es	sie/Sie
transitive			

Indicative

Present Tense
repariere	reparieren
reparierst	repariert
repariert	reparieren

Narrative Past
reparierte	reparierten
repariertest	repariertet
reparierte	reparierten

Conversational Past
habe repariert	haben repariert
hast repariert	habt repariert
hat repariert	haben repariert

Past Perfect
hatte repariert	hatten repariert
hattest repariert	hattet repariert
hatte repariert	hatten repariert

Future
werde reparieren	werden reparieren
wirst reparieren	werdet reparieren
wird reparieren	werden reparieren

Future Perfect
werde repariert haben	werden repariert haben
wirst repariert haben	werdet repariert haben
wird repariert haben	werden repariert haben

Subjunctive

Present
repariere	reparieren
reparierest	reparieret
repariere	reparieren

Past
reparierte	reparierten
repariertest	repariertet
reparierte	reparierten

Present Perfect
habe repariert	haben repariert
habest repariert	habet repariert
habe repariert	haben repariert

Past Perfect
hätte repariert	hätten repariert
hättest repariert	hättet repariert
hätte repariert	hätten repariert

Conditional

Present
würde reparieren	würden reparieren
würdest reparieren	würdet reparieren
würde reparieren	würden reparieren

Perfect
würde repariert haben	würden repariert haben
würdest repariert haben	würdet repariert haben
würde repariert haben	würden repariert haben

Imperative
reparier(e)!	reparieren Sie!
repariert!	reparieren wir!

Participles

Present	Past
reparierend	repariert

Related Words

die Reparatur	repair	*der Reparaturkasten*	repair kit, tool box
reparaturbedürftig	in need of repair	*die Reparaturwerkstatt*	service station
reparaturfähig	repairable		

117 reservieren to reserve, book

weak
inseparable
transitive

		ich	wir
		du	ihr
		er/sie/es	sie/Sie

Indicative

Present Tense
reserviere	reservieren
reservierst	reserviert
reserviert	reservieren

Narrative Past
reservierte	reservierten
reserviertest	reserviertet
reservierte	reservierten

Conversational Past
habe reserviert	haben reserviert
hast reserviert	habt reserviert
hat reserviert	haben reserviert

Past Perfect
hatte reserviert	hatten reserviert
hattest reserviert	hattet reserviert
hatte reserviert	hatten reserviert

Future
werde reservieren	werden reservieren
wirst reservieren	werdet reservieren
wird reservieren	werden reservieren

Future Perfect
werde reserviert haben	werden reserviert haben
wirst reserviert haben	werdet reserviert haben
wird reserviert haben	werden reserviert haben

Subjunctive

Present
reserviere	reservieren
reservierest	reservieret
reserviere	reservieren

Past
reservierte	reservierten
reserviertest	reserviertet
reservierte	reservierten

Present Perfect
habe reserviert	haben reserviert
habest reserviert	habet reserviert
habe reserviert	haben reserviert

Past Perfect
hätte reserviert	hätten reserviert
hättest reserviert	hättet reserviert
hätte reserviert	hätten reserviert

Conditional

Present
würde reservieren	würden reservieren
würdest reservieren	würdet reservieren
würde reservieren	würden reservieren

Perfect
würde reserviert haben	würden reserviert haben
würdest reserviert haben	würdet reserviert haben
würde reserviert haben	würden reserviert haben

Imperative
reservier(e)!	reservieren Sie!
reserviert!	reservieren wir!

Participles

Present	Past
reservierend	reserviert

Related Words
die Reservierung	reservation	*die Reserviertheit*	reserve, reservedness

118 riecher to smell, scent

strong
inseparable
transitive/intransitive

	ich	wir
	du	ihr
	er/sie/es	sie/Sie

Indicative

Present Tense

riche	riechen
riechst	riecht
riecht	riechen

Narrative Past

roch	rochen
rochst	rocht
roch	rochen

Conversational Past

habe gerochen	haben gerochen
hast gerochen	habt gerochen
hat gerochen	haben gerochen

Past Perfect

hatte gerochen	hatten gerochen
hattest gerochen	hattet gerochen
hatte gerochen	hatten gerochen

Future

werde riechen	werden riechen
wirst riechen	werdet riechen
wird riechen	werden riechen

Future Perfect

werde gerochen haben	werden gerochen haben
wirst gerochen haben	werdet gerochen haben
wird gerochen haben	werden gerochen haben

Subjunctive

Present

rieche	riechen
riechest	riechet
rieche	riechen

Past

röche	röchen
röchest	röchet
röche	röchen

Present Perfect

habe gerochen	haben gerochen
habest gerochen	habet gerochen
habe gerochen	haben gerochen

Past Perfect

hätte gerochen	hätten gerochen
hättest gerochen	hättet gerochen
hätte gerochen	hätten gerochen

Conditional

Present

würde riechen	würden riechen
würdest riechen	würdet riechen
würde riechen	würden riechen

Perfect

würde gerochen haben	würden gerochen haben
würdest gerochen haben	würdet gerochen haben
würde gerochen haben	würden gerochen haben

Imperative

rich(e)!	riechen Sie!
riecht!	riechen wir!

Participles

Present
riechend

Past
gerochen

Related Words

der Geruch	smell, odor	geruchlos	odorless
Das kann ich doch nicht riechen!	How am I to know?	der Geruchssinn	sense of smell
		Lunte riechen	to get wind of it

119 rufen to call, shout

strong
inseparable
transitive/intransitive

		ich	wir
		du	ihr
		er/sie/es	sie/Sie

Indicative

Present Tense

rufe	rufen
rufst	ruft
ruft	rufen

Narrative Past

rief	riefen
riefst	rieft
rief	riefen

Conversational Past

habe gerufen	haben gerufen
hast gerufen	habt gerufen
hat gerufen	haben gerufen

Past Perfect

hatte gerufen	hatten gerufen
hattest gerufen	hattet gerufen
hatte gerufen	hatten gerufen

Future

werde rufen	werden rufen
wirst rufen	werdet rufen
wird rufen	werden rufen

Future Perfect

werde gerufen haben	werden gerufen haben
wirst gerufen haben	werdet gerufen haben
wird gerufen haben	werden gerufen haben

Subjunctive

Present

rufe	rufen
rufest	rufet
rufe	rufen

Past

riefe	riefen
riefest	riefet
riefe	riefen

Present Perfect

habe gerufen	haben gerufen
habest gerufen	habet gerufen
habe gerufen	haben gerufen

Past Perfect

hätte gerufen	hätten gerufen
hättest gerufen	hättet gerufen
hätte gerufen	hätten gerufen

Conditional

Present

würde rufen	würden rufen
würdest rufen	würdet rufen
würde rufen	würden rufen

Perfect

würde gerufen haben	würden gerufen haben
würdest gerufen haben	würdet gerufen haben
würde gerufen haben	würden gerufen haben

Imperative

ruf(e)!	rufen Sie!
ruft!	rufen wir!

Participles

Present	Past
rufend	gerufen

Related Words

der Ruf	call; reputation	*ausrufen*	to cry out, exclaim
anrufen	to telephone	*nachrufen*	to shout after
der Anruf	telephone call; reputation	*der Nachruf*	obituary
		die Rufnummer	phone number

120 sagen to say, tell, speak

weak			ich	wir
inseparable			du	ihr
transitive/intransitive			er/sie/es	sie/Sie

Indicative

Present Tense		**Narrative Past**	
sage	sagen	sagte	sagten
sagst	sagt	sagtest	sagtet
sagt	sagen	sagte	sagten

Conversational Past		**Past Perfect**	
habe gesagt	haben gesagt	hatte gesagt	hatten gesagt
hast gesagt	habt gesagt	hattest gesagt	hattet gesagt
hat gesagt	haben gesagt	hatte gesagt	hatten gesagt

Future		**Future Perfect**	
werde sagen	werden sagen	werde gesagt haben	werden gesagt haben
wirst sagen	werdet sagen	wirst gesagt haben	werdet gesagt haben
wird sagen	werden sagen	wird gesagt haben	werden gesagt haben

Subjunctive

Present		**Past**	
sage	sagen	sagte	sagten
sagest	saget	sagtest	sagtet
sage	sagen	sagte	sagten

Present Perfect		**Past Perfect**	
habe gesagt	haben gesagt	hätte gesagt	hätten gesagt
habest gesagt	habet gesagt	hättest gesagt	hättet gesagt
habe gesagt	haben gesagt	hätte gesagt	hätten gesagt

Conditional

Present		**Perfect**	
würde sagen	würden sagen	würde gesagt haben	würden gesagt haben
würdest sagen	würdet sagen	würdest gesagt haben	würdet gesagt haben
würde sagen	würden sagen	würde gesagt haben	würden gesagt haben

Imperative

sag(e)!	sagen Sie!
sagt!	sagen wir!

Participles

Present	**Past**
sagend	gesagt

Related Words

die Sage	legend	*die Aussage*	statement
die Ansage	announcement	*die Wettervorhersage*	weather forcast
das Hörensagen	rumour	*Wie gesagt...*	As I said...

121 schauen to see, look, view

weak
inseparable
transitive/intransitive

		ich	wir
		du	ihr
		er/sie/es	sie/Sie

Indicative

Present Tense
schaue	schauen
schaust	schaut
schaut	schauen

Narrative Past
schaute	schauten
schautest	schautet
schaute	schauten

Conversational Past
habe geschaut	haben geschaut
hast geschaut	habt geschaut
hat geschaut	haben geschaut

Past Perfect
hatte geschaut	hatten geschaut
hattest geschaut	hattet geschaut
hatte geschaut	hatten geschaut

Future
werde schauen	werden schauen
wirst schauen	werdet schauen
wird schauen	werden schauen

Future Perfect
werde geschaut haben	werden geschaut haben
wirst geschaut haben	werdet geschaut haben
wird geschaut haben	werden geschaut haben

Subjunctive

Present
schaue	schauen
schauest	schauet
schaue	schauen

Past
schaute	schauten
schautest	schautet
schaute	schauten

Present Perfect
habe geschaut	haben geschaut
habest geschaut	habet geschaut
habe geschaut	haben geschaut

Past Perfect
hätte geschaut	hätten geschaut
hättest geschaut	hättet geschaut
hätte geschaut	hätten geschaut

Conditional

Present
würde schauen	würden schauen
würdest schauen	würdet schauen
würde schauen	würden schauen

Perfect
würde geschaut haben	würden geschaut haben
würdest geschaut haben	würdet geschaut haben
würde geschaut haben	würden geschaut haben

Imperative
schau!	schauen Sie!
schaut!	schauen wir!

Participles

Present
schauend

Past
geschaut

Related Words

die Schau	show	*das Schaufenster*	shop window
schaulustig	curious	*die Schaustellung*	exhibition

122 schenken to give, present

weak	ich wir
inseparable	du ihr
transitive	er/sie/es sie/Sie

Indicative

Present Tense

schenke	schenken
schenkst	schenkt
schenkt	schenken

Narrative Past

schenkte	schenkten
schenktest	schenktet
schenkte	schenkten

Conversational Past

habe geschenkt	haben geschenkt
hast geschenkt	habt geschenkt
hat geschenkt	haben geschenkt

Past Perfect

hatte geschenkt	hatten geschenkt
hattest geschenkt	hattet geschenkt
hatte geschenkt	hatten geschenkt

Future

werde schenken	werden schenken
wirst schenken	werdet schenken
wird schenken	werden schenken

Future Perfect

werde geschenkt haben	werden geschenkt haben
wirst geschenkt haben	werdet geschenkt haben
wird geschenkt haben	werden geschenkt haben

Subjunctive

Present

schenke	schenken
schenkest	schenket
schenke	schenken

Past

schenkte	schenkten
schenktest	schenktet
schenkte	schenkten

Present Perfect

habe geschenkt	haben geschenkt
habest geschenkt	habet geschenkt
habe geschenkt	haben geschenkt

Past Perfect

hätte geschenkt	hätten geschenkt
hättest geschenkt	hättet geschenkt
hätte geschenkt	hätten geschenkt

Conditional

Present

würde schenken	würden schenken
würdest schenken	würdet schenken
würde schenken	würden schenken

Perfect

würde geschenkt haben	würden geschenkt haben
würdest geschenkt haben	würdet geschenkt haben
würde geschenkt haben	würden geschenkt haben

Imperative

schenk(e)!	schenken Sie!
schenkt!	schenken wir!

Participles

Present	Past
schenkend	geschenkt

Related Words

das Geschenk	present	ausschenken	to serve drinks
das Weihnachts- geschenk	Christmas present	am Ausschank	at the bar
die Schenkung	donation	einschenken	to fill (a glass)

158

123 schicken to send

weak
inseparable
transitive

ich	wir
du	ihr
er/sie/es	sie/Sie

Indicative

Present Tense
schicke	schicken
schickst	schickt
schickt	schicken

Narrative Past
schickte	schickten
schicktest	schicktet
schickte	schickten

Conversational Past
habe geschickt	haben geschickt
hast geschickt	habt geschickt
hat geschickt	haben geschickt

Past Perfect
hatte geschickt	hatten geschickt
hattest geschickt	hattet geschickt
hatte geschickt	hatten geschickt

Future
werde schicken	werden schicken
wirst schicken	werdet schicken
wird schicken	werden schicken

Future Perfect
werde geschickt haben	werden geschickt haben
wirst geschickt haben	werdet geschickt haben
wird geschickt haben	werden geschickt haben

Subjunctive

Present
schicke	schicken
schickest	schicket
schicke	schicken

Past
schickte	schickten
schicktest	schicktet
schickte	schickten

Present Perfect
habe geschickt	haben geschickt
habest geschickt	habet geschickt
habe geschickt	haben geschickt

Past Perfect
hätte geschickt	hätten geschickt
hättest geschickt	hättet geschickt
hätte geschickt	hätten geschickt

Conditional

Present
würde schicken	würden schicken
würdest schicken	würdet schicken
würde schicken	würden schicken

Perfect
würde geschickt haben	würden geschickt haben
würdest geschickt haben	würdet geschickt haben
würde geschickt haben	würden geschickt haben

Imperative
schick(e)!	schicken Sie!
schickt!	schicken wir!

Participles

Present	Past
schickend	geschickt

Related Words

ausschicken	to send out, dispatch	*sich anschicken*	prepare, get ready for
einschicken	to send in	*abschicken*	to mail

124 schlafen to sleep

strong
inseparable
intransitive

	ich	wir
	du	ihr
	er/sie/es	sie/Sie

Indicative

Present Tense
schlafe	schlafen
schläfst	schlaft
schläft	schlafen

Narrative Past
schlief	schliefen
schliefst	schlieft
schlief	schliefen

Conversational Past
habe geschlafen	haben geschlafen
hast geschlafen	habt geschlafen
hat geschlafen	haben geschlafen

Past Perfect
hatte geschlafen	hatten geschlafen
hattest geschlafen	hattet geschlafen
hatte geschlafen	hatten geschlafen

Future
werde schlafen	werden schlafen
wirst schlafen	werdet schlafen
wird schlafen	werden schlafen

Future Perfect
werde geschlafen haben	werden geschlafen haben
wirst geschlafen haben	werdet geschlafen haben
wird geschlafen haben	werden geschlafen haben

Subjunctive

Present
schlafe	schlafen
schlafest	schlafet
schlafe	schlafen

Past
schliefe	schliefen
schliefest	schliefet
schliefe	schliefen

Present Perfect
habe geschlafen	haben geschlafen
habest geschlafen	habet geschlafen
habe geschlafen	haben geschlafen

Past Perfect
hätte geschlafen	hätten geschlafen
hättest geschlafen	hättet geschlafen
hätte geschlafen	hätten geschlafen

Conditional

Present
würde schlafen	würden schlafen
würdest schlafen	würdet schlafen
würde schlafen	würden schlafen

Perfect
würde geschlafen haben	würden geschlafen haben
würdest geschlafen haben	würdet geschlafen haben
würde geschlafen haben	würden geschlafen haben

Imperative
schlaf(e)!	schlafen Sie!
schlaft!	schlafen wir!

Participles

Present	Past
schlafend	geschlafen

Related Words

der Schlaf	sleep	*ausschlafen*	to sleep one's fill
der/die Schläfer/in	sleeping person	*einschlafen*	to fall asleep
schläfrig	sleepy	*verschlafen*	to oversleep
schlaflos	sleepless	*das Schlafzimmer*	bedroom

125 schließen to close, shut, lock

strong
inseparable
transitive/intransitive

		ich	wir
		du	ihr
		er/sie/es	sie/Sie

Indicative

Present Tense
schließe	schließen
schließt	schließt
schließt	schließen

Narrative Past
schloß	schlossen
schloßt	schloßt
schloß	schlossen

Conversational Past
habe geschlossen	haben geschlossen
hast geschlossen	habt geschlossen
hat geschlossen	haben geschlossen

Past Perfect
hatte geschlossen	hatten geschlossen
hattest geschlossen	hattet geschlossen
hatte geschlossen	hatten geschlossen

Future
werde schließen	werden schließen
wirst schließen	werdet schließen
wird schließen	werden schließen

Future Perfect
werde geschlossen haben	werden geschlossen haben
wirst geschlossen haben	werdet geschlossen haben
wird geschlossen haben	werden geschlossen haben

Subjunctive

Present
schließe	schließen
schließest	schließet
schließe	schließen

Past
schlösse	schlössen
schlössest	schlösset
schlösse	schlössen

Present Perfect
habe geschlossen	haben geschlossen
habest geschlossen	habet geschlossen
habe geschlossen	haben geschlossen

Past Perfect
hätte geschlossen	hätten geschlossen
hättest geschlossen	hättet geschlossen
hätte geschlossen	hätten geschlossen

Conditional

Present
würde schließen	würden schließen
würdest schließen	würdet schließen
würde schließen	würden schließen

Perfect
würde geschlossen haben	würden geschlossen haben
würdest geschlossen haben	würdet geschlossen haben
würde geschlossen haben	würden geschlossen haben

Imperative
schließ(e)!	schließen Sie!
schließt!	schließen wir!

Participles

Present	Past
schließend	geschlossen

Related Words

das Schloß	lock, castle	*aufschließen*	to unlock
der Schlosser	locksmith	*einschließen*	to include, enclose, lock in
abschließen	to turn the key, lock up; finalize	*geschlossen*	closed

126 schmecken to taste, taste good

weak   ich   wir
inseparable   du   ihr
transitive/intransitive   er/sie/es   sie/Sie

Indicative

Present Tense

		Narrative Past	
schmecke	schmecken	schmeckte	schmeckten
schmeckst	schmeckt	schmecktest	schmecktet
schmeckt	schmecken	schmeckte	schmeckten

Conversational Past

		Past Perfect	
habe geschmeckt	haben geschmeckt	hatte geschmeckt	hatten geschmeckt
hast geschmeckt	habt geschmeckt	hattest geschmeckt	hattet geschmeckt
hat geschmeckt	haben geschmeckt	hatte geschmeckt	hatten geschmeckt

Future

		Future Perfect	
werde schmecken	werden schmecken	werde geschmeckt haben	werden geschmeckt haben
wirst schmecken	werdet schmecken	wirst geschmeckt haben	werdet geschmeckt haben
wird schmecken	werden schmecken	wird geschmeckt haben	werden geschmeckt haben

Subjunctive

Present

		Past	
schmecke	schmecken	schmeckte	schmeckten
schmeckest	schmecket	schmecktest	schmecktet
schmecke	schmecken	schmeckte	schmeckten

Present Perfect

		Past Perfect	
habe geschmeckt	haben geschmeckt	hätte geschmeckt	hätten geschmeckt
habest geschmeckt	habet geschmeckt	hättest geschmeckt	hättet geschmeckt
habe geschmeckt	haben geschmeckt	hätte geschmeckt	hätten geschmeckt

Conditional

Present

		Perfect	
würde schmecken	würden schmecken	würde geschmeckt haben	würden geschmeckt haben
würdest schmecken	würdet schmecken	würdest geschmeckt haben	würdet geschmeckt haben
würde schmecken	würden schmecken	würde geschmeckt haben	würden geschmeckt haben

Imperative

schmeck(e)!   schmecken Sie!
schmeckt!   schmecken wir!

Participles

Present	Past
schmeckend	geschmeckt

Related Words

der Geschmack	taste, flavor	*die Geschmackssache*	matter of taste
geschmacklich	as regards taste	*die Geschmacks-*	in bad taste
geschmacklos	tasteless	*widrigkeit*	
geschmackvoll	tasteful, in good taste		

127 schneien to snow

weak
inseparable
intransitive
impersonal

	ich	wir
	du	ihr
	er/sie/es	sie/Sie

Indicative

Present Tense
— —
schneit —

Narrative Past
— —
schneite —

Conversational Past
— —
hat geschneit —

Past Perfect
— —
hatte geschneit —

Future
— —
wird schneien —

Future Perfect
— —
wird geschneit haben —

Subjunctive

Present
— —
schneie —

Past
— —
schneite —

Present Perfect
— —
habe geschneit —

Past Perfect
— —
hätte geschneit —

Conditional

Present
— —
würde schneien —

Perfect
— —
würde geschneit
haben —

Imperative
— —
— —

Participles

Present
schneiend

Past
geschneit

Related Words

der Schnee	snow	*der Schneefall*	snowfall
das Schnee-gestöber	snow storm, flurry	*der Schneeregen*	sleety rain
der Schneematsch	slush	*der Schneesturm*	blizzard

128 schreiben to write

strong
inseparable
transitive/intransitive

ich wir
du ihr
er/sie/es sie/Sie

Indicative

Present Tense

		Narrative Past	
schreibe	schreiben	schrieb	schrieben
schreibst	schreibt	schriebst	schriebt
schreibt	schreiben	schrieb	schrieben

Conversational Past

		Past Perfect	
habe geschrieben	haben geschrieben	hatte geschrieben	hatten geschrieben
hast geschrieben	habt geschrieben	hattest geschrieben	hattet geschrieben
hat geschrieben	haben geschrieben	hatte geschrieben	hatten geschrieben

Future

		Future Perfect	
werde schreiben	werden schreiben	werde geschrieben haben	werden geschrieben haben
wirst schreiben	werdet schreiben	wirst geschrieben haben	werdet geschrieben haben
wird schreiben	werden schreiben	wird geschrieben haben	werden geschrieben haben

Subjunctive

Present

		Past	
schreibe	schreiben	schriebe	schrieben
schreibest	schreibet	schriebest	schriebet
schreibe	schreiben	schriebe	schrieben

Present Perfect

		Past Perfect	
habe geschrieben	haben geschrieben	hätte geschrieben	hätten geschrieben
habest geschrieben	habet geschrieben	hättest geschrieben	hättet geschrieben
habe geschrieben	haben geschrieben	hätte geschrieben	hätten geschrieben

Conditional

Present

		Perfect	
würde schreiben	würden schreiben	würde geschrieben haben	würden geschrieben haben
würdest schreiben	würdet schreiben	würdest geschrieben haben	würdet geschrieben haben
würde schreiben	würden schreiben	würde geschrieben haben	würden geschrieben haben

Imperative

schreib(e)!	schreiben Sie!
schreibt!	schreiben wir!

Participles

Present	Past
schreibend	geschrieben

Related Words

das Schreiben	note, letter	*schriftlich*	in writing
die Recht-schreibung	spelling; orthography	*abschreiben*	to copy
die Schreib-maschine	typewriter	*die Anschrift*	address
		die Schrift	writing, handwriting

164

129 schreien to shout, scream, shriek, cry

weak
inseparable
transitive/intransitive

		ich	wir
		du	ihr
		er/sie/es	sie/Sie

Indicative

Present Tense
schreie	schreien
schreist	schreit
schreit	schreien

Narrative Past
schrie	schrieen
schriest	schriet
schrie	schrieen

Conversational Past
habe geschrieen	haben geschrieen
hast geschrieen	habt geschrieen
hat geschrieen	haben geschrieen

Past Perfect
hatte geschrieen	hatten geschrieen
hattest geschrieen	hattet geschrieen
hatte geschrieen	hatten geschrieen

Future
werde schreien	werden schreien
wirst schreien	werdet schreien
wird schreien	werden schreien

Future Perfect
werde geschrieen haben	werden geschrieen haben
wirst geschrieen haben	werdet geschrieen haben
wird geschrieen haben	werden geschrieen haben

Subjunctive

Present
schreie	schreien
schreiest	schreiet
schreie	schreien

Past
schrie	schrieen
schrieest	schrieet
schrie	schrieen

Present Perfect
habe geschrieen	haben geschrieen
habest geschrieen	habet geschrieen
habe geschrieen	haben geschrieen

Past Perfect
hätte geschrieen	hätten geschrieen
hättest geschrieen	hättet geschrieen
hätte geschrieen	hätten geschrieen

Conditional

Present
würde schreien	würden schreien
würdest schreien	würdet schreien
würde schreien	würden schreien

Perfect
würde geschrieen haben	würden geschrieen haben
würdest geschrieen haben	würdet geschrieen haben
würde geschrieen haben	würden geschrieen haben

Imperative
schrei(e)!	schreien Sie!
schreit!	schreien wir!

Participles

Present
schreiend

Past
geschrieen

Related Words

der Schrei	cry	*aufschreien*	to cry out, give a yell
ausschreien	to cry out; proclaim	*der Aufschrei*	cry, scream; outcry
anschreien	to shout at	*der Schreihals*	bawler; crybaby

130 schwimmen to swim, float

strong
inseparable
intransitive

	ich	wir
	du	ihr
	er/sie/es	sie/Sie

Indicative

Present Tense

schwimme	schwimmen
schwimmst	schwimmt
schwimmt	schwimmen

Narrative Past

schwamm	schwammen
schwammst	schwammt
schwamm	schwammen

Conversational Past

bin geschwommen	sind geschwommen
bist geschwommen	seid geschwommen
ist geschwommen	sind geschwommen

Past Perfect

war geschwommen	waren geschwommen
warst geschwommen	wart geschwommen
war geschwommen	waren geschwommen

Future

werde schwimmen	werden schwimmen
wirst schwimmen	werdet schwimmen
wird schwimmen	werden schwimmen

Future Perfect

werde geschwommen sein	werden geschwommen sein
wirst geschwommen sein	werdet geschwommen sein
wird geschwommen sein	werden geschwommen sein

Subjunctive

Present

schwimme	schwimmen
schwimmest	schwimmet
schwimme	schwimmen

Past

schwömme	schwömmen
schwömmest	schwömmet
schwömme	schwömmen

Present Perfect

sei geschwommen	seien geschwommen
seiest geschwommen	seiet geschwommen
sei geschwommen	seien geschwommen

Past Perfect

wäre geschwommen	wären geschwommen
wärest geschwommen	wäret geschwommen
wäre geschwommen	wären geschwommen

Conditional

Present

würde schwimmen	würden schwimmen
würdest schwimmen	würdet schwimmen
würde schwimmen	würden schwimmen

Perfect

würde geschwommen sein	würden geschwommen sein
würdest geschwommen sein	würdet geschwommen sein
würde geschwommen sein	würden geschwommen sein

Imperative

schwimm(e)!	schwimmen Sie!
schwimmt!	schwimmen wir!

Participles

Present	Past
schwimmend	geschwommen

Related Words

der/die Schwimmer/in	swimmer	die Schwimmweste	life jacket
		das Schwimmbad	swimming pool

131 sehen to see, realize

strong
inseparable
transitive/intransitive

	ich	wir
	du	ihr
	er/sie/es	sie/Sie

Indicative

Present Tense
sehe	sehen
siehst	seht
sieht	sehen

Narrative Past
sah	sahen
sahst	saht
sah	sahen

Conversational Past
habe gesehen	haben gesehen
hast gesehen	habt gesehen
hat gesehen	haben gesehen

Past Perfect
hatte gesehen	hatten gesehen
hattest gesehen	hattet gesehen
hatte gesehen	hatten gesehen

Future
werde sehen	werden sehen
wirst sehen	werdet sehen
wird sehen	werden sehen

Future Perfect
werde gesehen haben	werden gesehen haben
wirst gesehen haben	werdet gesehen haben
wird gesehen haben	werden gesehen haben

Subjunctive

Present
sehe	sehen
sehest	sehet
sehe	sehen

Past
sähe	sähen
sähest	sähet
sähe	sähen

Present Perfect
habe gesehen	haben gesehen
habest gesehen	habet gesehen
habe gesehen	haben gesehen

Past Perfect
hätte gesehen	hätten gesehen
hättest gesehen	hättet gesehen
hätte gesehen	hätten gesehen

Conditional

Present
würde sehen	würden sehen
würdest sehen	würdet sehen
würde sehen	würden sehen

Perfect
würde gesehen haben	würden gesehen haben
würdest gesehen haben	würdet gesehen haben
würde gesehen haben	würden gesehen haben

Imperative
sieh!	sehen Sie!
seht!	sehen wir!

Participles

Present	Past
sehend	gesehen

Related Words

ansehen	to look at	*die Einsicht*	insight
das Ansehen	reputation	*die Nachsicht*	leniency
aussehen	to look like	*die Ansicht*	view, sight
das Aussehen	looks	*die Aussicht*	view, outlook

132 sein to be, exist

strong
inseparable
intransitive
(auxiliary)

	ich	wir
	du	ihr
	er/sie/es	sie/Sie

Indicative

Present Tense
bin	sind
bist	seid
ist	sind

Narrative Past
war	waren
warst	wart
war	waren

Conversational Past
bin gewesen	sind gewesen
bist gewesen	seid gewesen
ist gewesen	sind gewesen

Past Perfect
war gewesen	waren gewesen
warst gewesen	wart gewesen
war gewesen	waren gewesen

Future
werde sein	werden sein
wirst sein	werdet sein
wird sein	werden sein

Future Perfect
werde gewesen sein	werden gewesen sein
wirst gewesen sein	werdet gewesen sein
wird gewesen sein	werden gewesen sein

Subjunctive

Present
sei	seien
seist	seiet
sei	seien

Past
wäre	wären
wärest	wäret
wäre	wären

Present Perfect
sei gewesen	seien gewesen
seiest gewesen	seiet gewesen
sei gewesen	seien gewesen

Past Perfect
wäre gewesen	wären gewesen
wärest gewesen	wäret gewesen
wäre gewesen	wären gewesen

Conditional

Present
würde sein	würden sein
würdest sein	würdet sein
würde sein	würden sein

Perfect
würde gewesen sein	würden gewesen sein
würdest gewesen sein	würdet gewesen sein
würde gewesen sein	würden gewesen sein

Imperative
sei!	seien Sie!
seid!	seien wir!

Participles

Present
seiend

Past
gewesen

Related Words

das Sein, das Dasein	existence	Muß das sein?	Is that necessary?
Es sei denn, daß...	unless	Was soll das denn sein?	What does that mean?
Das wär's!	That's all!	Laß das sein!	Stop that!

133 senden to send, transmit, broadcast

strong
inseparable
transitive/intransitive

	ich	wir
	du	ihr
	er/sie/es	sie/Sie

Indicative

Present Tense

sende	senden
sendest	sendet
sendet	senden

Narrative Past

sandte	sandten
sandtest	sandtet
sandte	sandten

Conversational Past

habe gesandt	haben gesandt
hast gesandt	habt gesandt
hat gesandt	haben gesandt

Past Perfect

hatte gesandt	hatten gesandt
hattest gesandt	hattet gesandt
hatte gesandt	hatten gesandt

Future

werde senden	werden senden
wirst senden	werdet senden
wird senden	werden senden

Future Perfect

werde gesandt haben	werden gesandt haben
wirst gesandt haben	werdet gesandt haben
wird gesandt haben	werden gesandt haben

Subjunctive

Present

sende	senden
sendest	sendet
sende	senden

Past

sendete	sendeten
sendetest	sendetet
sendete	sendeten

Present Perfect

habe gesandt	haben gesandt
habest gesandt	habet gesandt
habe gesandt	haben gesandt

Past Perfect

hätte gesandt	hätten gesandt
hättest gesandt	hättet gesandt
hätte gesandt	hätten gesandt

Conditional

Present

würde senden	würden senden
würdest senden	würdet senden
würde senden	würden senden

Perfect

würde gesandt haben	würden gesandt haben
würdest gesandt haben	würdet gesandt haben
würde gesandt haben	würden gesandt haben

Imperative

send(e)!	senden Sie!
sendet!	senden wir!

Participles

Present

sendend

Past

gesandt

Related Words

die Sendung	broadcast; shipment; transmission	die Sendergruppe	network
		der Absender	return address
		der Sender	broadcasting station
der Sendeturm	radio tower	die Sendezeit	station time
das Sendezeichen	call sign	sendebereit sein	stand by

134 setzen to put, place (reflexive: to sit down)

weak
inseparable
transitive
(reflexive)

	ich	wir
	du	ihr
	er/sie/es	sie/Sie

Indicative

Present Tense
setze	setzen
setzt	setzt
setzt	setzen

Narrative Past
setzte	setzten
setztest	setztet
setzte	setzten

Conversational Past
habe gesetzt	haben gesetzt
hast gesetzt	habt gesetzt
hat gesetzt	haben gesetzt

Past Perfect
hatte gesetzt	hatten gesetzt
hattest gesetzt	hattet gesetzt
hatte gesetzt	hatten gesetzt

Future
werde setzen	werden setzen
wirst setzen	werdet setzen
wird setzen	werden setzen

Future Perfect
werde gesetzt haben	werden gesetzt haben
wirst gesetzt haben	werdet gesetzt haben
wird gesetzt haben	werden gesetzt haben

Subjunctive

Present
setze	setzen
setzest	setzet
setze	setzen

Past
setzte	setzten
setztest	setztet
setzte	setzten

Present Perfect
habe gesetzt	haben gesetzt
habest gesetzt	habet gesetzt
habe gesetzt	haben gesetzt

Past Perfect
hätte gesetzt	hätten gesetzt
hättest gesetzt	hättet gesetzt
hätte gesetzt	hätten gesetzt

Conditional

Present
würde setzen	würden setzen
würdest setzen	würdet setzen
würde setzen	würden setzen

Perfect
würde gesetzt haben	würden gesetzt haben
würdest gesetzt haben	würdet gesetzt haben
würde gesetzt haben	würden gesetzt haben

Imperative
setz!	setzen Sie!
setzt!	setzen wir!

Participles

Present
setzend

Past
gesetzt

Related Words

der Satz	sentence	*fortsetzen*	to continue
sich durchsetzen	to make one's way, succeed	*sich widersetzen*	to resist
		besetzt	occupied
Bitte, setzen Sie sich!	Please, take a seat.	*übersetzen*	to translate

170

135 singen to sing

strong
inseparable
transitive/intransitive

ich   wir
du   ihr
er/sie/es   sie/Sie

Indicative

Present Tense

singe	singen
singst	singt
singt	singen

Narrative Past

sang	sangen
sangst	sangt
sang	sangen

Conversational Past

habe gesungen	haben gesungen
hast gesungen	habt gesungen
hat gesungen	haben gesungen

Past Perfect

hatte gesungen	hatten gesungen
hattest gesungen	hattet gesungen
hatte gesungen	hatten gesungen

Future

werde singen	werden singen
wirst singen	werdet singen
wird singen	werden singen

Future Perfect

werde gesungen haben	werden gesungen haben
wirst gesungen haben	werdet gesungen haben
wird gesungen haben	werden gesungen haben

Subjunctive

Present

singe	singen
singest	singet
singe	singen

Past

sänge	sängen
sängest	sänget
sänge	sängen

Present Perfect

habe gesungen	haben gesungen
habest gesungen	habet gesungen
habe gesungen	haben gesungen

Past Perfect

hätte gesungen	hätten gesungen
hättest gesungen	hättet gesungen
hätte gesungen	hätten gesungen

Conditional

Present

würde singen	würden singen
würdest singen	würdet singen
würde singen	würden singen

Perfect

würde gesungen haben	würden gesungen haben
würdest gesungen haben	würdet gesungen haben
würde gesungen haben	würden gesungen haben

Imperative

sing(e)!	singen Sie!
singt!	singen wir!

Participles

Present	Past
singend	gesungen

Related Words

der/die Sänger/in	singer	die Singstimme	singing voice
der Gesang	singing	das Gesangbuch	song book
singbar	vocal		

136 sitzen to sit, stay

strong
inseparable
intransitive

	ich	wir
	du	ihr
	er/sie/es	sie/Sie

Indicative

Present Tense
sitze	sitzen
sitzt	sitzt
sitzt	sitzen

Narrative Past
saß	saßen
saßest	saßt
saß	saßen

Conversational Past
habe gesessen	haben gesessen
hast gesessen	habt gesessen
hat gesessen	haben gesessen

Past Perfect
hatte gesessen	hatten gesessen
hattest gesessen	hattet gesessen
hatte gesessen	hatten gesessen

Future
werde sitzen	werden sitzen
wirst sitzen	werdet sitzen
wird sitzen	werden sitzen

Future Perfect
werde gesessen haben	werden gesessen haben
wirst gesessen haben	werdet gesessen haben
wird gesessen haben	werden gesessen haben

Subjunctive

Present
sitze	sitzen
sitzest	sitzet
sitze	sitzen

Past
säße	säßen
säßest	säßet
säße	säßen

Present Perfect
habe gesessen	haben gesessen
habest gesessen	habt gesessen
habe gesessen	haben gesessen

Past Perfect
hätte gesessen	hätten gesessen
hättest gesessen	hättet gesessen
hätte gesessen	hätten gesessen

Conditional

Present
würde sitzen	würden sitzen
würdest sitzen	würdet sitzen
würde sitzen	würden sitzen

Perfect
würde gesessen haben	würden gesessen haben
würdest gesessen haben	würdet gesessen haben
würde gesessen haben	würden gesessen haben

Imperative
sitz!	sitzen Sie!
sitzt!	sitzen wir!

Participles
Present
sitzend

Past
gesessen

Related Words
der Sitz	seat	*die Sitzordnung*	seating arrangements
das Sitzfleisch	perserverance	*sitzen bleiben*	to remain seated
die Sitzung	meeting, conference	*sitzen lassen*	to leave, abandon
		die Sitzbank	bench

137 sollen shall, to be supposed to

weak
inseparable
intransitive
modal

		ich	wir
		du	ihr
		er/sie/es	sie/Sie

Indicative

Present Tense
		Narrative Past	
soll	sollen	sollte	sollten
sollst	sollt	solltest	solltet
soll	sollen	sollte	sollten

Conversational Past
		Past Perfect	
habe gesollt	haben gesollt	hatte gesollt	hatten gesollt
hast gesollt	habt gesollt	hattest gesollt	hattet gesollt
hat gesollt	haben gesollt	hatte gesollt	hatten gesollt

Future
		Future Perfect	
werde sollen	werden sollen	werde gesollt haben	werden gesollt haben
wirst sollen	werdet sollen	wirst gesollt haben	werdet gesollt haben
wird sollen	werden sollen	wird gesollt haben	werden gesollt haben

Subjunctive

Present
		Past	
solle	sollen	sollte	sollten
sollest	sollet	solltest	solltet
solle	sollen	sollte	sollten

Present Perfect
		Past Perfect	
habe gesollt	haben gesollt	hätte gesollt	hätten gesollt
habest gesollt	habet gesollt	hättest gesollt	hättet gesollt
habe gesollt	haben gesollt	hätte gesollt	hätten gesollt

Conditional

Present
		Perfect	
würde sollen	würden sollen	würde gesollt haben	würden gesollt haben
würdest sollen	würdet sollen	würdest gesollt haben	würdet gesollt haben
würde sollen	würden sollen	würde gesollt haben	würden gesollt haben

Imperative
—	—
—	—

Participles

Present	Past
sollend	gesollt

Related Words

das Soll	debit, duty, obligation	*Was soll das?*	What's the meaning of this?
Was soll ich tun?	What am I to do?	*Es hat nicht sollen sein.*	It was not to be.

138 sparen to save (money, time, strength)

weak		ich	wir
inseparable		du	ihr
transitive/intransitive		er/sie/es	sie/Sie

Indicative

Present Tense

spare	sparen
sparst	spart
spart	sparen

Narrative Past

sparte	sparten
spartest	spartet
sparte	sparten

Conversational Past

habe gespart	haben gespart
hast gespart	habt gespart
hat gespart	haben gespart

Past Perfect

hatte gespart	hatten gespart
hattest gespart	hattet gespart
hatte gespart	hatten gespart

Future

werde sparen	werden sparen
wirst sparen	werdet sparen
wird sparen	werden sparen

Future Perfect

werde gespart haben	werden gespart haben
wirst gespart haben	werdet gespart haben
wird gespart haben	werden gespart haben

Subjunctive

Present

spare	sparen
sparest	sparet
spare	sparen

Past

sparte	sparten
spartest	spartet
sparte	sparten

Present Perfect

habe gespart	haben gespart
habest gespart	habet gespart
habe gespart	haben gespart

Past Perfect

hätte gespart	hätten gespart
hättest gespart	hättet gespart
hätte gespart	hätten gespart

Conditional

Present

würde sparen	würden sparen
würdest sparen	würdet sparen
würde sparen	würden sparen

Perfect

würde gespart haben	würden gespart haben
würdest gespart haben	würdet gespart haben
würde gespart haben	würden gespart haben

Imperative

spar(e)!	sparen Sie!
spart!	sparen wir!

Participles

Present
sparend

Past
gespart

Related Words

die Sparkasse	savings bank	das Sparguthaben	savings balance
das Sparkonto	savings account	sparsam	thrifty
die Sparbüchse	money box	die Sparflamme	pilot light

139 **spazieren** to walk, stroll

strong
inseparable
intransitive

	ich	wir
	du	ihr
	er/sie/es	sie/Sie

Indicative

Present Tense

spaziere	spazieren		
spazierst	spaziert		
spaziert	spazieren		

Narrative Past

spazierte	spazierten
spaziertest	spaziertet
spazierte	spazierten

Conversational Past

bin spaziert	sind spaziert
bist spaziert	seid spaziert
ist spaziert	sind spaziert

Past Perfect

war spaziert	waren spaziert
warst spaziert	wart spaziert
war spaziert	waren spaziert

Future

werde spazieren	werden spazieren
wirst spazieren	werdet spazieren
wird spazieren	werden spazieren

Future Perfect

werde spaziert sein	werden spaziert sein
wirst spaziert sein	werdet spaziert sein
wird spaziert sein	werden spaziert sein

Subjunctive

Present

spaziere	spazieren
spazierest	spazieret
spaziere	spazieren

Past

spazierte	spazierten
spaziertest	spaziertet
spazierte	spazierten

Present Perfect

sei spaziert	seien spaziert
seiest spaziert	seiet spaziert
sei spaziert	seien spaziert

Past Perfect

wäre spaziert	wären spaziert
wärest spaziert	wäret spaziert
wäre spaziert	wären spaziert

Conditional

Present

würde spazieren	würden spazieren
würdest spazieren	würdet spazieren
würde spazieren	würden spazieren

Perfect

würde spaziert sein	würden spaziert sein
würdest spaziert sein	würdet spaziert sein
würde spaziert sein	würden spaziert sein

Imperative

spazier(e)!	spazieren Sie!
spaziert!	spazieren wir!

Participles

Present	Past
spazierend	spaziert

Related Words

spazieren fahren	to go for a drive	*spazieren gehen*	to take a walk, stroll
die Spazierfahrt	drive, ride	*der Spaziergang*	walk, promenade
spazieren führen	to take out for a walk	*der/die Spaziergänger/in*	walker, stroller

140 spielen to play, act

weak
inseparable
transitive/intransitive

ich wir
du ihr
er/sie/es sie/Sie

Indicative

Present Tense

spiele	spielen
spielst	spielt
spielt	spielen

Narrative Past

spielte	spielten
spieltest	spieltet
spielte	spielten

Conversational Past

habe gespielt	haben gespielt
hast gespielt	habt gespielt
hat gespielt	haben gespielt

Past Perfect

hatte gespielt	hatten gespielt
hattest gespielt	hattet gespielt
hatte gespielt	hatten gespielt

Future

werde spielen	werden spielen
wirst spielen	werdet spielen
wird spielen	werden spielen

Future Perfect

werde gespielt haben	werden gespielt haben
wirst gespielt haben	werdet gespielt haben
wird gespielt haben	werden gespielt haben

Subjunctive

Present

spiele	spielen
spielest	spielet
spiele	spielen

Past

spielte	spielten
spieltest	spieltet
spielte	spielten

Present Perfect

habe gespielt	haben gespielt
habest gespielt	habet gespielt
habe gespielt	haben gespielt

Past Perfect

hätte gespielt	hätten gespielt
hättest gespielt	hättet gespielt
hätte gespielt	hätten gespielt

Conditional

Present

würde spielen	würden spielen
würdest spielen	würdet spielen
würde spielen	würden spielen

Perfect

würde gespielt haben	würden gespielt haben
würdest gespielt haben	würdet gespielt haben
würde gespielt haben	würden gespielt haben

Imperative

| spiel(e)! | spielen Sie! |
| spielt! | spielen wir! |

Participles

| Present | Past |
| spielend | gespielt |

Related Words

das Spiel	game	die Spielschuld	gambling debt
das Spielzeug	toy	das Schauspiel	spectacle; stage play
mitspielen	to join in	der/die Schauspieler/in	actor/actress
der/die Spieler/in	player; gambler		

176

141 sprechen to speak, talk

strong
inseparable
transitive/intransitive

ich wir
du ihr
er/sie/es sie/Sie

Indicative

Present Tense

spreche	sprechen
sprichst	sprecht
spricht	sprechen

Narrative Past

sprach	sprachen
sprachst	spracht
sprach	sprachen

Conversational Past

habe gesprochen	haben gesprochen
hast gesprochen	habt gesprochen
hat gesprochen	haben gesprochen

Past Perfect

hatte gesprochen	hatten gesprochen
hattest gesprochen	hattet gesprochen
hatte gesprochen	hatten gesprochen

Future

werde sprechen	werden sprechen
wirst sprechen	werdet sprechen
wird sprechen	werden sprechen

Future Perfect

werde gesprochen haben	werden gesprochen haben
wirst gesprochen haben	werdet gesprochen haben
wird gesprochen haben	werden gesprochen haben

Subjunctive

Present

spreche	sprechen
sprechest	sprechet
spreche	sprechen

Past

spräche	sprächen
sprächest	sprächet
spräche	sprächen

Present Perfect

habe gesprochen	haben gesprochen
habest gesprochen	habet gesprochen
habe gesprochen	haben gesprochen

Past Perfect

hätte gesprochen	hätten gesprochen
hättest gesprochen	hättet gesprochen
hätte gesprochen	hätten gesprochen

Conditional

Present

würde sprechen	würden sprechen
würdest sprechen	würdet sprechen
würde sprechen	würden sprechen

Perfect

würde gesprochen haben	würden gesprochen haben
würdest gesprochen haben	würdet gesprochen haben
würde gesprochen haben	würden gesprochen haben

Imperative

sprich!	sprechen Sie!
sprecht!	sprechen wir!

Participles

Present

sprechend

Past

gesprochen

Related Words

der/die Sprecher/in	speaker	sprachlos	speechless
die Sprache	language	der Lautsprecher	loudspeaker
der Sprachfehler	speech impediment	der Sprachfehler	slip of the tongue
		die Ansprache	speech, address

142 stehen to stand, stop, be located

strong		ich	wir
inseparable		du	ihr
intransitive		er/sie/es	sie/Sie

Indicative

Present Tense
stehe	stehen
stehst	steht
steht	stehen

Narrative Past
stand	standen
standst	standet
stand	standen

Conversational Past
habe gestanden	haben gestanden
hast gestanden	habt gestanden
hat gestanden	haben gestanden

Past Perfect
hatte gestanden	hatten gestanden
hattest gestanden	hattet gestanden
hatte gestanden	hatten gestanden

Future
werde stehen	werden stehen
wirst stehen	werdet stehen
wird stehen	werden stehen

Future Perfect
werde gestanden haben	werden gestanden haben
wirst gestanden haben	werdet gestanden haben
wird gestanden haben	werden gestanden haben

Subjunctive

Present
stehe	stehen
stehest	stehet
stehe	stehen

Past
stände*	stände*
ständest*	ständet*
stände*	ständen*

Present Perfect
habe gestanden	haben gestanden
habest gestanden	habet gestanden
habe gestanden	haben gestanden

Past Perfect
hätte gestanden	hätten gestanden
hättest gestanden	hättet gestanden
hätte gestanden	hätten gestanden

Conditional

Present
würde stehen	würden stehen
würdest stehen	würdet stehen
würde stehen	würden stehen

Perfect
würde gestanden haben	würden gestanden haben
würdest gestanden haben	würdet gestanden haben
würde gestanden haben	würden gestanden haben

Imperative
steh(e)!	stehen Sie!
steht!	stehen wir!

Participles

Present
stehend

Past
gestanden

Related Words

stehen bleiben	to remain standing	*stehen lassen*	to keep standing; leave alone
widerstehen	to resist	*die Stehlampe*	floor lamp
das Stehvermögen	stamina		

* Or: *stünde, stündest, stünde, stünden, stündet, stünden*

143 steigen to climb, increase, rise

strong
separable
intransitive

	ich	wir
	du	ihr
	er/sie/es	sie/Sie

Indicative

Present Tense
steige	steigen
steigst	steigt
steigt	steigen

Narrative Past
stieg	stiegen
stiegst	stiegt
stieg	stiegen

Conversational Past
bin gestiegen	sind gestiegen
bist gestiegen	seid gestiegen
ist gestiegen	sind gestiegen

Past Perfect
war gestiegen	waren gestiegen
warst gestiegen	wart gestiegen
war gestiegen	waren gestiegen

Future
werde steigen	werden steigen
wirst steigen	werdet steigen
wird steigen	werden steigen

Future Perfect
werde gestiegen sein	werden gestiegen sein
wirst gestiegen sein	werdet gestiegen sein
wird gestiegen sein	werden gestiegen sein

Subjunctive

Present
steige	steigen
steigest	steiget
steige	steigen

Past
stiege	stiegen
stiegest	stieget
stiege	stiegen

Present Perfect
sei gestiegen	seien gestiegen
seiest gestiegen	seiet gestiegen
sei gestiegen	seien gestiegen

Past Perfect
wäre gestiegen	wären gestiegen
wärest gestiegen	wäret gestiegen
wäre gestiegen	wären gestiegen

Conditional

Present
würde steigen	würden steigen
würdest steigen	würdet steigen
würde steigen	würden steigen

Perfect
würde gestiegen sein	würden gestiegen sein
würdest gestiegen sein	würdet gestiegen sein
würde gestiegen sein	würden gestiegen sein

Imperative
steig(e)!	steigen Sie!
steigt!	steigen wir!

Participles

Present
steigend

Past
gestiegen

Related Words

aufsteigen	to go up, ascend	*einsteigen*	to get into, board
aussteigen	to get out, get off	*umsteigen*	to change (bus, train)
ansteigen	to increase	*der Anstieg*	increase
nachsteigen	to go after (someone)	*der Aufstieg*	ascent

144 stellen to put, place

weak		ich	wir
inseparable		du	ihr
transitive		er/sie/es	sie/Sie

Indicative

Present Tense
stelle	stellen
stellst	stellt
stellt	stellen

Narrative Past
stellte	stellten
stelltest	stelltet
stellte	stellten

Conversational Past
habe gestellt	haben gestellt
hast gestellt	habt gestellt
hat gestellt	haben gestellt

Past Perfect
hatte gestellt	hatten gestellt
hattest gestellt	hattet gestellt
hatte gestellt	hatten gestellt

Future
werde stellen	werden stellen
wirst stellen	werdet stellen
wird stellen	werden stellen

Future Perfect
werde gestellt haben	werden gestellt haben
wirst gestellt haben	werdet gestellt haben
wird gestellt haben	werden gestellt haben

Subjunctive

Present
stelle	stellen
stellest	stellet
stelle	stellen

Past
stellte	stellten
stelltest	stelltet
stellte	stellten

Present Perfect
habe gestellt	haben gestellt
habest gestellt	habet gestellt
habe gestellt	haben gestellt

Past Perfect
hätte gestellt	hätten gestellt
hättest gestellt	hättet gestellt
hätte gestellt	hätten gestellt

Conditional

Present
würde stellen	würden stellen
würdest stellen	würdet stellen
würde stellen	würden stellen

Perfect
würde gestellt haben	würden gestellt haben
würdest gestellt haben	würdet gestellt haben
würde gestellt haben	würden gestellt haben

Imperative
stelle!	stellen Sie!
stellt!	stellen wir!

Participles

Present
stellend

Past
gestellt

Related Words

die Stelle	place; position; job	der/die Stellvertreter/in	representative
die Stellung	employment, position	einstellen	to put in; employ
		die Ausstellung	exhibition
stellenweise	here and there	das Stellenangebot	want ads

145 stören to disturb, upset, trouble

weak
inseparable
transitive/intransitive

	ich	wir
	du	ihr
	er/sie/es	sie/Sie

Indicative

Present Tense
störe	stören
störst	stört
stört	stören

Narrative Past
störte	störten
störtest	störtet
störte	störten

Conversational Past
habe gestört	haben gestört
hast gestört	habt gestört
hat gestört	haben gestört

Past Perfect
hatte gestört	hatten gestört
hattest gestört	hattet gestört
hatte gestört	hatten gestört

Future
werde stören	werden stören
wirst stören	werdet stören
wird stören	werden stören

Future Perfect
werde gestört haben	werden gestört haben
wirst gestört haben	werdet gestört haben
wird gestört haben	werden gestört haben

Subjunctive

Present
störe	stören
störest	störet
störe	stören

Past
störte	störten
störtest	störtet
störte	störten

Present Perfect
habe gestört	haben gestört
habest gestört	habet gestört
habe gestört	haben gestört

Past Perfect
hätte gestört	hätten gestört
hättest gestört	hättet gestört
hätte gestört	hätten gestört

Conditional

Present
würde stören	würden stören
würdest stören	würdet stören
würde stören	würden stören

Perfect
würde gestört haben	würden gestört haben
würdest gestört haben	würdet gestört haben
würde gestört haben	würden gestört haben

Imperative
stör(e)!	stören Sie!
stört!	stören wir!

Participles

Present
störend

Past
gestört

Related Words

die Störung	disturbance, annoyance	*störungsfrei*	undisturbed
		die Störungsstelle	trouble spot
der/die Störer/in	disturber, intruder	*ungestört*	undisturbed, peaceful
verstört	bewildered		

146 studieren to study, be in school

weak
inseparable
transitive/intransitive

ich   wir
du   ihr
er/sie/es   sie/Sie

Indicative

Present Tense

studiere	studieren		
studierst	studiert		
studiert	studieren		

Narrative Past

studierte	studierten		
studiertest	studiertet		
studierte	studierten		

Conversational Past

habe studiert	haben studiert
hast studiert	habt studiert
hat studiert	haben studiert

Past Perfect

hatte studiert	hatten studiert
hattest studiert	hattet studiert
hatte studiert	hatten studiert

Future

werde studieren	werden studieren
wirst studieren	werdet studieren
wird studieren	werden studieren

Future Perfect

werde studiert haben	werden studiert haben
wirst studiert haben	werdet studiert haben
wird studiert haben	werden studiert haben

Subjunctive

Present

studiere	studieren
studierest	studieret
studiere	studieren

Past

studierte	studierten
studiertest	studiertet
studierte	studierten

Present Perfect

habe studiert	haben studiert
habest studiert	habet studiert
habe studiert	haben studiert

Past Perfect

hätte studiert	hätten studiert
hättest studiert	hättet studiert
hätte studiert	hätten studiert

Conditional

Present

würde studieren	würden studieren
würdest studieren	würdet studieren
würde studieren	würden studieren

Perfect

würde studiert haben	würden studiert haben
würdest studiert haben	würdet studiert haben
würde studiert haben	würden studiert haben

Imperative

studier(e)!	studieren Sie!
studiert!	studieren wir!

Participles

Present
studierend

Past
studiert

Related Words

das Studieren	studying	die Studie	study; essay
studiert	educated	der Studienplan	curriculum
der/die Student/in	student	das Studierzimmer	study (room)
die Studentenschaft	student body		

147 suchen to look for, search

weak
inseparable
transitive/intransitive

ich wir
du ihr
er/sie/es sie/Sie

Indicative

Present Tense
suche	suchen
suchst	sucht
sucht	suchen

Narrative Past
suchte	suchten
suchtest	suchtet
suchte	suchten

Conversational Past
habe gesucht	haben gesucht
hast gesucht	habt gesucht
hat gesucht	haben gesucht

Past Perfect
hatte gesucht	hatten gesucht
hattest gesucht	hattet gesucht
hatte gesucht	hatten gesucht

Future
werde suchen	werden suchen
wirst suchen	werdet suchen
wird suchen	werden suchen

Future Perfect
werde gesucht haben	werden gesucht haben
wirst gesucht haben	werdet gesucht haben
wird gesucht haben	werden gesucht haben

Subjunctive

Present
suche	suchen
suchest	suchet
suche	suchen

Past
suchte	suchten
suchtest	suchtet
suchte	suchten

Present Perfect
habe gesucht	haben gesucht
habest gesucht	habet gesucht
habe gesucht	haben gesucht

Past Perfect
hätte gesucht	hätten gesucht
hättest gesucht	hättet gesucht
hätte gesucht	hätten gesucht

Conditional

Present
würde suchen	würden suchen
würdest suchen	würdet suchen
würde suchen	würden suchen

Perfect
würde gesucht haben	würden gesucht haben
würdest gesucht haben	würdet gesucht haben
würde gesucht haben	würden gesucht haben

Imperative
such(e)!   suchen Sie!
sucht!   suchen wir!

Participles
Present
suchend

Past
gesucht

Related Words
die Suche	search, hunt	ansuchen	to apply (to); solicit
der Besuch	visit	aufsuchen	to seek out, locate
die Suchanzeige	want ad	aussuchen	to pick out, select
nachsuchen	to search for	besuchen	to visit

148 tragen to carry, bear, wear

strong
inseparable
transitive/intransitive

	ich	wir
	du	ihr
	er/sie/es	sie/Sie

Indicative

Present Tense

trage	tragen
trägst	tragt
trägt	tragen

Narrative Past

trug	trugen
trugst	trugt
trug	trugen

Conversational Past

habe getragen	haben getragen
hast getragen	habt getragen
hat getragen	haben getragen

Past Perfect

hatte getragen	hatten getragen
hattest getragen	hattet getragen
hatte getragen	hatten getragen

Future

werde tragen	werden tragen
wirst tragen	werdet tragen
wird tragen	werden tragen

Future Perfect

werde getragen haben	werden getragen haben
wirst getragen haben	werdet getragen haben
wird getragen haben	werden getragen haben

Subjunctive

Present

trage	tragen
tragest	traget
trage	tragen

Past

trüge	trügen
trügest	trüget
trüge	trügen

Present Perfect

habe getragen	haben getragen
habest getragen	habet getragen
habe getragen	haben getragen

Past Perfect

hätte getragen	hätten getragen
hättest getragen	hättet getragen
hätte getragen	hätten getragen

Conditional

Present

würde tragen	würden tragen
würdest tragen	würdet tragen
würde tragen	würden tragen

Perfect

würde getragen haben	würden getragen haben
würdest getragen haben	würdet getragen haben
würde getragen haben	würden getragen haben

Imperative

trag(e)!	tragen Sie!
tragt!	tragen wir!

Participles

Present	Past
tragend	getragen

Related Words

der/die Träger/in	carrier, bearer	übertragen	to transfer, broadcast
die Tragbahre	stretcher	sich betragen	to behave
tragbar	bearable, wearable		

149 treffen to hit; meet

strong
inseparable
transitive/intransitive
(reflexive)

ich	wir
du	ihr
er/sie/es	sie/Sie

Indicative

Present Tense
treffe	treffen
triffst	trefft
trifft	treffen

Narrative Past
traf	trafen
trafst	traft
traf	trafen

Conversational Past
habe getroffen	haben getroffen
hast getroffen	habt getroffen
hat getroffen	haben getroffen

Past Perfect
hatte getroffen	hatten getroffen
hattest getroffen	hattet getroffen
hatte getroffen	hatten getroffen

Future
werde treffen	werden treffen
wirst treffen	werdet treffen
wird treffen	werden treffen

Future Perfect
werde getroffen haben	werden getroffen haben
wirst getroffen haben	werdet getroffen haben
wird getroffen haben	werden getroffen haben

Subjunctive

Present
treffe	treffen
treffest	treffet
treffe	treffen

Past
träfe	träfen
träfest	träfet
träfe	träfen

Present Perfect
habe getroffen	haben getroffen
habest getroffen	habet getroffen
habe getroffen	haben getroffen

Past Perfect
hätte getroffen	hätten getroffen
hättest getroffen	hättet getroffen
hätte getroffen	hätten getroffen

Conditional

Present
würde treffen	würden treffen
würdest treffen	würdet treffen
würde treffen	würden treffen

Perfect
würde getroffen haben	würden getroffen haben
würdest getroffen haben	würdet getroffen haben
würde getroffen haben	würden getroffen haben

Imperative
triff!	treffen Sie!
trefft!	treffen wir!

Participles

Present
treffend

Past
getroffen

Related Words

das Treffen	meeting	antreffen	come across, chance upon
der Treffpunkt	meeting place		
treffend	appropriate	eintreffen	to arrive
betreffen	to concern	auftreffen	strike, hit

185

150 **treten** to step, walk, tread, go

strong
inseparable
transitive/intransitive

		ich	wir
		du	ihr
		er/sie/es	sie/Sie

Indicative

Present Tense
trete	treten
trittst	tretet
tritt	treten

Narrative Past
trat	traten
tratest	tratet
trat	traten

Conversational Past
bin getreten	sind getreten
bist getreten	seid getreten
ist getreten	sind getreten

Past Perfect
war getreten	waren getreten
warst getreten	wart getreten
war getreten	waren getreten

Future
werde treten	werden treten
wirst treten	werdet treten
wird treten	werden treten

Future Perfect
werde getreten sein	werden getreten sein
wirst getreten sein	werdet getreten sein
wird getreten sein	werden getreten sein

Subjunctive

Present
trete	treten
tretest	tretet
trete	treten

Past
träte	träten
trätest	trätet
träte	träten

Present Perfect
sei getreten	seien getreten
seiest getreten	seiet getreten
sei getreten	seien getreten

Past Perfect
wäre getreten	wären getreten
wärest getreten	wäret getreten
wäre getreten	wären getreten

Conditional

Present
würde treten	würden treten
würdest treten	würdet treten
würde treten	würden treten

Perfect
würde getreten sein	würden getreten sein
würdest getreten sein	würdet getreten sein
würde getreten sein	würden getreten sein

Imperative
tritt!	treten Sie!
tretet!	treten wir!

Participles

Present
tretend

Past
getreten

Related Words

der Tritt	step; pace; footprint	eintreten	to enter, come in
antreten	to line up; start up	der Eintritt	entrance, admission
auftreten	to tread; appear	die Eintrittskarte	admission ticket
		der Auftritt	step; appearance

151 **trinken** to drink

strong
inseparable
transitive

		ich	wir
		du	ihr
		er/sie/es	sie/Sie

Indicative

Present Tense

trinke	trinken
trinkst	trinkt
trinkt	trinken

Narrative Past

trank	tranken
trankst	trankt
trank	tranken

Conversational Past

habe getrunken	haben getrunken
hast getrunken	habt getrunken
hat getrunken	haben getrunken

Past Perfect

hatte getrunken	hatten getrunken
hattest getrunken	hattet getrunken
hatte getrunken	hatten getrunken

Future

werde trinken	werden trinken
wirst trinken	werdet trinken
wird trinken	werden trinken

Future Perfect

werde getrunken haben	werden getrunken haben
wirst getrunken haben	werdet getrunken haben
wird getrunken haben	werden getrunken haben

Subjunctive

Present

trinke	trinken
trinkest	trinket
trinke	trinken

Past

tränke	tränken
tränkest	tränket
tränke	tränken

Present Perfect

habe getrunken	haben getrunken
habest getrunken	habet getrunken
habe getrunken	haben getrunken

Past Perfect

hätte getrunken	hätten getrunken
hättest getrunken	hättet getrunken
hätte getrunken	hätten getrunken

Conditional

Present

würde trinken	würden trinken
würdest trinken	würdet trinken
würde trinken	würden trinken

Perfect

würde getrunken haben	würden getrunken haben
würdest getrunken haben	würdet getrunken haben
würde getrunken haben	würden getrunken haben

Imperative

trink(e)!	trinken Sie!
trinkt!	trinken wir!

Participles

Present	Past
trinkend	getrunken

Related Words

das Getränk	drink	*betrunken*	drunk, intoxicated
trinkbar	drinkable	*der/die Trinker/in*	drinker; alchoholic
das Trinkwasser	drinking water	*die Trunksucht*	alchoholism
das Trinkgeld	tip, gratuity		

152 tun to do, make, put

		ich	wir
strong		du	ihr
inseparable		er/sie/es	sie/Sie
transitive			

Indicative

Present Tense

tue	tun
tust	tut
tut	tun

Narrative Past

tat	taten
tatest	tatet
tat	taten

Conversational Past

habe getan	haben getan
hast getan	habt getan
hat getan	haben getan

Past Perfect

hatte getan	hatten getan
hattest getan	hattet getan
hatte getan	hatten getan

Future

werde tun	werden tun
wirst tun	werdet tun
wird tun	werden tun

Future Perfect

werde getan haben	werden getan haben
wirst getan haben	werdet getan haben
wird getan haben	werden getan haben

Subjunctive

Present

tue	tuen
tuest	tuet
tue	tuen

Past

täte	täten
tätest	tätet
täte	täten

Present Perfect

habe getan	haben getan
habest getan	habet getan
habe getan	haben getan

Past Perfect

hätte getan	hätten getan
hättest getan	hättet getan
hätte getan	hätten getan

Conditional

Present

würde tun	würden tun
würdest tun	würdet tun
würde tun	würden tun

Perfect

würde getan haben	würden getan haben
würdest getan haben	würdet getan haben
würde getan haben	würden getan haben

Imperative

tu!	tun Sie!
tut!	tun wir!

Participles

Present	**Past**
tuend	getan

Related Words

die Tat	deed, action	die Tätigkeit	activity
der/die Täter/in	doer, actor, culprit	tätlich	violent
tätig	active	der Tatort	crime scene

153 überlegen to consider, cover

weak
inseparable
transitive/intransitive

ich	wir
du	ihr
er/sie/es	sie/Sie

Indicative

Present Tense
überlege	überlegen
überlegst	überlegt
überlegt	überlegen

Narrative Past
überlegte	überlegten
überlegtest	überlegtet
überlegte	überlegten

Conversational Past
habe überlegt	haben überlegt
hast überlegt	habt überlegt
hat überlegt	haben überlegt

Past Perfect
hatte überlegt	hatten überlegt
hattest überlegt	hattet überlegt
hatte überlegt	hatten überlegt

Future
werde überlegen	werden überlegen
wirst überlegen	werdet überlegen
wird überlegen	werden überlegen

Future Perfect
werde überlegt haben	werden überlegt haben
wirst überlegt haben	werdet überlegt haben
wird überlegt haben	werden überlegt haben

Subjunctive

Present
überlege	überlegen
überlegest	überleget
überlege	überlegen

Past
überlegte	überlegten
überlegtest	überlegtet
überlegte	überlegten

Present Perfect
habe überlegt	haben überlegt
habest überlegt	habet überlegt
habe überlegt	haben überlegt

Past Perfect
hätte überlegt	hätten überlegt
hättest überlegt	hättet überlegt
hätte überlegt	hätten überlegt

Conditional

Present
würde überlegen	würden überlegen
würdest überlegen	würdet überlegen
würde überlegen	würden überlegen

Perfect
würde überlegt haben	würden überlegt haben
würdest überlegt haben	würdet überlegt haben
würde überlegt haben	würden überlegt haben

Imperative
überleg(e)!	überlegen Sie!
überlegt!	überlegen wir!

Participles

Present
überlegend

Past
überlegt

Related Words
die Überlegung	consideration
überlegt	considerate
unüberlegt	inconsiderate

überlegen sein	to be superior
die Überlegenheit	superiority
die Überlegtheit	deliberation

154 sich unterhalten to converse, talk

strong		ich	wir
inseparable		du	ihr
transitive		er/sie/es	sie/Sie

Indicative

Present Tense
unterhalte mich	unterhalten uns
unterhältst dich	unterhaltet euch
unterhält sich	unterhalten sich

Narrative Past
unterhielt mich	unterhielten uns
unterhieltest dich	unterhieltet euch
unterhielt sich	unterhielten sich

Conversational Past
habe mich unterhalten	haben uns unterhalten
hast dich unterhalten	habt euch unterhalten
hat sich unterhalten	haben sich unterhalten

Past Perfect
hatte mich unterhalten	hatten uns unterhalten
hattest dich unterhalten	hattet euch unterhalten
hatte sich unterhalten	hatten sich unterhalten

Future
werde mich unterhalten	werden uns unterhalten
wirst dich unterhalten	werdet euch unterhalten
wird sich unterhalten	werden sich unterhalten

Future Perfect
werde mich unterhalten haben	werden uns unterhalten haben
wirst dich unterhalten haben	werdet euch unterhalten haben
wird sich unterhalten haben	werden sich unterhalten haben

Subjunctive

Present
unterhalte mich	unterhalten uns
unterhaltest dich	unterhaltet euch
unterhalte sich	unterhalten sich

Past
unterhielte mich	unterhielten uns
unterhieltest dich	unterhieltet euch
unterhielte sich	unterhielten sich

Present Perfect
habe mich unterhalten	haben uns unterhalten
habest dich unterhalten	habet euch unterhalten
habe sich unterhalten	haben sich unterhalten

Past Perfect
hätte mich unterhalten	hätten uns unterhalten
hättest dich unterhalten	hättet euch unterhalten
hätte sich unterhalten	hätten sich unterhalten

Conditional

Present
würde mich unterhalten	würden uns unterhalten
würdest dich unterhalten	würdet euch unterhalten
würde sich unterhalten	würden sich unterhalten

Perfect
würde mich unterhalten haben	würden uns unterhalten haben
würdest dich unterhalten haben	würdet euch unterhalten haben
würde sich unterhalten haben	würden sich unterhalten haben

Imperative
unterhalte dich!	unterhalten Sie sich!
unterhaltet euch!	unterhalten wir!

Participles

Present	Past
unterhaltend	unterhalten

Related Words

Gute Unterhaltung! Enjoy yourself	*die Unterhaltung* conversation

155 verbessern to improve

weak
inseparable
transitive
(reflexive)

	ich	wir
	du	ihr
	er/sie/es	sie/Sie

Indicative

Present Tense
verbessere	verbessern
verbesserst	verbessert
verbessert	verbessern

Narrative Past
verbesserte	verbesserten
verbessertest	verbessertet
verbesserte	verbesserten

Conversational Past
habe verbessert	haben verbessert
hast verbessert	habt verbessert
hat verbessert	haben verbessert

Past Perfect
hatte verbessert	hatten verbessert
hattest verbessert	hattet verbessert
hatte verbessert	hatten verbessert

Future
werde verbessern	werden verbessern
wirst verbessern	werdet verbessern
wird verbessern	werden verbessern

Future Perfect
werde verbessert haben	werden verbessert haben
wirst verbessert haben	werdet verbessert haben
wird verbessert haben	werden verbessert haben

Subjunctive

Present
verbessere	verbesseren
verbesserest	verbesseret
verbessere	verbesseren

Past
verbesserte	verbesserten
verbessertest	verbessertet
verbesserte	verbesserten

Present Perfect
habe verbessert	haben verbessert
habest verbessert	habet verbessert
habe verbessert	haben verbessert

Past Perfect
hätte verbessert	hätten verbessert
hättest verbessert	hättet verbessert
hätte verbessert	hätten verbessert

Conditional

Present
würde verbessern	würden verbessern
würdest verbessern	würdet verbessern
würde verbessern	würden verbessern

Perfect
würde verbessert haben	würden verbessert haben
würdest verbessert haben	würdet verbessert haben
würde verbessert haben	würden verbessert haben

Imperative
verbesser(e)!	verbessern Sie!
verbessert!	verbessern wir!

Participles
Present	Past
verbessernd	verbessert

Related Words

die Verbesserung	improvement	sich bessern	to mend one's ways
die Besserung	healing	besser	better
Gute Besserung!	Get well!	am besten	best

156 verbinden to join

strong
inseparable
transitive
(reflexive)

	ich	wir
	du	ihr
	er/sie/es	sie/Sie

Indicative

Present Tense
verbinde	verbinden	
verbindest	verbindet	
verbindet	verbinden	

Narrative Past
verband	verbanden
verbandst	verbandet
verband	verbanden

Conversational Past
habe verbunden	haben verbunden
hast verbunden	habt verbunden
hat verbunden	haben verbunden

Past Perfect
hatte verbunden	hatten verbunden
hattest verbunden	hattet verbunden
hatte verbunden	hatten verbunden

Future
werde verbinden	werden verbinden
wirst verbinden	werdet verbinden
wird verbinden	werden verbinden

Future Perfect
werde verbunden haben	werden verbunden haben
wirst verbunden haben	werdet verbunden haben
wird verbunden haben	werden verbunden haben

Subjunctive

Present
verbinde	verbinden
verbindest	verbindet
verbinde	verbinden

Past
verbände	verbänden
verbändest	verbändet
verbände	verbänden

Present Perfect
habe verbunden	haben verbunden
habest verbunden	habet verbunden
habe verbunden	haben verbunden

Past Perfect
hätte verbunden	hätten verbunden
hättest verbunden	hättet verbunden
hätte verbunden	hätten verbunden

Conditional

Present
würde verbinden	würden verbinden
würdest verbinden	würdet verbinden
würde verbinden	würden verbinden

Perfect
würde verbunden haben	würden verbunden haben
würdest verbunden haben	würdet verbunden haben
würde verbunden haben	würden verbunden haben

Imperative
verbinde!	verbinden Sie!
verbindet!	verbinden wir!

Participles

Present
verbindend

Past
verbunden

Related Words

die Verbindung	alliance, association	das Band	string, cord, tape, etc.
verbindlich	obligatory, binding	die Bande	team, company, gang
		binden	to bind, tie, fasten
das Verbindungsstück	connecting piece	der Bindestrich	hyphen
		jemanden verbinden	to dress a wound

157 verdienen to earn, win, deserve

weak			ich	wir
inseparable			du	ihr
transitive			er/sie/es	sie/Sie

Indicative

Present Tense		**Narrative Past**	
verdiene	verdienen	verdiente	verdienten
verdienst	verdient	verdientest	verdientet
verdient	verdienen	verdiente	verdienten

Conversational Past		**Past Perfect**	
habe verdient	haben verdient	hatte verdient	hatten verdient
hast verdient	habt verdient	hattest verdient	hattet verdient
hat verdient	haben verdient	hatte verdient	hatten verdient

Future		**Future Perfect**	
werde verdienen	werden verdienen	werde verdient haben	werden verdient haben
wirst verdienen	werdet verdienen	wirst verdient haben	werdet verdient haben
wird verdienen	werden verdienen	wird verdient haben	werden verdient haben

Subjunctive

Present		**Past**	
verdiene	verdienen	verdiente	verdienten
verdienest	verdienet	verdientest	verdientet
verdiene	verdienen	verdiente	verdienten

Present Perfect		**Past Perfect**	
habe verdient	haben verdient	hätte verdient	hätten verdient
habest verdient	habet verdient	hättest verdient	hättet verdient
habe verdient	haben verdient	hätte verdient	hätten verdient

Conditional

Present		**Perfect**	
würde verdienen	würden verdienen	würde verdient haben	würden verdient haben
würdest verdienen	würdet verdienen	würdest verdient haben	würdet verdient haben
würde verdienen	würden verdienen	würde verdient haben	würden verdient haben

Imperative

verdien(e)!	verdienen Sie!
verdient!	verdienen wir!

Participles

Present	**Past**
verdienend	verdient

Related Words

der Verdienst	wages, salary	*die Verdienstspanne*	profit margin
der Alleinverdiener	sole provider	*die Verdienst-*	money-making
verdient	deserved	*möglichkeit*	opportunity
verdienstvoll	deserving, of merit	*der Verdienstausfall*	loss of earnings

158 verführen to seduce, tempt

weak
inseparable
transitive

	ich	wir
	du	ihr
	er/sie/es	sie/Sie

Indicative

Present Tense

verführe	verführen
verführst	verführt
verführt	verführen

Narrative Past

verführte	verführten
verführtest	verführtet
verführte	verführten

Conversational Past

habe verführt	haben verführt
hast verführt	habt verführt
hat verführt	haben verführt

Past Perfect

hatte verführt	hatten verführt
hattest verführt	hattet verführt
hatte verführt	hatten verführt

Future

werde verführen	werden verführen
wirst verführen	werdet verführen
wird verführen	werden verführen

Future Perfect

werde verführt haben	werden verführt haben
wirst verführt haben	werdet verführt haben
wird verführt haben	werden verführt haben

Subjunctive

Present

verführe	verführen
verführest	verführet
verführe	verführen

Past

verführte	verführten
verführtest	verführtet
verführte	verführten

Present Perfect

habe verführt	haben verführt
habest verführt	habet verführt
habe verführt	haben verführt

Past Perfect

hätte verführt	hätten verführt
hättest verführt	hättet verführt
hätte verführt	hätten verführt

Conditional

Present

würde verführen	würden verführen
würdest verführen	würdet verführen
würde verführen	würden verführen

Perfect

würde verführt haben	würden verführt haben
würdest verführt haben	würdet verführt haben
würde verführt haben	würden verführt haben

Imperative

verführ(e)!	verführen Sie!
verführt!	verführen wir!

Participles

Present	Past
verführend	verführt

Related Words

führen	to lead	*verführerisch*	seductive, tempting
der/die Verführer/in	seducer/seductress	*die Verführungskünste*	seductive ways
die Verführung	seduction		

159 vergessen to forget, neglect

strong
inseparable
transitive

		ich	wir
		du	ihr
		er/sie/es	sie/Sie

Indicative

Present Tense
vergesse	vergessen
vergißt	vergeßt
vergißt	vergessen

Narrative Past
vergaß	vergaßen
vergaßest	vergaßt
vergaß	vergaßen

Conversational Past
habe vergessen	haben vergessen
hast vergessen	habt vergessen
hat vergessen	haben vergessen

Past Perfect
hatte vergessen	hatten vergessen
hattest vergessen	hattet vergessen
hatte vergessen	hatten vergessen

Future
werde vergessen	werden vergessen
wirst vergessen	werdet vergessen
wird vergessen	werden vergessen

Future Perfect
werde vergessen haben	werden vergessen haben
wirst vergessen haben	werdet vergessen haben
wird vergessen haben	werden vergessen haben

Subjunctive

Present
vergesse	vergessen
vergessest	vergesset
vergesse	vergessen

Past
vergäße	vergäßen
vergäßest	vergäßet
vergäße	vergäßen

Present Perfect
habe vergessen	haben vergessen
habest vergessen	habet vergessen
habe vergessen	haben vergessen

Past Perfect
hätte vergessen	hätten vergessen
hättest vergessen	hättet vergessen
hätte vergessen	hätten vergessen

Conditional

Present
würde vergessen	würden vergessen
würdest vergessen	würdet vergessen
würde vergessen	würden vergessen

Perfect
würde vergessen haben	würden vergessen haben
würdest vergessen haben	würdet vergessen haben
würde vergessen haben	würden vergessen haben

Imperative
vergiß!	vergessen Sie!
vergeßt!	vergessen wir!

Participles

Present	Past
vergessend	vergessen

Related Words

vergeßlich	forgetful
unvergeßlich	unforgetable
die Vergeßlichkeit	forgetfulness
in Vergessenheit geraten	to fall into oblivion

160 verkaufen to sell

weak
inseparable
transitive
(reflexive)

ich   wir
du   ihr
er/sie/es   sie/Sie

Indicative

Present Tense

verkaufe	verkaufen
verkaufst	verkauft
verkauft	verkaufen

Narrative Past

verkaufte	verkauften
verkauftest	verkauftet
verkaufte	verkauften

Conversational Past

habe verkauft	haben verkauft
hast verkauft	habt verkauft
hat verkauft	haben verkauft

Past Perfect

hatte verkauft	hatten verkauft
hattest verkauft	hattet verkauft
hatte verkauft	hatten verkauft

Future

werde verkaufen	werden verkaufen
wirst verkaufen	werdet verkaufen
wird verkaufen	werden verkaufen

Future Perfect

werde verkauft haben	werden verkauft haben
wirst verkauft haben	werdet verkauft haben
wird verkauft haben	werden verkauft haben

Subjunctive

Present

verkaufe	verkaufen
verkaufest	verkaufet
verkaufe	verkaufen

Past

verkaufte	verkauften
verkauftest	verkauftet
verkaufte	verkauften

Present Perfect

habe verkauft	haben verkauft
habest verkauft	habt verkauft
habe verkauft	haben verkauft

Past Perfect

hätte verkauft	hätten verkauft
hättest verkauft	hättet verkauft
hätte verkauft	hätten verkauft

Conditional

Present

würde verkaufen	würden verkaufen
würdest verkaufen	würdet verkaufen
würde verkaufen	würden verkaufen

Perfect

würde verkauft haben	würden verkauft haben
würdest verkauft haben	würdet verkauft haben
würde verkauft haben	würden verkauft haben

Imperative

verkauf(e)!	verkaufen Sie!
verkauft!	verkaufen wir!

Participles

Present

verkaufend

Past

verkauft

Related Words

der Verkauf	sale	*einkaufen*	to buy
verkäuflich	for sale	*ausverkauft*	sold out
der/die Ver-käufer/in	salesperson	*der Ausverkauf*	clearance sale
der Verkaufspreis	selling price	*kaufen*	to buy

161 verlassen to leave, rely on

strong
inseparable
transitive
(reflexive)

ich wir
du ihr
er/sie/es sie/Sie

Indicative

Present Tense
verlasse	verlassen
verläßt	verlaßt
verläßt	verlassen

Narrative Past
verließ	verließen
verließt	verließt
verließ	verließen

Conversational Past
habe verlassen	haben verlassen
hast verlassen	habt verlassen
hat verlassen	haben verlassen

Past Perfect
hatte verlassen	hatten verlassen
hattest verlassen	hattet verlassen
hatte verlassen	hatten verlassen

Future
werde verlassen	werden verlassen
wirst verlassen	werdet verlassen
wird verlassen	werden verlassen

Future Perfect
werde verlassen haben	werden verlassen haben
wirst verlassen haben	werdet verlassen haben
wird verlassen haben	werden verlassen haben

Subjunctive

Present
verlasse	verlassen
verlassest	verlasset
verlasse	verlassen

Past
verließe	verließen
verließest	verließet
verließe	verließen

Present Perfect
habe verlassen	haben verlassen
habest verlassen	habet verlassen
habe verlassen	haben verlassen

Past Perfect
hätte verlassen	hätten verlassen
hättest verlassen	hättet verlassen
hätte verlassen	hätten verlassen

Conditional

Present
würde verlassen	würden verlassen
würdest verlassen	würdet verlassen
würde verlassen	würden verlassen

Perfect
würde verlassen haben	würden verlassen haben
würdest verlassen haben	würdet verlassen haben
würde verlassen haben	würden verlassen haben

Imperative
verlaß!	verlassen Sie!
verlaßt!	verlassen wir!

Participles

Present
verlassend

Past
verlassen

Related Words
der Verlaß	reliance	die Verlassenheit	lonliness, isolation
verläßlich	reliable	sich verlassen auf	to rely upon
die Verläßlichkeit	reliability	Verlaß dich drauf!	Take it from me!

162 verlieren to lose

strong
inseparable
transitive
(reflexive)

	ich	wir
	du	ihr
	er/sie/es	sie/Sie

Indicative

Present Tense		Narrative Past	
verliere	verlieren	verlor	verloren
verlierst	verliert	verlorst	verlort
verliert	verlieren	verlor	verloren

Conversational Past		Past Perfect	
habe verloren	haben verloren	hatte verloren	hatten verloren
hast verloren	habt verloren	hattest verloren	hattet verloren
hat verloren	haben verloren	hatte verloren	hatten verloren

Future		Future Perfect	
werde verlieren	werden verlieren	werde verloren haben	werden verloren haben
wirst verlieren	werdet verlieren	wirst verloren haben	werdet verloren haben
wird verlieren	werden verlieren	wird verloren haben	werden verloren haben

Subjunctive

Present		Past	
verliere	verlieren	verlöre	verlören
verlierest	verlieret	verlörest	verlöret
verliere	verlieren	verlöre	verlören

Present Perfect		Past Perfect	
habe verloren	haben verloren	hätte verloren	hätten verloren
habest verloren	habet verloren	hättest verloren	hättet verloren
habe verloren	haben verloren	hätte verloren	hätten verloren

Conditional

Present		Perfect	
würde verlieren	würden verlieren	würde verloren haben	würden verloren haben
würdest verlieren	würdet verlieren	würdest verloren haben	würdet verloren haben
würde verlieren	würden verlieren	würde verloren haben	würden verloren haben

Imperative

verlier(e)!	verlieren Sie!
verliert!	verlieren wir!

Participles

Present	Past
verlierend	verloren

Related Words

der Verlust	loss	*sich verlieren*	to lose oneself
der/die Ver-lierer/in	loser	*verloren gehen*	to be (or get) lost

163 versprechen to promise

strong
inseparable
transitive
(reflexive)

	ich	wir
	du	ihr
	er/sie/es	sie/Sie

Indicative

Present Tense

verspreche	versprechen
versprichst	versprecht
verspricht	versprechen

Narrative Past

versprach	versprachen
versprachst	verspracht
versprach	versprachen

Conversational Past

habe versprochen	haben versprochen
hast versprochen	habt versprochen
hat versprochen	haben versprochen

Past Perfect

hatte versprochen	hatten versprochen
hattest versprochen	hattet versprochen
hatte versprochen	hatten versprochen

Future

werde ver- sprechen	werden ver- sprechen
wirst ver- sprechen	werdet ver- sprechen
wird versprechen	werden ver- sprechen

Future Perfect

werde versprochen haben	werden versprochen haben
wirst versprochen haben	werdet versprochen haben
wird versprochen haben	werden versprochen haben

Subjunctive

Present

verspreche	versprechen
versprechest	versprechet
verspreche	versprechen

Past

verspräche	versprächen
versprächest	versprächet
verspräche	versprächen

Present Perfect

habe versprochen	haben versprochen
habest ver- sprochen	habet ver- sprochen
habe versprochen	haben versprochen

Past Perfect

hätte versprochen	hätten versprochen
hättest versprochen	hättet versprochen
hätte versprochen	hätten versprochen

Conditional

Present

würde ver- sprechen	würden ver- sprechen
würdest ver- sprechen	würdet ver- sprechen
würde ver- sprechen	würden ver- sprechen

Perfect

würde versprochen haben	würden versprochen haben
würdest versprochen haben	würdet versprochen haben
würde versprochen haben	würden versprochen haben

Imperative

versprich!	versprechen Sie!
versprecht!	versprechen wir!

Participles

Present

versprechend

Past

versprochen

Related Words

sprechen	to speak	*der Versprecher*	slip of the tongue
das Versprechen	promise	*sich versprechen*	to make a slip of the
versprochen- ermaßen	as promised		tongue

164 verstehen to understand

strong		ich	wir
inseparable		du	ihr
transitive/intransitive		er/sie/es	sie/Sie

Indicative

Present Tense

verstehe	verstehen
verstehst	versteht
versteht	verstehen

Narrative Past

verstand	verstanden
verstandest	verstandet
verstand	verstanden

Conversational Past

habe verstanden	haben verstanden
hast verstanden	habt verstanden
hat verstanden	haben verstanden

Past Perfect

hatte verstanden	hatten verstanden
hattest verstanden	hattet verstanden
hatte verstanden	hatten verstanden

Future

werde verstehen	werden verstehen
wirst verstehen	werdet verstehen
wird verstehen	werden verstehen

Future Perfect

werde verstanden haben	werden verstanden haben
wirst verstanden haben	werdet verstanden haben
wird verstanden haben	werden verstanden haben

Subjunctive

Present

verstehe	verstehen
verstehest	verstehet
verstehe	verstehen

Past

verstände*	verständen*
verständest*	verständet*
verstände*	verständen*

Present Perfect

habe verstanden	haben verstanden
habest verstanden	habet verstanden
habe verstanden	haben verstanden

Past Perfect

hätte verstanden	hätten verstanden
hättest verstanden	hättet verstanden
hätte verstanden	hätten verstanden

Conditional

Present

würde verstehen	würden verstehen
würdest verstehen	würdet verstehen
würde verstehen	würden verstehen

Perfect

würde verstanden haben	würden verstanden haben
würdest verstanden haben	würdet verstanden haben
würde verstanden haben	würden verstanden haben

Imperative

versteh(e)!	verstehen Sie!
versteht!	verstehen wir!

Participles

Present	Past
verstehend	verstanden

Related Words

der Verstand	intelligence, sense	*die Verständigung*	understanding; agreement
das Verständnis	comprehension	*verständig*	sensible, reasonable
das Einverständnis	agreement; consent	*verständigen*	to inform
		Einverstanden!	Agreed!

* Or: *verstünde, verstündest, verstünde, verstünden, verstündet, verstünden.*

165 versuchen to try, attempt

weak
inseparable
transitive
(reflexive)

	ich	wir
	du	ihr
	er/sie/es	sie/Sie

Indicative

Present Tense
versuche	versuchen
versuchst	versucht
versucht	versuchen

Narrative Past
versuchte	versuchten
versuchtest	versuchtet
versuchte	versuchten

Conversational Past
habe versucht	haben versucht
hast versucht	habt versucht
hat versucht	haben versucht

Past Perfect
hatte versucht	hatten versucht
hattest versucht	hattet versucht
hatte versucht	hatten versucht

Future
werde versuchen	werden versuchen
wirst versuchen	werdet versuchen
wird versuchen	werden versuchen

Future Perfect
werde versucht haben	werden versucht haben
wirst versucht haben	werdet versucht haben
wird versucht haben	werden versucht haben

Subjunctive

Present
versuche	versuchen
versuchest	versuchet
versuche	versuchen

Past
versuchte	versuchten
versuchtest	versuchtet
versuchte	versuchten

Present Perfect
habe versucht	haben versucht
habest versucht	habet versucht
habe versucht	haben versucht

Past Perfect
hätte versucht	hätten versucht
hättest versucht	hättet versucht
hätte versucht	hätten versucht

Conditional

Present
würde versuchen	würden versuchen
würdest versuchen	würdet versuchen
würde versuchen	würden versuchen

Perfect
würde versucht haben	würden versucht haben
würdest versucht haben	würdet versucht haben
würde versucht haben	würden versucht haben

Imperative
versuch(e)!	versuchen Sie!
versucht!	versuchen wir!

Participles

Present
versuchend

Past
versucht

Related Words

der Versuch	attempt, trial, test	*der Testversuch*	test run
die Versuchs-anstalt	research institute	*die Versuchung*	temptation
das Versuchs-modell	test model	*der/die Versucher/in*	seducer
		in Versuchung führen	to tempt

166 vertrauen to trust, have confidence in

weak
inseparable
transitive/intransitive

ich	wir
du	ihr
er/sie/es	sie/Sie

Indicative

Present Tense

vertraue	vertrauen
vertraust	vertraut
vertraut	vertrauen

Narrative Past

vertraute	vertrauten
vertrautest	vertrautet
vertraute	vertrauten

Conversational Past

habe vertraut	haben vertraut
hast vertraut	habt vertraut
hat vertraut	haben vertraut

Past Perfect

hatte vertraut	hatten vertraut
hattest vertraut	hattet vertraut
hatte vertraut	hatten vertraut

Future

werde vertrauen	werden vertrauen
wirst vertrauen	werdet vertrauen
wird vertrauen	werden vertrauen

Future Perfect

werde vertraut haben	werden vertraut haben
wirst vertraut haben	werdet vertraut haben
wird vertraut haben	werden vertraut haben

Subjunctive

Present

vertraue	vertrauen
vertrauest	vertrauet
vertraue	vertrauen

Past

vertraute	vertrauten
vertrautest	vertrautet
vertraute	vertrauten

Present Perfect

habe vertraut	haben vertraut
habest vertraut	habet vertraut
habe vertraut	haben vertraut

Past Perfect

hätte vertraut	hätten vertraut
hättest vertraut	hättet vertraut
hätte vertraut	hätten vertraut

Conditional

Present

würde vertrauen	würden vertrauen
würdest vertrauen	würdet vertrauen
würde vertrauen	würden vertrauen

Perfect

würde vertraut haben	würden vertraut haben
würdest vertraut haben	würdet vertraut haben
würde vertraut haben	würden vertraut haben

Imperative

vertrau(e)!	vertrauen Sie!
vertraut!	vertrauen wir!

Participles

Present

vertrauend

Past

vertraut

Related Words

das Vertrauen	confidence	*die Vertraulichkeit*	intimacy
vertrauenswürdig	trustworthy	*die Vertrauenssache*	confidential matter
vertrauensvoll	full of confidence	*vertraulich*	familiar, intimate

167 **vorstellen** to introduce, set in front of

weak
separable
transitive
(reflexive)

	ich	wir
	du	ihr
	er/sie/es	sie/Sie

Indicative

Present Tense
		Narrative Past	
stelle vor	stellen vor	stellte vor	stellten vor
stellst vor	stellt vor	stelltest vor	stelltet vor
stellt vor	stellen vor	stellte vor	stellten vor

Conversational Past
		Past Perfect	
habe vorgestellt	haben vorgestellt	hatte vorgestellt	hatten vorgestellt
hast vorgestellt	habt vorgestellt	hattest vorgestellt	hattet vorgestellt
hat vorgestellt	haben vorgestellt	hatte vorgestellt	hatten vorgestellt

Future
		Future Perfect	
werde vorstellen	werden vorstellen	werde vorgestellt haben	werden vorgestellt haben
wirst vorstellen	werdet vorstellen	wirst vorgestellt haben	werdet vorgestellt haben
wird vorstellen	werden vorstellen	wird vorgestellt haben	werden vorgestellt haben

Subjunctive

Present
		Past	
stelle vor	stellen vor	stellte vor	stellten vor
stellest vor	stellet vor	stelltest vor	stelltet vor
stelle vor	stellen vor	stellte vor	stellten vor

Present Perfect
		Past Perfect	
habe vorgestellt	haben vorgestellt	hätte vorgestellt	hätten vorgestellt
habest vorgestellt	habet vorgestellt	hättest vorgestellt	hättet vorgestellt
habe vorgestellt	haben vorgestellt	hätte vorgestellt	hätten vorgestellt

Conditional

Present
		Perfect	
würde vorstellen	würden vorstellen	würde vorgestellt haben	würden vorgestellt haben
würdest vorstellen	würdet vorstellen	würdest vorgestellt haben	würdet vorgestellt haben
würde vorstellen	würden vorstellen	würde vorgestellt haben	würden vorgestellt haben

Imperative
		Participles	
stell(e) vor!	stellen Sie vor!	**Present**	**Past**
stellt vor!	stellen wir vor!	vorstellend	vorgestellt

Related Words
stellen	to put	*das Vorstellungs-*	imagination
die Vorstellung	introduction; presentation	*vermögen*	
vorstellbar	conceivable	*Stell(e) dir vor!*	Imagine!

168 wählen to select, choose, vote

weak
inseparable
transitive/intransitive

		ich	wir
		du	ihr
		er/sie/es	sie/Sie

Indicative

Present Tense
wähle	wählen
wählst	wählt
wählt	wählen

Narrative Past
wählte	wählten
wähltest	wähltet
wählte	wählten

Conversational Past
habe gewählt	haben gewählt
hast gewählt	habt gewählt
hat gewählt	haben gewählt

Past Perfect
hatte gewählt	hatten gewählt
hattest gewählt	hattet gewählt
hatte gewählt	hatten gewählt

Future
werde wählen	werden wählen
wirst wählen	werdet wählen
wird wählen	werden wählen

Future Perfect
werde gewählt haben	werden gewählt haben
wirst gewählt haben	werdet gewählt haben
wird gewählt haben	werden gewählt haben

Subjunctive

Present
wähle	wählen
wählest	wählet
wähle	wählen

Past
wählte	wählten
wähltest	wähltet
wählte	wählten

Present Perfect
habe gewählt	haben gewählt
habest gewählt	habet gewählt
habe gewählt	haben gewählt

Past Perfect
hätte gewählt	hätten gewählt
hättest gewählt	hättet gewählt
hätte gewählt	hätten gewählt

Conditional

Present
würde wählen	würden wählen
würdest wählen	würdet wählen
würde wählen	würden wählen

Perfect
würde gewählt haben	würden gewählt haben
würdest gewählt haben	würdet gewählt haben
würde gewählt haben	würden gewählt haben

Imperative
wähl(e)!	wählen Sie!
wählt!	wählen wir!

Participles

Present
wählend

Past
gewählt

Related Words

die Wahl	choice; election	*gewählt*	refined, choice
wählbar	eligible	*wahllos*	indiscriminate
der/die Wähler/in	voter	*wahlweise*	alternatively
wählerisch	particular, choosy		

169 **warten** to wait; look after

weak
inseparable
transitive/intransitive

ich wir
du ihr
er/sie/es sie/Sie

Indicative

Present Tense
warte	warten
wartest	wartet
wartet	warten

Narrative Past
wartete	warteten
wartetest	wartetet
wartete	warteten

Conversational Past
habe gewartet	haben gewartet
hast gewartet	habt gewartet
hat gewartet	haben gewartet

Past Perfect
hatte gewartet	hatten gewartet
hattest gewartet	hattet gewartet
hatte gewartet	hatten gewartet

Future
werde warten	werden warten
wirst warten	werdet warten
wird warten	werden warten

Future Perfect
werde gewartet haben	werden gewartet haben
wirst gewartet haben	werdet gewartet haben
wird gewartet haben	werden gewartet haben

Subjunctive

Present
warte	warten
wartest	wartet
warte	warten

Past
wartete	warteten
wartetest	wartetet
wartete	warteten

Present Perfect
habe gewartet	haben gewartet
habest gewartet	habet gewartet
habe gewartet	haben gewartet

Past Perfect
hätte gewartet	hätten gewartet
hättest gewartet	hättet gewartet
hätte gewartet	hätten gewartet

Conditional

Present
würde warten	würden warten
würdest warten	würdet warten
würde warten	würden warten

Perfect
würde gewartet haben	würden gewartet haben
würdest gewartet haben	würdet gewartet haben
würde gewartet haben	würden gewartet haben

Imperative
warte!	warten Sie!
wartet!	warten wir!

Participles
Present	Past
wartend	gewartet

Related Words
das Warten	wait, waiting
der Warteraum	waiting room
die Wartezeit	waiting period
warten auf	wait for, await

Warte mal!	Wait a minute!
Na, warte!	You just wait!
die Wartung	service, maintenence

170 waschen to wash

strong
inseparable
transitive/intransitive
(reflexive)

ich   wir
du   ihr
er/sie/es   sie/Sie

Indicative

Present Tense

wasche	waschen
wäschst	wascht
wäscht	waschen

Narrative Past

wusch	wuschen
wuschest	wuscht
wusch	wuschen

Conversational Past

habe gewaschen	haben gewaschen
hast gewaschen	habt gewaschen
hat gewaschen	haben gewaschen

Past Perfect

hatte gewaschen	hatten gewaschen
hattest gewaschen	hattet gewaschen
hatte gewaschen	hatten gewaschen

Future

werde waschen	werden waschen
wirst waschen	werdet waschen
wird waschen	werden waschen

Future Perfect

werde gewaschen haben	werden gewaschen haben
wirst gewaschen haben	werdet gewaschen haben
wird gewaschen haben	werden gewaschen haben

Subjunctive

Present

wasche	waschen
waschest	waschet
wasche	waschen

Past

wüsche	wüschen
wüschest	wüschet
wüsche	wüschen

Present Perfect

habe gewaschen	haben gewaschen
habest gewaschen	habet gewaschen
habe gewaschen	haben gewaschen

Past Perfect

hätte gewaschen	hätten gewaschen
hättest gewaschen	hättet gewaschen
hätte gewaschen	hätten gewaschen

Conditional

Present

würde waschen	würden waschen
würdest waschen	würdet waschen
würde waschen	würden waschen

Perfect

würde gewaschen haben	würden gewaschen haben
würdest gewaschen haben	würdet gewaschen haben
würde gewaschen haben	würden gewaschen haben

Imperative

wasch(e)!	waschen Sie!
wascht!	waschen wir!

Participles

Present	Past
waschend	gewaschen

Related Words

die Wäsche	laundry, washing	das Waschmittel	detergent
waschbar	washable	der Waschlappen	washrag, dishcloth
die Waschmaschine	washing machine	der Abwasch	dirty dishes
		abwaschen	to wash the dishes

171 **wechseln** to change, exchange

weak		ich wir
inseparable		du ihr
transitive/intransitive		er/sie/es sie/Sie

Indicative

Present Tense
		Narrative Past	
wechsele	wechseln	wechselte	wechselten
wechselst	wechselt	wechseltest	wechseltet
wechselt	wechseln	wechselte	wechselten

Conversational Past
		Past Perfect	
habe gewechselt	haben gewechselt	hatte gewechselt	hatten gewechselt
hast gewechselt	habt gewechselt	hattest gewechselt	hattet gewechselt
hat gewechselt	haben gewechselt	hatte gewechselt	hatten gewechselt

Future
		Future Perfect	
werde wechseln	werden wechseln	werde gewechselt haben	werden gewechselt haben
wirst wechseln	werdet wechseln	wirst gewechselt haben	werdet gewechselt haben
wird wechseln	werden wechseln	wird gewechselt haben	werden gewechselt haben

Subjunctive

Present
		Past	
wechsele	wechseln	wechselte	wechselten
wechselest	wechselet	wechseltest	wechseltet
wechsele	wechseln	wechselte	wechselten

Present Perfect
		Past Perfect	
habe gewechselt	haben gewechselt	hätte gewechselt	hätten gewechselt
habest gewechselt	habet gewechselt	hättest gewechselt	hättet gewechselt
habe gewechselt	haben gewechselt	hätte gewechselt	hätten gewechselt

Conditional

Present
		Perfect	
würde wechseln	würden wechseln	würde gewechselt haben	würden gewechselt haben
würdest wechseln	würdet wechseln	würdest gewechselt haben	würdet gewechselt haben
würde wechseln	würden wechseln	würde gewechselt haben	würden gewechselt haben

Imperative
wechs(e)l(e)!	wechseln Sie!
wechselt!	wechseln wir!

Participles
Present	Past
wechselnd	gewechselt

Related Words

der Wechsel	(ex)change	*wechselnd*	changing, varying
der Wechselkurs	exchange rate	*die Kleider wechseln*	to change clothes
die Wechselstube	exchange office	*der Wechselstrom*	alternating current
der/die Wechsler/in	exchange banker	*das Wechselgespräch*	dialogue

172 **werden** to become, grow, get

strong
inseparable
intransitive
(auxiliary)

	ich	wir
	du	ihr
	er/sie/es	sie/Sie

Indicative

Present Tense

werde	werden
wirst	werdet
wird	werden

Narrative Past

wurde	wurden
wurdest	wurdet
wurde	wurden

Conversational Past

bin geworden	sind geworden
bist geworden	seid geworden
ist geworden	sind geworden

Past Perfect

war geworden	waren geworden
warst geworden	wart geworden
war geworden	waren geworden

Future

werde werden	werden werden
wirst werden	werdet werden
wird werden	werden werden

Future Perfect

werde geworden sein	werden geworden sein
wirst geworden sein	werdet geworden sein
wird geworden sein	werden geworden sein

Subjunctive

Present

werde	werden
werdest	werdet
werde	werden

Past

würde	würden
würdest	würdet
würde	würden

Present Perfect

sei geworden	seien geworden
seiest geworden	seiet geworden
sei geworden	seien geworden

Past Perfect

wäre geworden	wären geworden
wärest geworden	wäret geworden
wäre geworden	wären geworden

Conditional

Present

würde werden	würden werden
würdest werden	würdet werden
würde werden	würden werden

Perfect

würde geworden sein	würden geworden sein
würdest geworden sein	würdet geworden sein
würde geworden sein	würden geworden sein

Imperative

werde!	werden Sie!
werdet!	werden wir!

Participles

Present

werdend

Past

geworden

Related Words

die werdende Mutter	expectant mother	*der Werdegang*	development; career
Was willst du werden?	What do you want to be?	*Es wird schon werden.*	It'll be fine.

173 werfen to throw, fling

strong
inseparable
transitive

	ich	wir
	du	ihr
	er/sie/es	sie/Sie

Indicative

Present Tense
werfe	werfen
wirfst	werft
wirft	werfen

Narrative Past
warf	warfen
warfst	warft
warf	warfen

Conversational Past
habe geworfen	haben geworfen
hast geworfen	habt geworfen
hat geworfen	haben geworfen

Past Perfect
hatte geworfen	hatten geworfen
hattest geworfen	hattet geworfen
hatte geworfen	hatten geworfen

Future
werde werfen	werden werfen
wirst werfen	werdet werfen
wird werfen	werden werfen

Future Perfect
werde geworfen haben	werden geworfen haben
wirst geworfen haben	werdet geworfen haben
wird geworfen haben	werden geworfen haben

Subjunctive

Present
werfe	werfen
werfest	werfet
werfe	werfen

Past
würfe	würfen
würfest	würfet
würfe	würfen

Present Perfect
habe geworfen	haben geworfen
habest geworfen	habet geworfen
habe geworfen	haben geworfen

Past Perfect
hätte geworfen	hätten geworfen
hättest geworfen	hättet geworfen
hätte geworfen	hätten geworfen

Conditional

Present
würde werfen	würden werfen
würdest werfen	würdet werfen
würde werfen	würden werfen

Perfect
würde geworfen haben	würden geworfen haben
würdest geworfen haben	würdet geworfen haben
würde geworfen haben	würden geworfen haben

Imperative
wirf!	werfen Sie!
werft!	werfen wir!

Participles

Present
werfend

Past
geworfen

Related Words

der Wurf	throw	*auswerfen*	to throw out; eject
vorwerfen	to reproach	*zuwerfen*	to throw to
entwerfen	to design	*einwerfen*	to throw in; smash
der Entwurf	design		

174 **wissen** to know (a fact), understand

		ich	wir
strong		du	ihr
inseparable		er/sie/es	sie/Sie
transitive/intransitive			

Indicative

Present Tense
weiß	wissen
weißt	wißt
weiß	wissen

Narrative Past
wußte	wußten
wußtest	wußtet
wußte	wußten

Conversational Past
habe gewußt	haben gewußt
hast gewußt	habt gewußt
hat gewußt	haben gewußt

Past Perfect
hatte gewußt	hatten gewußt
hattest gewußt	hattet gewußt
hatte gewußt	hatten gewußt

Future
werde wissen	werden wissen
wirst wissen	werdet wissen
wird wissen	werden wissen

Future Perfect
werde gewußt haben	werden gewußt haben
wirst gewußt haben	werdet gewußt haben
wird gewußt haben	werden gewußt haben

Subjunctive

Present
wisse	wissen
wissest	wisset
wisse	wissen

Past
wüßte	wüßten
wüßtest	wüßtet
wüßte	wüßten

Present Perfect
habe gewußt	haben gewußt
habest gewußt	habet gewußt
habe gewußt	haben gewußt

Past Perfect
hätte gewußt	hätten gewußt
hättest gewußt	hättet gewußt
hätte gewußt	hätten gewußt

Conditional

Present
würde wissen	würden wissen
würdest wissen	würdet wissen
würde wissen	würden wissen

Perfect
würde gewußt haben	würden gewußt haben
würdest gewußt haben	würdet gewußt haben
würde gewußt haben	würden gewußt haben

Imperative
—	—
—	—

Participles

Present
wissend

Past
gewußt

Related Words

das Wissen	knowledge	*das Gewissen*	conscience
die Wissenschaft	science	*wissentlich*	deliberate
der/die Wissen-schaftler/in	scientist	*der Wissensdurst*	thirst for knowledge
		wissenswert	worth knowing

175 **wohnen** to reside, dwell, live

weak			ich	wir
inseparable			du	ihr
intransitive			er/sie/es	sie/Sie

Indicative

Present Tense		**Narrative Past**	
wohne	wohnen	wohnte	wohnten
wohnst	wohnt	wohntest	wohntet
wohnt	wohnen	wohnte	wohnten

Conversational Past		**Past Perfect**	
habe gewohnt	haben gewohnt	hatte gewohnt	hatten gewohnt
hast gewohnt	habt gewohnt	hattest gewohnt	hattet gewohnt
hat gewohnt	haben gewohnt	hatte gewohnt	hatten gewohnt

Future		**Future Perfect**	
werde wohnen	werden wohnen	werde gewohnt haben	werden gewohnt haben
wirst wohnen	werdet wohnen	wirst gewohnt haben	werdet gewohnt haben
wird wohnen	werden wohnen	wird gewohnt haben	werden gewohnt haben

Subjunctive

Present		**Past**	
wohne	wohnen	wohnte	wohnten
wohnest	wohnet	wohntest	wohntet
wohne	wohnen	wohnte	wohnten

Present Perfect		**Past Perfect**	
habe gewohnt	haben gewohnt	hätte gewohnt	hätten gewohnt
habest gewohnt	habet gewohnt	hättest gewohnt	hättet gewohnt
habe gewohnt	haben gewohnt	hätte gewohnt	hätten gewohnt

Conditional

Present		**Perfect**	
würde wohnen	würden wohnen	würde gewohnt haben	würden gewohnt haben
würdest wohnen	würdet wohnen	würdest gewohnt haben	würdet gewohnt haben
würde wohnen	würden wohnen	würde gewohnt haben	würden gewohnt haben

Imperative

—	—
—	—

Participles

Present	**Past**
wohnend	gewohnt

Related Words

die Wohnung	apartment	*der Wohnort*	(legal) domicile
das Wohnzimmer	living room	*der Wohnsitz*	residence
wohnlich	comfortable, cozy	*der/die Einwohner/in*	resident
wohnungslos	homeless	*das Einwohner-meldeamt*	resident registration office

211

176 **wollen** to want to, wish, intend

strong
inseparable
transitive/intransitive
modal

		ich	wir
		du	ihr
		er/sie/es	sie/Sie

Indicative

Present Tense

will	wollen
willst	wollt
will	wollen

Narrative Past

wollte	wollten
wolltest	wolltet
wollte	wollten

Conversational Past

habe gewollt	haben gewollt
hast gewollt	habt gewollt
hat gewollt	haben gewollt

Past Perfect

hatte gewollt	hatten gewollt
hattest gewollt	hattet gewollt
hatte gewollt	hatten gewollt

Future

werde wollen	werden wollen
wirst wollen	werdet wollen
wird wollen	werden wollen

Future Perfect

werde gewollt haben	werden gewollt haben
wirst gewollt haben	werdet gewollt haben
wird gewollt haben	werden gewollt haben

Subjunctive

Present

wolle	wollen
wollest	wollet
wolle	wollen

Past

wollte	wollten
wolltest	wolltet
wollte	wollten

Present Perfect

habe gewollt	haben gewollt
habest gewollt	habet gewollt
habe gewollt	haben gewollt

Past Perfect

hätte gewollt	hätten gewollt
hättest gewollt	hättet gewollt
hätte gewollt	hätten gewollt

Conditional

Present

würde wollen	würden wollen
würdest wollen	würdet wollen
würde wollen	würden wollen

Perfect

würde gewollt haben	würden gewollt haben
würdest gewollt haben	würdet gewollt haben
würde gewollt haben	würden gewollt haben

Imperative

—	—
—	—

Participles

Present

Past
wollend	gewollt

Related Words

das Wollen	will; ambition	*willig*	willing
der Wille	will; intent	*die Willensfreiheit*	free will
die Willensstärke	willpower	*die Wollust*	voluptousness, lust
willenlos	lacking willpower		

177 **wünschen** to wish, desire

weak			ich	wir
inseparable			du	ihr
transitive			er/sie/es	sie/Sie
(reflexive)				

Indicative

Present Tense
wünsche	wünschen
wünschst	wünscht
wünscht	wünschen

Narrative Past
wünschte	wünschten
wünschtest	wünschtet
wünschte	wünschten

Conversational Past
habe gewünscht	haben gewünscht
hast gewünscht	habt gewünscht
hat gewünscht	haben gewünscht

Past Perfect
hatte gewünscht	hatten gewünscht
hattest gewünscht	hattet gewünscht
hatte gewünscht	hatten gewünscht

Future
werde wünschen	werden wünschen
wirst wünschen	werdet wünschen
wird wünschen	werden wünschen

Future Perfect
werde gewünscht haben	werden gewünscht haben
wirst gewünscht haben	werdet gewünscht haben
wird gewünscht haben	werden gewünscht haben

Subjunctive

Present
wünsche	wünschen
wünschest	wünschet
wünsche	wünschen

Past
wünschte	wünschten
wünschtest	wünschtet
wünschte	wünschten

Present Perfect
habe gewünscht	haben gewünscht
habest gewünscht	habet gewünscht
habe gewünscht	haben gewünscht

Past Perfect
hätte gewünscht	hätten gewünscht
hättest gewünscht	hättet gewünscht
hätte gewünscht	hätten gewünscht

Conditional

Present
würde wünschen	würden wünschen
würdest wünschen	würdet wünschen
würde wünschen	würden wünschen

Perfect
würde gewünscht haben	würden gewünscht haben
würdest gewünscht haben	würdet gewünscht haben
würde gewünscht haben	würden gewünscht haben

Imperative
wünsch(e)!	wünschen Sie!
wünscht!	wünschen wir!

Participles

Present
wünschend

Past
gewünscht

Related Words

der Wunsch	wish	*sich wünschen*	to wish for, long for
das Wunschbild	ideal	*der Glückwunsch*	congratulations
wunschlos	content, satisfied	*Herzliche Glück-*	Congratulations!
wünschenswert	desirable	*wünsche!*	

178 **zeigen** to show, indicate, point out

weak
inseparable
transitive

	ich	wir
	du	ihr
	er/sie/es	sie/Sie

Indicative

Present Tense
zeige   zeigen
zeigst   zeigt
zeigt   zeigen

Narrative Past
zeigte   zeigten
zeigtest   zeigtet
zeigte   zeigten

Conversational Past
habe gezeigt   haben gezeigt
hast gezeigt   habt gezeigt
hat gezeigt   haben gezeigt

Past Perfect
hatte gezeigt   hatten gezeigt
hattest gezeigt   hattet gezeigt
hatte gezeigt   hatten gezeigt

Future
werde zeigen   werden zeigen
wirst zeigen   werdet zeigen
wird zeigen   werden zeigen

Future Perfect
werde gezeigt haben   werden gezeigt haben
wirst gezeigt haben   werdet gezeigt haben
wird gezeigt haben   werden gezeigt haben

Subjunctive

Present
zeige   zeigen
zeigest   zeiget
zeige   zeigen

Past
zeigte   zeigten
zeigtest   zeigtet
zeigte   zeigten

Present Perfect
habe gezeigt   haben gezeigt
habest gezeigt   habet gezeigt
habe gezeigt   haben gezeigt

Past Perfect
hätte gezeigt   hätten gezeigt
hättest gezeigt   hättet gezeigt
hätte gezeigt   hätten gezeigt

Conditional

Present
würde zeigen   würden zeigen
würdest zeigen   würdet zeigen
würde zeigen   würden zeigen

Perfect
würde gezeigt haben   würden gezeigt haben
würdest gezeigt haben   würdet gezeigt haben
würde gezeigt haben   würden gezeigt haben

Imperative
zeig(e)!   zeigen Sie!
zeigt!   zeigen wir!

Participles

Present
zeigend

Past
gezeigt

Related Words

sich zeigen   to make an
                  appearance

aufzeigen   to present; demonstrate
der Zeigefinger   index finger

179 **ziehen** to pull, tow, tug

strong
inseparable
transitive/intransitive

	ich	wir
	du	ihr
	er/sie/es	sie/Sie

Indicative

Present Tense
ziehe	ziehen
ziehst	zieht
zieht	ziehen

Narrative Past
zog	zogen
zogst	zogt
zog	zogen

Conversational Past
habe gezogen	haben gezogen
hast gezogen	habt gezogen
hat gezogen	haben gezogen

Past Perfect
hatte gezogen	hatten gezogen
hattest gezogen	hattet gezogen
hatte gezogen	hatten gezogen

Future
werde ziehen	werden ziehen
wirst ziehen	werdet ziehen
wird ziehen	werden ziehen

Future Perfect
werde gezogen haben	werden gezogen haben
wirst gezogen haben	werdet gezogen haben
wird gezogen haben	werden gezogen haben

Subjunctive

Present
ziehe	ziehen
ziehest	ziehet
ziehe	ziehen

Past
zöge	zögen
zögest	zöget
zöge	zögen

Present Perfect
habe gezogen	haben gezogen
habest gezogen	habet gezogen
habe gezogen	haben gezogen

Past Perfect
hätte gezogen	hätten gezogen
hättest gezogen	hättet gezogen
hätte gezogen	hätten gezogen

Conditional

Present
würde ziehen	würden ziehen
würdest ziehen	würdet ziehen
würde ziehen	würden ziehen

Perfect
würde gezogen haben	würden gezogen haben
würdest gezogen haben	würdet gezogen haben
würde gezogen haben	würden gezogen haben

Imperative
zieh(e)!	ziehen Sie!
zieht!	ziehen wir!

Participles
Present	Past
ziehend	gezogen

Related Words

umziehen	to move, change one's residence	
		aufziehen — to pull up
ausziehen	to pull out	*sich umziehen* — to change one's clothes
zuziehen	to pull together	*die Anziehung* — attraction

180 zugreifen to help oneself

strong
separable
intransitive

ich   wir
du   ihr
er/sie/es   sie/Sie

Indicative

Present Tense

greife zu	greifen zu		
greifst zu	greift zu		
greift zu	greifen zu		

Narrative Past

griff zu	griffen zu		
griffst zu	grifft zu		
griff zu	griffen zu		

Conversational Past

habe zugegriffen	haben zugegriffen
hast zugegriffen	habt zugegriffen
hat zugegriffen	haben zugegriffen

Past Perfect

hatte zugegriffen	hatten zugegriffen
hattest zugegriffen	hattet zugegriffen
hatte zugegriffen	hatten zugegriffen

Future

werde zugreifen	werden zugreifen
wirst zugreifen	werdet zugreifen
wird zugreifen	werden zugreifen

Future Perfect

werde zugegriffen haben	werden zugegriffen haben
wirst zugegriffen haben	werdet zugegriffen haben
wird zugegriffen haben	werden zugegriffen haben

Subjunctive

Present

greife zu	greifen zu
greifest zu	greifet zu
greife zu	greifen zu

Past

griffe zu	griffen zu
griffest zu	griffet zu
griffe zu	griffen zu

Present Perfect

habe zugegriffen	haben zugegriffen
habest zugegriffen	habet zugegriffen
habe zugegriffen	haben zugegriffen

Past Perfect

hätte zugegriffen	hätten zugegriffen
hättest zugegriffen	hättet zugegriffen
hätte zugegriffen	hätten zugegriffen

Conditional

Present

würde zugreifen	würden zugreifen
würdest zugreifen	würdet zugreifen
würde zugreifen	würden zugreifen

Perfect

würde zugegriffen haben	würden zugegriffen haben
würdest zugegriffen haben	würdet zugegriffen haben
würde zugegriffen haben	würden zugegriffen haben

Imperative

greif(e) zu!	greifen Sie zu!
greift zu!	greifen wir zu!

Participles

Present	Past
zugreifend	zugegriffen

Related Words

der Zugriff	grip	*Er braucht nur zuzugreifen.*	He may have it for the mere asking.
greifen	to seize, grasp, grab	*Kekse? Greifen Sie zu!*	Cookies? Help yourself!

181 zuhören to listen

weak
separable
transitive/intransitive

ich   wir
du   ihr
er/sie/es   sie/Sie

Indicative

Present Tense

höre zu	hören zu
hörst zu	hört zu
hört zu	hören zu

Narrative Past

hörte zu	hörten zu
hörtest zu	hörtet zu
hörte zu	hörten zu

Conversational Past

habe zugehört	haben zugehört
hast zugehört	habt zugehört
hat zugehört	haben zugehört

Past Perfect

hatte zugehört	hatten zugehört
hattest zugehört	hattet zugehört
hatte zugehört	hatten zugehört

Future

werde zuhören	werden zuhören
wirst zuhören	werdet zuhören
wird zuhören	werden zuhören

Future Perfect

werde zugehört haben	werden zugehört haben
wirst zugehört haben	werdet zugehört haben
wird zugehört haben	werden zugehört haben

Subjunctive

Present

höre zu	hören zu
hörest zu	höret zu
höre zu	hören zu

Past

hörte zu	hörten zu
hörtest zu	hörtet zu
hörte zu	hörten zu

Present Perfect

habe zugehört	haben zugehört
habest zugehört	habet zugehört
habe zugehört	haben zugehört

Past Perfect

hätte zugehört	hätten zugehört
hättest zugehört	hättet zugehört
hätte zugehört	hätten zugehört

Conditional

Present

würde zuhören	würden zuhören
würdest zuhören	würdet zuhören
würde zuhören	würden zuhören

Perfect

würde zugehört haben	würden zugehört haben
würdest zugehört haben	würdet zugehört haben
würde zugehört haben	würden zugehört haben

Imperative

hör(e) zu!	hören Sie zu!
hört zu!	hören wir zu!

Participles

Present	Past
zuhörend	zugehört

Related Words

hören	to hear	*aufhören*	to stop
der/die	listener		
Zuhörer/in			

Conversation
Manual

INTRODUCTION

Welcome to the conversation manual of *Living Language*™ *German 2*. The program consists of 40 lessons with three sections each. Section A introduces the verb forms. After a brief explanation you will conjugate a model verb. Section B reinforces and expands upon what you've learned about a particular verb by presenting real-life conversations between native German speakers. In Section C you will have the opportunity to check your progress and to see whether you've mastered the lesson. Study with *Living Language*™ *German 2* as often as you wish to review and reinforce your language skills. Now, let's begin.

PART I: SPEAKING ABOUT PRESENT AND FUTURE ACTIONS

LESSON 1: THE PRESENT INDICATIVE OF PREDICTABLE VERBS

1. A.

The present indicative corresponds to the English forms "I speak," "I am speaking," "I do speak." Before we go on, let's review a few necessary terms. Indicative refers to making a statement of some kind. Present refers to statements about the present, rather than the past or future. An infinitive is the form of the verb as it is found in the dictionary: *sprechen*—"to speak," *essen*—"to eat," or *arbeiten*—"to work." The stem of the verb is the part that comes before the infinitive's final *-en*. The endings that are added to the stem of a verb reflect which and how many persons are involved in a given activity.

Let's start by conjugating the weak, or predictable, verb *wohnen*—"to live" with the singular subject pronouns: *ich*—"I," *Sie*—"you" (polite), *du*—"you" (familiar), *er*—"he," and *sie*—"she." Since the same sound, *sie/Sie*, can denote either "she" or "you," the verb endings and the context are critical in conveying and understanding meaning. Listen first and then repeat each form and sentence after the speaker in the pauses provided. *Hören Sie zu und wiederholen Sie!*

I live	**ich wohne**
I live in Chicago.	**Ich wohne in Chicago.**
you live	**Sie wohnen**
you live in Berlin.	**Sie wohnen in Berlin.**
you live	**du wohnst**
you live in Munich.	**Du wohnst in München.**
he lives	**er wohnt**
He lives in Hamburg.	**Er wohnt in Hamburg.**

The singular verb endings in the present indicative are: *-e, -en, -st, -t.*

Now, let's practice conjugating with plural subject pronouns: *wir*—"we," *Sie*—"you" (polite), *ihr*—"you" (familiar), and *sie*—"they." Listen first and then repeat each form and sentence after the speaker. *Hören Sie zu und wiederholen Sie!*

we live	**wir wohnen**
We live in Houston.	**Wir wohnen in Houston.**
you live	**Sie wohnen**
You live in Stuttgart.	**Sie wohnen in Stuttgart.**
you live	**ihr wohnt**
You live in Mannheim.	**Ihr wohnt in Mannheim.**
they live	**sie wohnen**
They live in Leipzig.	**Sie wohnen in Leipzig.**

The plural verb endings in the present indicative are: *-en, -en, -t, -en.*

Remember our earlier comment about the multiple meanings of *sie/Sie*? The same sound can refer to "she," "you" (formal singular and plural), and "they."

So far the sentences were statements. Questions can be asked in two different ways. One is to simply raise your voice at the end of a question, just as in English. Compare:

They live in Stuttgart.	**Sie wohnen in Stuttgart.**
They live in Stuttgart?	**Sie wohnen in Stuttgart?**

Listen and repeat. *Hören Sie zu und wiederholen Sie!*

You live in Munich?	**Du wohnst in München?**
She doesn't live in Berlin any more?	**Sie wohnt nicht mehr in Berlin?**

A second way to ask a question is to invert the subject and the verb, which is similar but not identical to English. Compare:

They live in Mannheim.   **Sie wohnen in Mannheim.**
Do they live in Mannheim?   **Wohnen sie in Mannheim?**

Listen and repeat. *Hören Sie zu und wiederholen Sie!*

Does Herr Meyer live in   **Wohnt Herr Meyer in Bonn?**
   Bonn?
Do you live here?   **Wohnt ihr hier?**

One way to make a statement negative is to place the word *nicht* before the part of the sentence you wish to negate. Listen and repeat. *Hören Sie zu und wiederholen Sie!*

He lives in Bonn.   **Er wohnt in Bonn.**
He doesn't live in Bonn.   **Er wohnt nicht in Bonn.**
They still live in Ulm.   **Sie wohnen noch in Ulm.**
She no longer lives there.   **Sie wohnt nicht mehr dort.**

From now on, negative and positive statements as well as questions will be mixed when we practice new verbs.

1. B.

Let's practice this conjugation using *wohnen*, as well as two verbs which are conjugated similarly. These verbs are *arbeiten*—"to work," and *heißen*—"to be named." Listen to the entire dialogue first. *Hören Sie zu!*

HERR KRAUS: *Guten Tag, Frau Grover! Schön, Sie wiederzusehen!*
FRAU GROVER: *Guten Tag, Herr Kraus! Gleichfalls! Wohnen Sie noch in Bremen?*
HERR KRAUS: *Ja, ja, meine Frau und ich wohnen immer noch in Bremen. Und Sie?*

224

FRAU GROVER:	*Ich wohne immer noch in New York. Wo sind denn Ihre Kinder und was machen sie jetzt?*
HERR KRAUS:	*Unsere Tochter arbeitet jetzt als Ingenieurin in München und unser Sohn ist Graphiker bei einer Zeitung.*
FRAU GROVER:	*Wie heißen die beiden noch einmal?*
HERR KRAUS:	*Unsere Tochter heißt Monika und unser Sohn Uwe.*
FRAU GROVER:	*Der Vortrag beginnt gleich. Treffen wir uns nachher auf ein Glas Wein!*
HERR KRAUS:	*Gut! Also bis später, Frau Grover!*
FRAU GROVER:	*Bis später, Herr Kraus.*

Now listen and repeat. *Hören Sie zu und wiederholen Sie!*

Hello, Ms. Grover!	**Guten Tag, Frau Grover!**
Nice to see you again!	**Schön, Sie wiederzusehen!**
Hello, Mr. Kraus!	**Guten Tag, Herr Kraus!**
The pleasure is mutual.	**Gleichfalls!**
Do you still live in Bremen?	**Wohnen Sie noch in Bremen?**
Oh, yes, my wife and I still live in Bremen.	**Ja, ja, meine Frau und ich wohnen immer noch in Bremen.**
And you?	**Und Sie?**
I still live in New York.	**Ich wohne immer noch in New York.**
And where are your children and what are they doing now?	**Wo sind denn Ihre Kinder und was machen sie jetzt?**
Our daughter is working as an engineer in Munich.	**Unsere Tochter arbeitet jetzt als Ingenieurin in München.**
And our son is a graphic artist for a newspaper.	**Und unser Sohn ist Graphiker bei einer Zeitung.**

What are their names again?	**Wie heißen die beiden noch einmal?**
Our daughter is called Monika and our son Uwe.	**Unsere Tochter heißt Monika und unser Sohn Uwe.**
The lecture's about to begin.	**Der Vortrag beginnt gleich.**
Let's meet afterward for a glass of wine.	**Treffen wir uns nachher auf ein Glas Wein!**
Good!	**Gut!**
'Til later then, Frau Grover!	**Also bis später, Frau Grover!**
'Til later, Herr Kraus!	**Bis später, Herr Kraus!**

1. C.

Let's check your progress. Good luck! *Viel Glück!* Answer the following affirmatively, using a complete statement. For example:

| *Arbeitet er noch in Frankfurt?* | *Ja, er arbeitet noch in Frankfurt.* |

Let's begin.

Wohnen Sie in den USA?	☞ *Ja, ich wohne in den USA.*
Arbeiten Sie und Ihr Mann noch in New York.	☞ *Ja, wir arbeiten noch in New York.*
Wohnt Herr Kraus noch in Bremen?	☞ *Ja, er wohnt noch in Bremen?*

Answer the following negatively.

Arbeiten Sie in Chicago.	☞ *Nein, ich arbeite nicht in Chicago.*
Heißt Ihr Sohn Martin?	☞ *Nein, er heißt nicht Martin.*
Wohnen Herr und Frau Peters in Stuttgart?	☞ *Nein, sie wohnen nicht in Stuttgart.*

226

Express the following in German. For example:

State that you live in Chicago.   *Ich wohne in Chicago.*

Now it's your turn. *Jetzt sind Sie dran.*

State that you live in Dallas.   ☞ *Ich wohne in Dallas.*
Say hello and introduce your-   ☞ *Guten Tag! Ich heiße*
self, using your last name.   _____.
Ask someone what their   ☞ *Wie heißen Sie, bitte?*
name is.
State that you work in   ☞ *Ich arbeite in Washington.*
Washington.

LESSON 2: THE PRESENT INDICATIVE OF VERBS WITH STEM-VOWEL CHANGE FROM *a* TO *ä*

2. A.

While the majority of verbs are conjugated like *wohnen*, there are a number of common verbs like *fahren*—"to drive/to travel" that require a stem-vowel change. The change occurs in the *du* and *er/sie/es* forms only. Compare: *ich fahre* and *er fährt.* The present indicative endings are the same as with predictable verbs. *Hören Sie zu und wiederholen Sie!*

I travel	**ich fahre**
I travel by car.	**Ich fahre mit dem Auto.**
you travel	**Sie fahren**
You don't travel on Mondays.	**Sie fahren montags nicht.**
you travel	**du fährst**
You travel tomorrow.	**Du fährst morgen.**
he travels	**er fährt**
He often travels to Canada.	**Er fährt oft nach Kanada.**
we travel	**wir fahren**
We're travelling with friends.	**Wir fahren mit Freunden.**
you travel	**Sie fahren**
You're travelling next week, aren't you?	**Sie fahren nächste Woche fort, nicht wahr?**
you travel	**ihr fahrt**
You're travelling together.	**Ihr fahrt zusammen fort.**
they travel	**sie fahren**
They always travel in the summer.	**Sie fahren im Sommer immer fort.**

2. B.

For the dialogue we'll add *schlafen*—"to sleep," and *halten*—"to hold/stop." *Hören Sie gut zu!*

THOMAS: *Fährst du denn oft mit dem Zug?*

ACHIM: *O ja! Ich halte den Zug für sehr praktisch.*

THOMAS: *Schläfst du auch manchmal im Zug?*

ACHIM: *Ja, aber diesmal nicht. Dieser Zug hält in München, und ich schlafe dann in einem Hotel.*

THOMAS: *Wie, bitte? Dieser Zug fährt nicht direkt nach Ulm?*

ACHIM: *Nein.*

THOMAS: *Aber meine Eltern fahren heute nach Ulm. Sie schlafen dort im Hotel!*

ACHIM: *Kein Problem. Wir schlafen in München, und du fährst morgen früh nach Ulm.*

THOMAS: *Prima!*

Hören Sie zu und wiederholen Sie!

Do you travel by train often?
Fährst du oft mit dem Zug?

Oh, yes! I find the train very practical.
O ja! Ich halte den Zug für sehr praktisch.

Do you sometimes sleep on the train?
Schläfst du auch manchmal im Zug?

Yes, but not this time. This train stops in Munich, and I'll sleep in a hotel.
Ja, aber diesmal nicht. Dieser Zug hält in München und ich schlafe dann in einem Hotel.

How's that again? The train doesn't go directly to Ulm?
Wie, bitte? Der Zug fährt nicht direkt nach Ulm?

No.
Nein.

But my parents are going to Ulm today! They're sleeping in the hotel there!
Aber meine Eltern fahren heute nach Ulm. Sie schlafen dort im Hotel!

| That's no problem. We'll sleep in Munich, and you 'll go to Ulm tomorrow. | **Kein Problem! Wir schlafen in München, und du fährst morgen früh nach Ulm.** |
| Terrific! | **Prima!** |

2. C.

Make full sentences using the cues. Listen to the example:

| *Ich fahre nach Berlin. (Annette)* | *Annette fährt nach Berlin.* |

Jetzt sind Sie dran.

Herr und Frau Kurz schlafen im Zug. (wir)	☞ *Wir schlafen im Zug.*
Fahrt ihr auch mit dem Auto? (Sie, Frau Kiefer)	☞ *Fahren Sie auch mit dem Auto, Frau Kiefer?*
Die Busse halten direkt vor dem Hotel. (das Taxi)	☞ *Das Taxi hält direkt vor dem Hotel.*

Now do the following:

| State that Elke isn't sleeping. | ☞ *Elke schläft nicht.* |
| State that Hannes and Kurt always drive to Frankfurt on Mondays. | ☞ *Hannes und Kurt fahren montags immer nach Frankfurt.* |

LESSON 3: THE PRESENT INDICATIVE OF VERBS WITH STEM-VOWEL CHANGE FROM *e* TO *i*

3. A.

Another group of common verbs are those whose stem-vowel changes from *e* to *i*. Compare: *ich helfe*—"I help" to *er hilft*—"he helps." Let's practice conjugating *sprechen*—"to speak." *Hören Sie zu und wiederholen Sie!*

I speak	**ich spreche**
Am I speaking too fast?	**Spreche ich zu schnell?**
you speak	**Sie sprechen**
You don't speak too fast.	**Sie sprechen nicht zu schnell.**
you speak	**du sprichst**
You speak slowly.	**Du sprichst langsam.**
she speaks	**sie spricht**
She speaks German well.	**Sie spricht gut Deutsch.**
we speak	**wir sprechen**
We're speaking English well.	**Wir sprechen gut Englisch.**
you speak	**ihr sprecht**
You're speaking only English.	**Ihr sprecht nur Englisch.**
they speak	**sie sprechen**
They're speaking about him.	**Sie sprechen von ihm.**

The meaning of a verb in German can be modified by adding a prefix. The verb *sprechen*—"to speak," for example, can be altered to *versprechen*—"to promise." Any verb created from a verb with stem-vowel change will retain that change regardless of the new meaning. A few examples will suffice:

They're promising Traudi a job.	**Sie versprechen Traudi einen Job.**
Are you promising him to do it?	**Versprichst du ihm, es zu tun?**

| Philip promises me "the world!" | **Philip verspricht mir das Blaue vom Himmel!** |

3. B.

In addition to *sprechen*—"to speak," you will hear the verbs *essen*—"to eat," and *helfen*—"to help," used in the following dialogues. *Hören Sie gut zu!*

ANNA: *Ißt du oft in einem Restaurant?*
UDO: *Nein, ich esse eigentlich nie in Restaurants. Unser Kind ist noch zu klein. Die Familie ißt lieber zu Hause.*
ANNA: *Wir essen gern früh. Und ihr?*
UDO: *Ich esse auch gern früh, aber Gabi ißt lieber spät.*

Hören Sie zu und wiederholen Sie!

Do you eat in restaurants often?	**Ißt du oft in einem Restaurant?**
No, I never eat in restaurants.	**Nein, ich esse eigentlich nie in Restaurants.**
Our child is still too small.	**Unser Kind ist noch zu klein.**
The family prefers to eat at home.	**Die Familie ißt lieber zu Hause.**
We like to eat early.	**Wir essen gern früh.**
And all of you?	**Und ihr?**
I like to eat early too, but Gabi prefers to eat late.	**Ich esse auch gern früh, aber Gabi ißt lieber spät.**

Now listen to this dialogue:

HERR KOHL: *Sprechen Sie beim Essen über Politik?*
HERR MEYER: *Nein, wir sprechen noch über Geschäfte. Über Komputerprobleme.*
HERR KOHL: *Hilft Ihnen der Komputer bei der Arbeit?*
HERR MEYER: *Ja, er hilft uns sehr.*
HERR KOHL: *Das spricht für die Technologie!*

Hören Sie zu und wiederholen Sie!

Are you talking about politics at dinner?	**Sprechen Sie beim Essen über Politik?**
No, we're still talking about business.	**Nein, wir sprechen noch über Geschäfte.**
About computer problems.	**Über Komputerprobleme.**
Does the computer help you with your work?	**Hilft Ihnen der Komputer bei der Arbeit?**
Yes, it helps us a lot.	**Ja, er hilft uns sehr.**
That says a lot for technology.	**Das spricht für die Technologie!**

3. C.

Answer the following affirmatively using the pronoun to replace the subject noun.

Sprechen Sie Deutsch?   ☞ *Ja, ich spreche Deutsch.*

Spricht der Manager zu lang-sam?   ☞ *Ja, er spricht zu langsam.*

Ißt die Familie gern Käse?   ☞ *Ja, sie ißt gern Käse.*

Now do the following:

Ask a colleague if he is talking about politics.   ☞ *Sprechen Sie über Politik?*

Tell the waiter that Thomas doesn't eat a lot of bread.   ☞ *Thomas ißt nicht viel Brot.*

LESSON 4: THE PRESENT INDICATIVE OF VERBS WITH STEM-VOWEL CHANGE FROM *e* TO *ie*

4. A.

It's time to introduce you to the vowel change pattern from *e* to *ie*. Let's start with *sehen*—"to see." *Hören Sie zu und wiederholen Sie.*

I see	**ich sehe**
I see the river.	**Ich sehe den Fluß.**
you see	**Sie sehen**
Do you see the museum?	**Sehen Sie das Museum?**
you see	**du siehst**
Do you see the new car?	**Siehst du das neue Auto?**
she sees	**sie sieht**
She sees the forest.	**Sie sieht den Wald.**
we see	**wir sehen**
We see the street.	**Wir sehen die Straße.**
you see	**Sie sehen**
Mr. & Mrs. Müller, do you see the hotel?	**Herr und Frau Müller, sehen Sie das Hotel?**
you see	**ihr seht**
Claudia and Hans, do you see the balloons?	**Claudia und Hans, seht ihr die Luftballons?**
they see	**sie sehen**
Claudia and Hans don't see me.	**Claudia und Hans sehen mich nicht.**

Note some other uses of *sehen*: *fernsehen* literally means "to see far" but it also means "to watch television."

Do you watch TV?	**Sehen Sie fern?**

Sehen also refers to one's eyesight.

I have bad eyesight.	**Ich sehe schlecht.**
He has good eyesight.	**Er sieht gut.**

234

4. B.

Other verbs that follow the same pattern are *lesen*—"to read," and *empfehlen*—"to recommend." *Hören Sie gut zu!*

HANS:	*Peter, siehst du meine Schlüssel? Ich brauche sie für das Auto.*
PETER:	*Ja, ich sehe die Schlüssel. Sie sind auf dem Schreibtisch. Aber, wo ist meine Zeitung?*
HANS:	*Hier ist die Zeitung. Liest du auch amerikanische Zeitungen?*
PETER:	*Ja, ich lese das* Wall Street Journal *jeden Tag. Ich lese auch amerikanische Bücher gern.*
HANS:	*Ich nicht. Ich lese lieber französische Bücher.*
PETER:	*Interessant. Was empfiehlst du?*

Hören Sie zu und wiederholen Sie!

Peter, do you see my keys?	**Peter, siehst du meine Schlüssel?**
I need them for the car.	**Ich brauche sie für das Auto.**
Yes, I see the keys.	**Ja, ich sehe die Schlüssel.**
They're on the desk.	**Sie sind auf dem Schreibtisch.**
But where's my newspaper?	**Aber, wo ist meine Zeitung?**
Here's the paper.	**Hier ist die Zeitung.**
Do you also read American papers?	**Liest du auch amerikanische Zeitungen?**
Yes, I read the *Wall Street Journal* every day.	**Ja, ich lese das „Wall Street Journal" jeden Tag.**
I also like to read American books.	**Ich lese auch amerikanische Bücher gern.**
I don't.	**Ich nicht.**
I prefer to read French books.	**Ich lese lieber französische Bücher.**
Interesting.	**Interessant.**
What do you recommend?	**Was empfiehlst du?**

4. C.

Answer the questions affirmatively.

Siehst du das Buch?	☞ *Ja, ich sehe das Buch.*
Liest du den Brief?	☞ *Ja, ich lese den Brief.*
Empfiehlst du den Fisch?	☞ *Ja, ich empfehle den Fisch.*

Answer the questions in the negative using the appropriate pronoun.

Liest Maria den Brief?	☞ *Nein, sie liest den Brief nicht.*
Sieht Thomas schlecht?	☞ *Nein, er sieht nicht schlecht.*
Empfehlen Maria und Thomas das Restaurant?	☞ *Nein, sie empfehlen das Restaurant nicht.*

Now do the following:

State that Peter sees well.	☞ *Peter sieht gut.*
State that you are reading the letter.	☞ *Ich lese den Brief.*

LESSON 5: THE PRESENT INDICATIVE OF VERBS WITH STEMS ENDING IN *-d*, *-t*, *-m*, AND *-n*

5. A.

The verb *arbeiten*—"to work" belongs to a group of verbs with a stem ending in *-d*, *-t*, *-m*, or *-n* preceded by a vowel or a consonant other than *-l* or *-r*. Therefore, an *-e* is added in the *du-*, *er-/sie-/es-*, and *ihr-*forms before the usual endings of *-st* and *-t* in order to make pronunciation easier. Other such verbs are *kosten*—"to cost," *antworten*—"to answer," *bedeuten*—"to mean," *baden*—"to bathe," *finden*—"to find," and *regnen*—"to rain." *Hören Sie zu und wiederholen Sie!*

I work	**ich arbeite**
I work at home.	**Ich arbeite zu Hause.**
you work	**Sie arbeiten**
You work late.	**Sie arbeiten spät.**
you work	**du arbeitest**
Since when are you working there?	**Seit wann arbeitest du denn dort?**
he works	**er arbeitet**
He doesn't work there anymore.	**Er arbeitet nicht mehr dort.**
we work	**wir arbeiten**
We work a lot.	**Wir arbeiten viel.**
you work	**Sie arbeiten**
Where do you both work?	**Wo arbeiten Sie beide?**
you work	**ihr arbeitet**
Where are you working now?	**Wo arbeitet ihr jetzt?**
they work	**sie arbeiten**
They don't work here.	**Sie arbeiten nicht hier.**

Listen to some additional examples using other verbs in this group.

you bathe	**du badest**
Are you bathing the child?	**Badest du das Kind?**
you find	**du findest**
How do you find the book?	**Wie findest du das Buch?**
it means	**es bedeutet**
That doesn't mean anything.	**Das bedeutet nichts.**
it costs	**es kostet**
What does that cost?	**Was kostet das?**
you answer	**ihr antwortet**
Are you answering?	**Antwortet ihr?**
it rains	**Es regnet.**
Is it raining?	**Regnet es?**

5. B.

Hören Sie gut zu!

MONIKA: *Guck mal, das Kleid da, süß, nicht?*

INGE: *Ja, aber es kostet viel zu viel!*

MONIKA: *Ich weiß. Aber schön ist es.*

INGE: *Wie findest du die Jacke da?*

MONIKA: *Ja, die ist auch sehr schön.*

INGE: *Sag mal, wo arbeitet eigentlich dein Bruder jetzt?*

MONIKA: *Jürgen arbeitet jetzt bei einem Pharma-Unternehmen.*

INGE: *Sehr interessant. Ist er zufrieden?*

MONIKA: *Klar! Er findet die Arbeit klasse!*

Hören Sie zu und wiederholen Sie!

Look, that dress there, cute, isn't it?	**Guck mal, das Kleid da, süß, nicht?**
Yes, but it costs much too much!	**Ja, aber es kostet viel zu viel!**

238

I know.	**Ich weiß.**
But it is nice.	**Aber schön ist es.**
How do you like that jacket?	**Wie findest du die Jacke da?**
Yes, that's very nice as well.	**Ja, die ist auch sehr schön.**
Say, where's your brother working now?	**Sag mal, wo arbeitet eigentlich dein Bruder jetzt?**
Jürgen's working for a pharmaceutical company.	**Jürgen arbeitet jetzt bei einem Pharma-Unternehmen.**
Very interesting.	**Sehr interessant.**
Is he happy?	**Ist er zufrieden?**
Absolutely! He thinks the job is great!	**Klar! Er findet die Arbeit klasse!**

5. C.

Answer the questions using either *ja* or *nein* as indicated.

Badet Maria das Kind? (ja)	☞ *Ja, Maria badet das Kind.*
Regnet es? (nein)	☞ *Nein, es regnet nicht.*
Kostet das Kleid viel? (ja)	☞ *Ja, das Kleid kostet viel.*
Antwortet ihr? (ja)	☞ *Ja, wir antworten.*

LESSON 6: THE PRESENT INDICATIVE OF MODALS

6. A.

As in English, certain German verbs function as modal auxiliary verbs, describing the attitude or mood toward an activity. German has six modal verbs: *dürfen*—"may, to be allowed to"; *können*—"can/to be able to"; *mögen*—"to like"; *müssen*—"must/to have to"; *sollen*—"shall/to be supposed to"; and *wollen*—"to want to." Let's begin with the verb *können*.

I can	**ich kann**
I can do that.	**Ich kann das machen.**
you can	**Sie können**
You can't do that.	**Sie können das nicht machen.**
you can	**du kannst**
Can you do it?	**Kannst du das machen?**
he can	**er kann**
He cannot come.	**Er kann nicht kommen.**
we can	**wir können**
We can see that.	**Wir können das sehen.**
you can	**Sie können**
You can go now.	**Sie können jetzt gehen.**
you can	**ihr könnt**
You can understand that.	**Ihr könnt das verstehen.**
they can	**sie können**
They can't believe that.	**Sie können das nicht glauben.**

As with *können*, the stem vowels of the verbs *dürfen* and *mögen* also change to *a* in the *ich-*, *du-*, and *er-/sie-/es-* forms:

I may	**ich darf**
you like	**du magst**
he may	**er darf**
she likes	**sie mag**

240

Müssen simply drops the umlaut in the singular:

I have to	**ich muß**
you have to	**du mußt**
she has to	**sie muß**

Wollen changes the *o* to *i* in the singular:

I want	**ich will**
you want	**du willst**
he wants	**er will**

Sollen shows no change in the stem vowel.

I am supposed to	**ich soll**
you are supposed to	**du sollst**
he is supposed to	**er soll**

Now listen to some more examples.

She can speak Spanish.	**Sie kann Spanisch.**
You may stay.	**Ihr dürft bleiben.**
He is supposed to wait.	**Er soll warten.**
Do they like the film?	**Mögen sie den Film?**
We must go to work.	**Wir müssen zur Arbeit.**
Do you want to go?	**Willst du gehen?**

The main verb that accompanies the modal is in the infinitive. If the context is clear the infinitive can be omitted. Compare these examples:

She can speak Spanish.	**Sie kann Spanisch.**
	Sie kann Spanisch sprechen.
She wants to go home.	**Sie will nach Hause.**
	Sie will nach Hause gehen.

6. B.

Hören Sie gut zu!

ASTRID: *Du, Mutti, darf ich heute nachmittag in die Stadt?*

MUTTER: *Du mußt doch noch deine Hausaufgaben machen!*

ASTRID: *Das kann ich doch später machen! Melanie und ich wollen einkaufen gehen.*

MUTTER: *Ihr könnt doch am Samstag gehen.*

ASTRID: *Ja, das schon. Aber am Samstag muß Melanie zu ihren Großeltern.*

MUTTER: *Na, ja, gut. Aber ihr müßt um sechs wieder zurück sein.*

ASTRID: *Soll ich dir etwas mitbringen?*

MUTTER: *Nein, danke.*

ASTRID: *Also, ich muß los! Tschüß!*

Hören Sie zu und wiederholen Sie!

Mom, may I go downtown this afternoon?	**Du, Mutti, darf ich heute nachmittag in die Stadt?**
You have to do your homework!	**Du mußt doch noch deine Hausaufgaben machen!**
I can do that later!	**Das kann ich doch später machen!**
Melanie and I want to go shopping.	**Melanie und ich wollen einkaufen gehen.**
But you can go on Saturday.	**Ihr könnt doch am Samstag gehen.**
Yes, that's true.	**Ja, das schon.**
But on Saturday Melanie has to go to see her grandparents.	**Aber am Samstag muß Melanie zu ihren Großeltern.**
Well, okay....	**Na ja, gut.**

But you have to be back at six.	**Aber ihr müßt um sechs wieder zurück sein.**
Should I bring you anything?	**Soll ich dir etwas mitbringen?**
No, thanks.	**Nein, danke.**
Well, then, I have to go.	**Also, ich muß los!**
Bye!	**Tschüß!**

6. C.

Answer the following questions using *ja* or *nein* as indicated.

Kannst du Deutsch? (ja, ich)	☞ *Ja, ich kann Deutsch.*
Wollt ihr heute ins Kino gehen? (nein, wir)	☞ *Nein, wir wollen heute nicht ins Kino gehen.*
Mußt du nicht bald zur Arbeit? (ja, ich)	☞ *Ja, ich muß bald zur Arbeit.*
Mögen Sie ihn? (nein, ich)	☞ *Nein, ich mag ihn nicht.*
Soll ich ihr helfen? (ja, Sie)	☞ *Ja, Sie sollen ihr helfen.*
Darf man hier rauchen? (nein, man)	☞ *Nein, man darf hier nicht rauchen.*

LESSON 7: THE PRESENT INDICATIVE OF SEMI-REGULAR VERBS

7. A.

Bringen—"to bring"; *denken*—"to think"; *kennen*—"to know/be acquainted with"; and *wissen*—"to know a fact" belong to a group of verbs that appear regular in the present, but are irregular in the past tense. We will call these verbs semi-regular or mixed verbs. Let's first concentrate on *wissen* and *kennen*. Both are translated as "to know." But in German, there is a clear distinction in their use. For example, you know a fact with *wissen*, such as: *Ich weiß die Adresse*—"I know the address," or *Er weiß die Antwort*—"He knows the answer." *Kennen*, on the other hand, is to know or to be acquainted with a person, place, or thing. For example: *Ich kenne Frau Müller*—"I know Mrs. Müller," or *Ich kenne Paris*—"I know Paris."

Wissen has a stem vowel change in its singular.

I know	**ich weiß**
I know that.	**Ich weiß das.**
you know	**Sie wissen**
You know a lot.	**Sie wissen viel.**
you know	**du weißt**
What do you know?	**Was weißt du?**
she knows	**sie weiß**
She knows the answer.	**Sie weiß die Antwort.**
we know	**wir wissen**
We know where he lives.	**Wir wissen, wo er wohnt.**
you know	**Sie wissen**
Do you know his telephone number?	**Wissen Sie seine Telefonnummer?**
you know	**ihr wißt**
Don't you know that?	**Wißt ihr das nicht?**
they know	**sie wissen**
They know where the hotel is.	**Sie wissen, wo das Hotel ist.**

Now let's practice conjugating *kennen*.

I know	**ich kenne**
I know him.	**Ich kenne ihn.**
you know	**Sie kennen**
Do you know her?	**Kennen Sie sie?**
you know	**du kennst**
Do you know the film?	**Kennst du den Film?**
she knows	**sie kennt**
She knows the hotel.	**Sie kennt das Hotel.**
we know	**wir kennen**
We don't know Gerd very well.	**Wir kennen Gerd nicht sehr gut.**
you know	**Sie kennen**
Do you know Berlin?	**Kennen Sie Berlin?**
you know	**ihr kennt**
Do you know this family?	**Kennt ihr diese Familie?**
they know	**sie kennen**
They know everyone.	**Sie kennen jeden.**

Let's practice the other verbs now.

Are you thinking of it?	**Denkst du daran?**
Is he bringing the menu?	**Bringt er die Speisekarte?**
I'm thinking of my trip.	**Ich denke an meine Reise.**
Please, call me Kevin.	**Bitte, nennen Sie mich doch Kevin.**

7. B.

Hören Sie gut zu!

FRAU MEINERT: *Wir sind heute abend bei Uwe und Gisela eingeladen.*

HERR MEINERT: *Ich weiß. Um vieviel Uhr denn?*

FRAU MEINERT: *So um acht. Sollen wir unsere Photos vom Urlaub mitbringen?*

HERR MEINERT:	*Ich denke ja. Ich kenne Uwe, der foto-grafiert ja auch sehr gern.*
FRAU MEINERT:	*Weißt du was, ich kaufe noch schnell Blumen.*
HERR MEINERT:	*Was für Blumen mag sie eigentlich?*
FRAU MEINERT:	*Ich weiß, daß sie Nelken mag.*
HERR MEINERT:	*Gute Idee!*

Hören Sie zu und wiederholen Sie!

We're invited over to Uwe's and Gisela's this evening.	**Wir sind heute abend bei Uwe und Gisela eingeladen.**
I know.	**Ich weiß.**
At what time?	**Um wieviel Uhr denn?**
At around eight.	**So um acht.**
Shall we bring along our pictures from our vacation?	**Sollen wir unsere Photos vom Urlaub mitbringen?**
I think so.	**Ich denke ja.**
I know Uwe, he enjoys taking pictures as well.	**Ich kenne Uwe, der fotografiert ja auch sehr gern.**
You know what, I'll quickly buy some flowers.	**Weißt du was, ich kaufe schnell noch Blumen.**
What kind of flowers does she like?	**Was für Blumen mag sie eigentlich?**
I know she likes carnations.	**Ich weiß, daß sie Nelken mag.**
Good idea!	**Gute Idee!**

7. C.

Answer the questions using *ja* or *nein* as indicated.

Denkst du oft an ihn? (ja)	☞ *Ja, ich denke oft an ihn.*
Bringen Sie Karl das Buch? (ja)	☞ *Ja, ich bringe Karl das Buch.*

Wissen Sie, wo er wohnt?
(nein)

☞ *Nein, ich weiß nicht, wo er wohnt.*

Kennt er die Frau? (nein)

☞ *Nein, er kennt die Frau nicht.*

Now do the following:

Ask the waiter to bring you the menu.

☞ *Herr Ober, bringen Sie mir die Speisekarte!*

Ask Mr. Kunz if he knows your daughter.

☞ *Herr Kunz, kennen Sie meine Tochter?*

Say that Karl knows the answer.

☞ *Karl weiß die Antwort.*

LESSON 8: THE PRESENT INDICATIVE OF IMPERSONAL VERBS

8. A.

Let's now turn to some verbs that are usually used only with the impersonal pronoun *es*. This group includes verbs referring to the weather, such as *regnen*—"to rain," *schneien*—"to snow," *blitzen*—"to lightning," and *donnern*—"to thunder." This is how you would describe the weather.

It's snowing.	**Es schneit.**
It's raining.	**Es regnet.**
It's thundering.	**Es donnert.**
It's lightning.	**Es blitzt.**

The verb *geben* also frequently appears with the impersonal pronoun *es*.

there is/there are	**es gibt**
There is a lot to do.	**Es gibt viel zu tun.**
What's new?	**Was gibt's Neues?**
There will be rain today.	**Es gibt heute Regen.**

Note also the following expressions using the impersonal pronoun *es*.

Fire!	**Es brennt!**
It's all the same to me.	**Es ist mir egal.**
How are you?	**Wie geht es Ihnen?**
I'm fine.	**Mir geht es gut.**

8. B.

Hören Sie gut zu!

HOLGER: *Hallo, Jürgen! Wie geht's dir?*
JÜRGEN: *Hallo, Holger! Mir geht's gut. Was gibt's Neues bei dir?*
HOLGER: *Nicht viel. Ich helfe meinem Vater im Geschäft. Es gibt viel zu tun.*
JÜRGEN: *In Bayern schneit es. Sollen wir zusammen Skiurlaub machen?*
HOLGER: *Ich kann leider nicht. Schade, daß es hier immer nur regnet und nie schneit. Leider kann man hier selten skifahren.*
JÜRGEN: *Stimmt!*

Hören Sie zu und wiederholen Sie!

Hello, Jürgen!	**Hallo, Jürgen!**
How are you?	**Wie geht's dir?**
Hello, Holger.	**Hallo, Holger!**
I'm fine.	**Mir geht's gut.**
What's new with you?	**Was gibt's Neues bei dir?**
Not much.	**Nicht viel.**
I'm helping my father in the store.	**Ich helfe meinem Vater im Geschäft.**
There is a lot to do.	**Es gibt viel zu tun.**
It's snowing in Bavaria.	**In Bayern schneit es.**
Should we take a skiing vacation together?	**Sollen wir zusammen Skiurlaub machen?**
I can't, unfortunately.	**Ich kann leider nicht.**
Too bad it only rains here all the time, and never snows.	**Schade, daß es hier immer nur regnet und nie schneit.**
Unfortunately, you can rarely ski here.	**Leider kann man hier selten skifahren.**
True!	**Stimmt!**

8. C.

Answer the questions using *ja* and *nein* as indicated.

Schneit es? (ja)   ☞ *Ja, es schneit.*
Gibt es viel zu tun? (nein)   ☞ *Nein, es gibt nicht viel zu tun.*

    Now do the following:

Ask your friend how he is.   ☞ *Wie geht's dir?*
Say that there is a fire.   ☞ *Es brennt!*
Ask a colleague how she is.   ☞ *Wie geht es Ihnen?*

LESSON 9: THE PRESENT INDICATIVE OF *HABEN*

9. A.

The verb *haben*—"to have" has many important uses and it is irregular in its conjugation. *Hören Sie zu und wiederholen Sie!*

I have	**ich habe**
I have a car.	**Ich habe ein Auto.**
you have	**Sie haben**
You don't have any patience.	**Sie haben keine Geduld.**
you have	**du hast**
You have time.	**Du hast Zeit.**
he has	**er hat**
Paul has no problems.	**Paul hat keine Probleme.**
we have	**wir haben**
Do we have time?	**Haben wir Zeit?**
you have	**Sie haben**
Do you have your tickets?	**Haben Sie Ihre Fahrkarten?**
you have	**ihr habt**
You have a house.	**Ihr habt ein Haus.**
they have	**sie haben**
They have two children.	**Sie haben zwei Kinder.**

Note also the use of *haben* in the following phrases: *Hunger haben*—"to be hungry," *Durst haben*—"to be thirsty," *recht haben*—"to be right," and *Lust haben*—"to want/feel like doing something."

I am hungry.	**Ich habe Hunger.**
Are you thirsty?	**Haben Sie Durst?**
You're right!	**Du hast recht!**
Do you feel like going to the movies?	**Hast du Lust ins Kino zu gehen?**

9. B.

Hören Sie gut zu!

MICHAEL:	*Heike, hast du Lust ins Kino zu gehen?*
HEIKE:	*Ja, aber ich habe großen Hunger. Können wir nicht zuerst etwas essen?*
MICHAEL:	*Ja, sicher. Ich habe auch Durst. Wo sollen wir hingehen?*
HEIKE:	*Vielleicht ins Cafe dort drüben?*
MICHAEL:	*Ja, gut. Welchen Film möchtest du sehen?*
HEIKE:	Schtonk. *Der Film soll gut sein.*
MICHAEL:	*Du hast recht.*

Hören Sie zu und wiederholen Sie!

Heike, do you feel like going to the movies?	**Heike, hast du Lust ins Kino zu gehen?**
Yes, but I'm very hungry.	**Ja, aber ich habe großen Hunger.**
Can't we first eat something?	**Können wir nicht zuerst etwas essen?**
Yes, of course.	**Ja, sicher.**
I'm also thirsty.	**Ich habe auch Durst.**
Where shall we go?	**Wo sollen wir hingehen?**
Perhaps to the cafe over there.	**Vielleicht ins Cafe dort drüben.**
Yes, O.K.	**Ja, gut.**
Which film would you like to see?	**Welchen Film möchtest du sehen?**
Schtonk.	**„Schtonk."**
The film is supposed to be good.	**Der Film soll gut sein.**
You're right.	**Du hast recht.**

9. C.

Answer the questions using *ja* or *nein* as indicated.

Hast du heute Zeit? (ja)   ☞ *Ja, ich habe heute Zeit.*
Haben Sie ein Auto? (ja)   ☞ *Ja, ich habe ein Auto.*
Hat sie recht? (ja)   ☞ *Ja, sie hat recht.*

Now do the following:

Ask if Ilse has any children.   ☞ *Hat Ilse Kinder?*
Ask your friends if they feel   ☞ *Habt ihr Lust ins Kino zu*
   like going to the movies.   *gehen?*
Ask your friend if he is   ☞ *Hast du Hunger?*
   hungry.

LESSON 10: THE PRESENT INDICATIVE OF *SEIN*

10. A.

The verb *sein*—"to be" is highly irregular. *Hören Sie zu und wiederholen Sie!*

I am	**ich bin**
I am tired.	**Ich bin müde.**
you are	**Sie sind**
You are busy.	**Sie sind beschäftigt.**
you are	**du bist**
Are you happy?	**Bist du glücklich?**
she is	**sie ist**
Is she a teacher?	**Ist sie Lehrerin?**
we are	**wir sind**
We are students.	**Wir sind Studenten.**
you are	**Sie sind**
Are you Germans?	**Sind Sie Deutsche?**
you are	**ihr seid**
Are you sick?	**Seid ihr krank?**
they are	**sie sind**
Where are they?	**Wo sind sie?**

10. B.

Hören Sie zu!

RENATE: *Ach, du bist es, Brigitte!*

BRIGITTE: *Hallo, Renate! Wie geht es dir?*

RENATE: *Gut. Ich bin wieder berufstätig. Ich bin Lehrerin.*

BRIGITTE: *Das ist ja toll. Und was macht dein Mann?*

RENATE: *Mein Mann ist immer noch bei Müller & Co. Und ihr?*

BRIGITTE: *Wir sind recht glücklich in unserem neuen Haus. Ihr seid übrigens zu jeder Zeit bei uns willkommen.*

RENATE: *Vielen Dank!*

Hören Sie zu und wiederholen Sie!

Oh, it's you, Brigitte!	**Ach, du bist es, Brigitte!**
Hello, Renate.	**Hallo, Renate.**
How are you?	**Wie geht es dir?**
Fine.	**Gut.**
I am working again.	**Ich bin wieder berufstätig.**
I am a teacher.	**Ich bin Lehrerin.**
That's great!	**Das ist ja toll.**
And what is your husband doing?	**Und was macht dein Mann?**
My husband is still with Müller & Co.	**Mein Mann ist immer noch bei Müller & Co.**
And you?	**Und ihr?**
We are quite happy in our new house.	**Wir sind recht glücklich in unserem neuen Haus.**
By the way, you are welcome at our house anytime.	**Ihr seid übrigens zu jeder Zeit bei uns willkommen.**
Thanks a lot!	**Vielen Dank!**

10. C.

Answer the questions using *ja* or *nein* as indicated.

Sind Sie krank? (nein)	☞ *Nein, ich bin nicht krank.*
Seid ihr müde? (ja)	☞ *Ja, wir sind müde.*
Bist du heute abend zu Hause? (nein)	☞ *Nein, ich bin heute abend nicht zu Hause.*

Now do the following:

Ask Paul if he is tired.	☞ *Paul, bist du müde?*
Ask Mr. and Mrs. Bergner if they are Germans.	☞ *Herr und Frau Bergner, sind Sie Deutsche?*

LESSON 11: THE PRESENT INDICATIVE OF *WERDEN*

11. A.

Werden—"to become, grow, or get" is irregular. *Hören Sie zu und wiederholen Sie!*

I get	**ich werde**
I'm getting sick.	**Ich werde krank.**
you become	**Sie werden**
How old will you be?	**Wie alt werden Sie denn?**
you become	**du wirst**
You will become a doctor.	**Du wirst Arzt.**
he gets	**er wird**
He's getting old.	**Er wird alt.**
it gets	**es wird**
It's getting cold in the evenings.	**Es wird abends kalt.**
we get	**wir werden**
We're getting impatient with you.	**Wir werden ungeduldig mit dir.**
you get	**Sie werden**
You're getting cheeky.	**Sie werden frech.**
you get	**ihr werdet**
Are you getting angry?	**Werdet ihr böse?**
they get	**sie werden**
The days are getting longer now.	**Die Tage werden jetzt länger.**

Here are some idiomatic uses of *werden*.

He will not amount to much.	**Aus ihm wird nichts.**
Nothing will come of it.	**Aus der Sache wird nichts.**
She's going to have a child.	**Sie wird Mutter.**

11. B.

Hören Sie gut zu!

HERBERT: *Das Wetter ist herrlich! Die Tage werden jetzt länger und es wird langsam Sommer.*

OTTO: *Ja, es wird jetzt schon schön warm.*

HERBERT: *Was machen denn die Kinder?*

OTTO: *Peter studiert noch. Er wird Architekt.*

HERBERT: *Und Andrea? Was wird aus ihr?*

OTTO: *Andrea weiß es noch nicht.*

HERBERT: *Wirst du schon müde vom Laufen?*

OTTO: *Ja, ein bißchen. Ich werde halt älter.*

Hören Sie zu und wiederholen Sie!

The weather is wonderful!	**Das Wetter ist herrlich!**
The days are getting longer now and summer is approaching.	**Die Tage werden jetzt länger und es wird langsam Sommer.**
Yes, it's already getting nice and warm now.	**Ja, es wird jetzt schon schön warm.**
What are the children doing?	**Was machen denn die Kinder?**
Peter is still in college.	**Peter studiert noch.**
He is becoming an architect.	**Er wird Architekt.**
And Andrea? What will become of her?	**Und Andrea? Was wird aus ihr?**
Andrea still doesn't know yet.	**Andrea weiß es noch nicht.**
Are you already getting tired from walking?	**Wirst du schon müde vom Laufen?**
Yes, a little bit. I'm getting older.	**Ja, ein bißchen. Ich werde halt älter.**

11. C.

Answer the questions using *ja* or *nein* as indicated.

Wird das Kind frech? (ja) ☞ *Ja, das Kind wird frech.*
Wird das Wetter morgen schön? ☞ *Nein, das Wetter wird*
  (nein)   *morgen nicht schön.*
Wirst du müde? (nein) ☞ *Nein, ich werde nicht müde.*

Now do the following:

Say that it's getting cold. ☞ *Es wird kalt.*
Ask what's to become of her. ☞ *Was wird aus ihr?*
Say that Paul is becoming a ☞ *Paul wird Arzt.*
  doctor.

LESSON 12: THE PRESENT INDICATIVE OF
ARBEITEN, HÖREN, DANKEN, AND
BEDEUTEN

12. A.

In this chapter we will add four new verbs to the group of predictable verbs: *arbeiten*—"to work" (first presented in Lesson 1), *hören*—"to hear," *danken*—"to thank," and *bedeuten*—"to mean." *Hören Sie zu und wiederholen Sie!*

I work	**ich arbeite**
I work at Siemens.	**Ich arbeite bei Siemens.**
you hear	**Sie hören**
You hear me.	**Sie hören mich.**
you thank	**du dankst**
You thank him.	**Du dankst ihm.**
it means	**es bedeutet**
It means nothing.	**Es bedeutet nichts.**
we work	**wir arbeiten**
We don't work in the summer.	**Wir arbeiten nicht im Sommer.**
you hear	**ihr hört**
You hear well.	**Ihr hört gut.**
they thank	**sie danken**
They thank the host.	**Sie danken dem Gastgeber.**

12. B.

Hören Sie gut zu!

Dr. Geiger: *Ja, ja, Frau Schneider. Es ist ganz klar, Sie arbeiten einfach zu viel.*

Frau Schneider: *Na, was bedeutet denn das, Herr Doktor? Soll ich jetzt etwa nur noch zu Hause arbeiten?*

Dr. Geiger: *Nein, aber hören Sie bitte gut zu: arbeiten Sie eine Weile nur noch vier*

259

Tage pro Woche. Und ich empfehle mehr Sport.

FRAU SCHNEIDER: *Sie haben wohl recht, und ich danke Ihnen für den Rat.*

DR. GEIGER: *Sie brauchen mir nicht zu danken, Frau Schneider. Die Gesundheit meiner Patienten bedeutet mir sehr viel.*

Hören Sie zu und wiederholen Sie!

Yes, Mrs. Schneider.	**Ja, ja, Frau Schneider.**
It's quite clear, you simply work too much.	**Es ist ganz klar, Sie arbeiten einfach zu viel.**
So, what does that mean, Doctor?	**Na, was bedeutet denn das, Herr Doktor?**
Should I only work at home now?	**Soll ich jetzt etwa nur noch zu Hause arbeiten?**
No, but please listen carefully.	**Nein, aber hören Sie bitte gut zu.**
For a while work just four days a week.	**Arbeiten Sie eine Weile nur noch vier Tage pro Woche.**
And I recommend more exercise.	**Und ich empfehle mehr Sport.**
You're probably right, and I thank you for the advice.	**Sie haben wohl recht, und ich danke Ihnen für den Rat.**
You don't have to thank me, Mrs. Schneider.	**Sie brauchen mir nicht zu danken, Frau Schneider.**
My patients' health means a lot to me.	**Die Gesundheit meiner Patienten bedeutet mir sehr viel.**

260

12. C.

Answer these questions using *ja* or *nein* as indicated.

Arbeitet Herr Schmidt bei der   ☞ *Ja, er arbeitet bei der*
   Lufthansa? (ja)   *Lufthansa.*
Danken wir Frau Schmidt für   ☞ *Ja, wir danken Frau*
   alles? (ja)   *Schmidt für alles.*
Hören Sie zu? (nein)   ☞ *Nein, ich höre nicht zu.*

LESSON 13: THE PRESENT INDICATIVE OF *NEHMEN, TREFFEN* AND *GEFALLEN*

13. A.

This lesson introduces a few additional verbs with a stem-vowel change in the present indicative. First we'll work with *nehmen*—"to take." Its stem vowel changes from *e* to *i*. *Hören Sie gut zu!*

I take	**ich nehme**
I take the bus.	**Ich nehme den Bus.**
you take	**Sie nehmen**
Are you taking any medication?	**Nehmen Sie irgendwelche Medikamente?**
you take	**du nimmst**
Do you take the bus to the University?	**Nimmst du den Bus zur Uni?**
he takes	**er nimmt**
He doesn't take any vitamins.	**Er nimmt keine Vitamine.**
we take	**wir nehmen**
Are we taking today off?	**Nehmen wir uns heute frei?**
you take	**ihr nehmt**
Take the next street to the right.	**Nehmt die nächste Straße rechts.**
they take	**sie nehmen**
They are taking the day off.	**Sie nehmen sich heute frei.**

And here is the conjugation of *treffen*—"to meet." Its stem vowel also changes from *e* to *i*.

I meet	**ich treffe**
I'm meeting Elfriede at six o'clock.	**Ich treffe Elfriede um sechs Uhr.**
you meet	**du triffst**
Are you meeting your parents in Berlin?	**Triffst du deine Eltern in Berlin?**

you meet	**Sie treffen**
Meet me in front of the movie theatre.	**Treffen Sie mich vor dem Kino.**
she meets	**sie trifft**
Isn't she meeting us tomorrow?	**Trifft sie uns morgen nicht?**
we meet	**wir treffen**
We meet in the wine cellar.	**Wir treffen uns im Weinkeller.**
you meet	**ihr trefft**
Do you meet interesting people?	**Trefft ihr interessante Leute?**
they meet	**sie treffen**
They don't ever meet.	**Sie treffen sich nie.**

Gefallen, which changes its stem vowel from *a* to *ä*, corresponds to the English "to like." It literally means "to be pleasing." For example: *Jazzmusik gefällt mir* literally means "Jazz music is pleasing to me," yet it translates as "I like jazz music." The subject "I" in the English sentence becomes the indirect object *mir* in the German sentence. *Gefallen* is mostly used in the 3rd-person singular and plural. *Hören Sie zu und wiederholen Sie!*

it pleases	**es gefällt**
I like it.	**Es gefällt mir.**
Frau Jung likes the film.	**Der Film gefällt Frau Jung.**
they are pleasing	**sie gefallen**
I like them.	**Sie gefallen mir.**
You like the two new films?	**Die zwei neuen Filme gefallen dir?**

13. B.

Hören Sie gut zu!

> ELKE: *Also, wir nehmen morgen den Bus zum Museum . . . so um zehn Uhr.*

MICHAEL: *Ist es nicht besser, du nimmst den Bus und ich nehme die Straßenbahn? Ich treffe dich dann vor dem Eingang.*

ELKE: *In Ordnung! Vielleicht treffen wir Johann und Renate.*

MICHAEL: *Ich weiß nicht. Das Museum gefällt mir sehr, aber Johann gefallen alte Galerien besser.*

ELKE: *Na, mir gefallen alle Galerien! Also bis morgen dann!*

Hören Sie zu und wiederholen Sie!

So, tomorrow we take the bus to the museum . . . at around ten.	**Also, wir nehmen morgen den Bus zum Museum . . . so um zehn Uhr.**
Isn't it better if you take the bus and I take the streetcar?	**Ist es nicht besser, du nimmst den Bus und ich nehme die Straßenbahn?**
I'll meet you in front of the entrance.	**Ich treffe dich dann vor dem Eingang.**
Okay!	**In Ordnung!**
Maybe we'll run into Johann and Renate.	**Vielleicht treffen wir Johann und Renate.**
I don't know about that.	**Ich weiß nicht.**
I like the museum very much, but Johann likes old galleries better.	**Das Museum gefällt mir sehr, aber Johann gefallen alte Galerien besser.**
Well, I like all galleries!	**Na, mir gefallen alle Galerien!**
See you tomorrow then!	**Also, bis morgen dann!**

13. C.

Rephrase the sentences using the cues.

Nehmen Sie den Zug? (ihr)	☞ *Nehmt ihr den Zug?*
Wir nehmen die Straßenbahn. (Berta)	☞ *Berta nimmt die Straßenbahn.*

264

*Das Bild gefällt mir nicht so
    gut. (das Bild und der Film)*
*Triffst du viele Freunde in der
    Galerie? (er)*

☞ *Das Bild und der Film
    gefallen mir nicht so gut.*
☞ *Trifft er viele Freunde in
    der Galerie?*

Translate.

I like Beethoven very much!

☞ *Beethoven gefällt mir sehr
    gut!*

LESSON 14: DEPENDENT INFINITIVES WITH *SEHEN, HÖREN, HELFEN,* AND *LASSEN*

14. A.

Sehen—"to see," *hören*—"to hear," *helfen*—"to help," and *lassen*—"to let/to leave" can be used with or without a dependent infinitive. The dependent infinitive is usually at the end of the sentence. *Hören Sie zu und wiederholen Sie!*

I hear him coming.	**Ich höre ihn kommen.**
You leave the key at the reception desk.	**Du läßt den Schlüssel bei der Rezeption.**
Are you helping repair the car, Mr. Bender?	**Helfen Sie den Wagen reparieren, Herr Bender?**
He lets the children go to the movies.	**Er läßt die Kinder ins Kino gehen.**
We don't see anyone playing in the park today.	**Wir sehen heute niemand im Park spielen.**
Will you let the fire burn?	**Laßt ihr das Feuer brennen?**
They see the people coming through the door.	**Sie sehen die Leute durch die Tür kommen.**

14. B.

Hören Sie gut zu!

URSULA: *Weißt du, Nina, meine Wohnung wird langsam unmöglich!*

NINA: *Was ist denn los? Deine Wohnung ist doch toll!*

URSULA: *Na ja, die Wohnung ist schon schön, aber der Vermieter! Er läßt mich nicht in Ruhe leben!*

NINA: *Wieso das?*

URSULA: *Samstags, zum Beispiel, sieht er meine Freunde kommen ... und später hört er uns natürlich tanzen.*

NINA: *Ihr laßt die Tür doch nicht offen, oder?*
URSULA: *Natürlich nicht! Aber wir hören ihn durch die Wand rufen.*
NINA: *Hmm. Ich helfe dir morgen eine andere Wohnung suchen.*

Hören Sie zu und wiederholen Sie!

You know, Nina, my apartment is becoming more and more impossible!	**Weißt du, Nina, meine Wohnung wird langsam unmöglich!**
But what's wrong?	**Was ist denn los?**
Your apartment is great!	**Deine Wohnung ist doch toll!**
Well, yes, the apartment is fine, but the landlord!	**Na ja, die Wohnung ist schon schön, aber der Vermieter!**
He won't let me live in peace!	**Er läßt mich nicht in Ruhe leben!**
How so?	**Wieso das?**
Saturdays, for example, he sees my friends coming . . . and later, of course, he hears us dancing.	**Samstags, zum Beispiel, sieht er meine Freunde kommen . . . und später hört er uns natürlich tanzen.**
You don't leave the door open, do you?	**Ihr laßt die Tür doch nicht offen, oder?**
Certainly not!	**Natürlich nicht!**
But we hear him calling through the wall.	**Aber wir hören ihn durch die Wand rufen.**
Hmm. I'll help you look for another apartment tomorrow.	**Hmm. Ich helfe dir morgen eine andere Wohnung suchen.**

14. C.

Restate the following sentences using the cues.

Wir hören sie tanzen. (er) ☞ *Er hört sie tanzen.*

Dieter und ich hören die Autos kommen. (Ute) ☞ *Ute hört die Autos kommen.*

Frau Schmidt hilft mir kochen. (meine Kinder) ☞ *Meine Kinder helfen mir kochen.*

Sehen Sie die Kinder im Park spielen? (du) ☞ *Siehst du die Kinder im Park spielen?*

LESSON 15: THE PRESENT INDICATIVE OF
NENNEN AND *SENDEN*

15. A.

This lesson adds two verbs to your list of semi-regular verbs: *nennen*—"to name/call," and *senden*—"to send/broadcast."

I call	**ich nenne**
I call this luck.	**Das nenne ich Glück.**
you send	**du sendest**
You'll send congratulations, right?	**Du sendest aber Glückwünsche, nicht wahr?**
you call	**Sie nennen**
They're calling their daughter Barbara.	**Sie nennen Ihre Tochter Barbara.**
it broadcasts	**es sendet**
The radio broadcasts around the clock.	**Das Radio sendet rund um die Uhr.**
we send	**wir senden**
We're sending you greetings from Munich.	**Wir senden Ihnen Grüße aus München.**
you name	**ihr nennt**
Name the capital of Austria.	**Nennt mir die Hauptstadt Österreichs.**
they call	**sie nennen**
They call themselves "children of peace."	**Sie nennen sich „Kinder des Friedens."**

15. B.

Hören Sie gut zu!

> FRAU KLEIST: *Denken Sie nur, Frau Bruning! Ich bin schon wieder Oma!*
>
> FRAU BRUNING: *Ich gratuliere! Wie heißt das Baby denn?*
>
> FRAU KLEIST: *Ihre Eltern nennen sie Anna.*

FRAU BRUNING:	*Schön! Wissen Sie, ich möchte den Eltern meine Glückwünsche senden.*
FRAU KLEIST:	*Na, das ist aber nett!*
FRAU BRUNING:	*Soll ich auch ein Geschenk schicken? Ein Spielzeug vielleicht?*
FRAU KLEIST:	*Ja, das nenne ich eine gute Idee.*
FRAU BRUNING:	*Wunderbar! Bis später dann. Und senden Sie auch meine Grüße an Ihre Familie in Freiburg.*

Hören Sie zu und wiederholen Sie!

Just think, Mrs. Bruning.	**Denken Sie nur, Frau Bruning!**
I'm a grandmother again.	**Ich bin schon wieder Oma!**
Congratulations!	**Ich gratuliere!**
What's the baby's name?	**Wie heißt das Baby denn?**
Her parents are calling her Anna.	**Ihre Eltern nennen sie Anna.**
Nice!	**Schön!**
You know I'd like to send the parents my regards.	**Wissen Sie, ich möchte den Eltern meine Glückwünsche senden.**
Well, that's nice!	**Na, das ist aber nett!**
Should I send a present? A toy maybe?	**Soll ich auch ein Geschenk schicken? Ein Spielzeug vielleicht?**
That's what I call a good idea.	**Ja, das nenne ich eine gute Idee.**
Wonderful!	**Wunderbar!**
See you later.	**Bis später dann.**
And give my regards to your family in Freiburg.	**Und senden Sie auch meine Grüße an Ihre Familie in Freiburg.**

15. C.

Rephrase the sentences using the cues.

Das nennt er Glück? (du) ☞ *Das nennst du Glück?*

Wir senden Grüße an die Fami- ☞ *Herr Braun sendet Grüße*
lie. (Herr Braun)   *an die Familie.*

Ich sende meine Glückwünsche. ☞ *Frau Schmidt sendet ihre*
(Frau Schmidt)   *Glückwünsche.*

Er nennt das Kind Renate. ☞ *Wir nennen das Kind*
(wir)   *Renate.*

LESSON 16: THE PRESENT INDICATIVE OF VERBS WITH A SEPARABLE PREFIX

16. A.

German has a large number of verbs with separable prefixes. Adding a prefix to a verb does not change its conjugation; it just modifies the meaning of the basic verb. Consider, for example, *steigen,* which without a prefix means simply "to climb." The prefixes *ein-, aus-,* and *um-* change the verb to either *einsteigen*—"to climb in/to get in"; *aussteigen*—"to climb out/to get out"; or *umsteigen*—"to transfer." Note that in the present indicative the separable prefix stands at the end of a sentence.

I'll get on the bus every day.	**Ich steige jeden Tag in den Bus ein.**

Mitbringen—"to bring/bring along" (from the base verb *bringen*—"to bring") is another example.

I bring	**ich bringe mit**
I'm bringing the money.	**Ich bringe das Geld mit.**
you bring	**Sie bringen mit**
Are you bringing the presents?	**Bringen Sie die Geschenke mit?**
you bring	**du bringst mit**
Are you bringing the cheese?	**Bringst du den Käse mit?**
he brings	**er bringt mit**
He's bringing the paper plates.	**Er bringt die Papierteller mit.**
she brings	**sie bringt mit**
She's bringing her colleague along.	**Sie bringt ihren Kollegen mit.**
we bring	**wir bringen mit**
We're bringing our dogs along.	**Wir bringen unsere Hunde mit.**
you bring	**Sie bringen mit**

Mrs. Müller, are you bringing your husband?	**Frau Müller, bringen Sie Ihren Mann mit?**
you bring	**ihr bringt mit**
Claudia and Hans, are you bringing the pictures?	**Claudia und Hans, bringt ihr die Bilder mit?**
they bring	**sie bringen**
Claudia and Hans are bringing their cats along.	**Claudia und Hans bringen ihre Katzen mit.**

Other separable-prefix verbs are *abfahren*—"to leave," *anfangen*—"to begin," and *einkaufen*—"to shop."

16. B.

Hören Sie gut zu!

> LOTTIE: *Jürgen, wann fahren wir ab?*
>
> JÜRGEN: *Wir fahren um elf Uhr ab, denn die Feier fängt um zwei Uhr an.*
>
> LOTTIE: *Wunderbar! Ich kaufe dann heute ein. Sollen wir etwas Wein und Käse mitbringen?*
>
> JÜRGEN: *Ja, gut. Du kaufst den Wein, und ich kaufe den Käse ein.*
>
> LOTTIE: *Jürgen, die Meiers fahren auch zur Feier. Nehmen wir sie mit?*
>
> JÜRGEN: *Wir fahren um elf Uhr ab und nehmen die Meiers, den Käse und den Wein mit.*

Hören Sie zu und wiederholen Sie!

Jürgen, when are we leaving?	**Jürgen, wann fahren wir ab?**
We're leaving at eleven, because the party begins at two.	**Wir fahren um elf Uhr ab, denn die Feier fängt um zwei Uhr an.**
Great!	**Wunderbar!**
Then I'll go shopping today.	**Ich kaufe dann heute ein.**

Should we bring some wine and cheese?	**Sollen wir etwas Wein und Käse mitbringen?**
OK, good.	**Ja, gut.**
You'll buy the wine and I'll buy some cheese.	**Du kaufst den Wein, und ich kaufe den Käse ein.**
Jürgen, the Meiers are also going to the party.	**Jürgen, die Meiers fahren auch zur Feier.**
Are we taking them?	**Nehmen wir sie mit?**
We'll leave at eleven and take the Meiers, the cheese, and the wine along.	**Wir fahren um elf Uhr ab und nehmen die Meiers, den Käse und den Wein mit.**

16. C.

Auf deutsch, bitte!

State that the train leaves at nine o'clock.	☞ *Der Zug fährt um neun Uhr ab.*
State that you are leaving at ten o'clock.	☞ *Ich fahre um zehn Uhr ab.*
State that the movie begins now.	☞ *Der Film fängt jetzt an.*
Ask whether Karl will take you along?	☞ *Karl, nimmst du mich mit?*

LESSON 17: THE PRESENT INDICATIVE OF REFLEXIVE VERBS

17. A.

Verbs are reflexive when their subject and their object are identical. For example, the sentences "Mary dresses herself"—*Maria zieht sich an,* and "I wash myself"—*Ich wasche mich,* are made with reflexive verbs. The infinitive forms are, respectively, *sich anziehen*—"to dress oneself" and *sich waschen*—"to wash oneself." Note, however, that not all German reflexives are reflexive in English. For example, *sich interessieren für* means "to be interested in," *sich freuen über* means "to be glad about," *sich freuen auf* means "to look forward to," and *sich unterhalten* means "to converse" or "to talk."

Let's focus on *sich interessieren für.*

I'm interested	**ich interessiere mich**
I'm interested in the book.	**Ich interessiere mich für das Buch.**
you're interested	**Sie interessieren sich**
Are you interested in music?	**Interessieren Sie sich für Musik?**
you're interested	**du interessierst dich**
Are you interested in the film?	**Interessierst du dich für den Film?**
he's interested	**er interessiert sich**
He's interested in art.	**Er interessiert sich für Kunst.**
she's interested	**sie interessiert sich**
She's interested in the concert.	**Sie interessiert sich für das Konzert.**
we're interested	**wir interessieren uns**
We're interested in the class.	**Wir interessieren uns für den Unterricht.**

you're interested	**Sie interessieren sich**
Mr. & Mrs. Müller, are you interested in foreign travel?	**Herr und Frau Müller, interessieren Sie sich für Auslandsreisen?**
you're interested	**ihr interessiert euch**
Lottie and Hans, are you interested in soccer?	**Lottie und Hans, interessiert ihr euch für Fußball?**
they are interested	**sie interessieren sich**
Lottie and Hans are interested in politics.	**Lottie und Hans interessieren sich für Politik.**

17. B.

Hören Sie gut zu!

LOTTIE: *Jürgen, ich unterhalte mich gerne mit dir, denn ich interessiere mich auch fürs Segeln.*

JÜRGEN: *Das freut mich. Segeln ist mein Lieblingssport. Ich unterhalte mich sehr gern über Segelboote.*

LOTTIE: *Ich unterhalte mich auch gern über Segelboote.*

JÜRGEN: *Prima!*

LOTTIE: *Interessierst du dich für die Sendung "Segeln zu jeder Jahreszeit"?*

JÜRGEN: *Ja, ja, ich freue mich jede Woche auf diese Sendung!*

Hören Sie zu und wiederholen Sie!

Jürgen, I like talking to you because I'm also interested in sailing.	**Jürgen, ich unterhalte mich gerne mit dir, denn ich interessiere mich auch fürs Segeln.**
I'm glad about that.	**Das freut mich.**
Sailing is my favorite sport.	**Segeln ist mein Lieblingssport.**
I enjoy talking about sailboats.	**Ich unterhalte mich sehr gern über Segelboote.**

I enjoy talking about sailboats, too.	**Ich unterhalte mich auch gern über Segelboote.**
Great!	**Prima!**
Are you interested in the TV program "Sailing in Every Season"?	**Interessierst du dich für die Sendung "Segeln zu jeder Jahreszeit"?**
Yes, yes, I look forward to this program every week.	**Ja, ja, ich freue mich jede Woche auf diese Sendung.**

17. C.

Answer the questions using the cues.

Interessieren Sie sich für Filme? (ja)	☞ *Ja, ich interessiere mich für Filme.*
Freut sich Gudrun auf die Feier? (ja)	☞ *Ja, Gudrun freut sich auf die Feier.*
Unterhalten sich Karl und Victoria mit Horst? (nein)	☞ *Nein, Karl und Victoria unterhalten sich nicht mit Horst.*
Interessiert sich Hans für Fußball? (nein)	☞ *Nein, er interessiert sich nicht für Fußball.*

LESSON 18: THE FUTURE TENSE

18. A.

Although German often uses the present tense to imply future action, there is a proper future tense. It is formed with the present of *werden* plus the infinitive. The infinitive is the last word in the sentence. Let's try this with the verb *bestellen*—"to order/make reservations."

I will order	ich werde bestellen
I will order the Rhine wine.	Ich werde den Rheinwein bestellen.
you will order	Sie werden bestellen
Will you order a cab?	Werden Sie ein Taxi bestellen?
you will make reservations	du wirst bestellen
Will you make reservations?	Wirst du einen Tisch bestellen?
he will order	er wird bestellen
He will order the medicine.	Er wird die Medikamente bestellen.
she will order	sie wird bestellen
She will order the tickets.	Sie wird die Karten bestellen.
we will order	wir werden bestellen
We will order the new car soon.	Wir werden das neue Auto bald bestellen.
you will order	Sie werden bestellen
Mr. and Mrs. Müller, will you order the train tickets?	Herr und Frau Müller, werden Sie die Fahrkarten bestellen?
you will order	ihr werdet bestellen
Will you order Christmas cookies this year?	Werdet ihr dieses Jahr Weihnachtsplätzchen bestellen?
they will order	sie werden bestellen
Meiers will not order our product.	Meiers werden unser Produkt nicht bestellen.

18. B.

Let's learn two new verbs.

to learn	**lernen**
to show	**zeigen**

Hören Sie gut zu!

HANS: *Peter, was wirst du morgen machen?*

PETER: *Ich werde meine Deutschaufgaben machen. Ich werde einen Aufsatz schreiben und Vokabeln lernen.*

HANS: *Nächste Woche werden wir nur Deutsch im Unterricht sprechen. Ein Institutsleiter aus München wird die Stunde halten.*

PETER: *Wird er den neuen Film von Wim Wenders zeigen? Wenn ja, werde ich in deine Klasse kommen, wenn's geht.*

HANS: *Toll! Bis Mittwoch, also!*

Hören Sie zu und wiederholen Sie!

Peter, what will you be doing tomorrow?	**Peter, was wirst du morgen machen?**
I'll do my German lessons.	**Ich werde meine Deutschaufgaben machen.**
I'll write a composition and learn vocabulary.	**Ich werde einen Aufsatz schreiben und Vokabeln lernen.**
Next week we'll speak only German in class.	**Nächste Woche werden wir nur Deutsch im Unterricht sprechen.**
A representative from an institute in Munich will conduct the class.	**Ein Institutsleiter aus München wird die Stunde halten.**

Will he show the new movie by Wim Wenders?	**Wird er den neuen Film von Wim Wenders zeigen?**
If so, I'll attend your class, if that's OK.	**Wenn ja, werde ich in deine Klasse kommen, wenn's geht.**
Great!	**Toll!**
Till Wednesday, then.	**Bis Mittwoch, also.**

18. C.

Answer the questions using the cues.

Werden Sie die Theaterkarten bestellen? (ja)	☞ *Ja, ich werde die Theaterkarten bestellen.*
Wird Maria ihre Wohnung zeigen?(nein)	☞ *Nein, sie wird ihre Wohnung nicht zeigen.*
Wird Thomas die Zeitung lesen? (nein)	☞ *Nein, er wird die Zeitung nicht lesen.*

PART II: COMMANDING, REQUESTING, AND SUGGESTING

LESSON 19: COMMANDS, REQUESTS, AND SUGGESTIONS

19. A.

The imperative expresses commands, requests, and suggestions. *Hören Sie zu und wiederholen Sie!*

Have patience!	**Hab' Geduld!**
Pass the sugar, please!	**Gib mir den Zucker, bitte!**

German uses three different imperative forms. First, the formal imperative:

Help the customer!	**Helfen Sie dem Kunden!**
Have patience, Mr. and Mrs. Schmidt!	**Haben Sie Geduld, Herr und Frau Schmidt!**

Bitte adds a measure of politeness.

Please, don't be afraid!	**Bitte, haben Sie keine Angst!**

Particles such as *doch* or *nur* soften or strengthen the command.

Do have patience!	**Haben Sie doch Geduld!**

To create the informal imperative, use the infinitive stem of the verb and add *-e*, if desired. *Hören Sie zu und wiederholen Sie!*

Have patience, Erich!	**Hab' Geduld, Erich!**
	Habe Geduld, Erich!

| Write me soon! | **Schreib' mir bald!** |
| | **Schreibe mir bald!** |

The additional *-e* is required when the infinitive stem ends in *-t* or *-d*.

| Wait! | **Warte!** |

The usual verbs need a stem-vowel change in the informal imperative. Verbs with a stem-vowel change do not add *-e*.

| Help me with the luggage! | **Hilf mir mit dem Gepäck!** |
| Don't forget the money, Klaus! | **Vergiß das Geld nicht, Klaus!** |

One exception to this rule is *werden:*

| Don't get nervous, Tina! | **Werd(e) nicht nervös, Tina!** |

The third imperative form, the familiar plural, is identical to the *ihr*-form of the present indicative.

Have patience, Erich and Petra!	**Habt Geduld, Erich und Petra!**
Help me, Klaus and Heidi!	**Helft mir, Klaus und Heidi!**
Wait, children!	**Wartet noch, Kinder!**

Sein—"to be," has somewhat irregular imperative forms.

Be friendly!	**Seien Sie freundlich!**
Don't be angry at me!	**Sei mir nicht böse!**
Be reasonable!	**Seid doch vernünftig!**

19. B.

Hören Sie gut zu!

HELGA:	*Jürgen, sei so nett und hilf mir mit dem Gepäck!*
JÜRGEN:	*Ja, gerne. Wir sind bald fertig.*
HELGA:	*Aber Jürgen, vergiß die Kamera nicht.*
JÜRGEN:	*Hab' keine Angst! Sie ist schon eingepackt.*
HELGA:	*Und ich habe das Geld. Dann haben wir ja alles.*
HERR HOFFMANN:	*Ja. Fahren Sie doch endlich los! Und schreiben Sie mir eine Postkarte! Auf Wiedersehen!*

Hören Sie zu und wiederholen Sie!

Jürgen, be so kind as to help me with the luggage!

Yes, gladly. We're almost finished.

But, Jürgen, don't forget the camera.

Don't worry!

It's already packed.

And I have the money.

Then we have everything.

Yes. Get on your way now!

And write me a post card!

Good-bye!

Jürgen, sei so nett und hilf mir mit dem Gepäck!

Ja, gerne. Wir sind bald fertig.

Aber, Jürgen, vergiß die Kamera nicht!

Hab' keine Angst!

Sie ist schon eingepackt.

Und ich habe das Geld.

Dann haben wir ja alles.

Ja. Fahren Sie doch endlich los!

Und schreiben Sie mir eine Postkarte!

Auf Wiedersehen!

19. C.

Rephrase the sentences using the cues. Listen to the example:

Petra, habe Geduld! (Frau   ☞ Frau Keller, haben Sie
  Keller)   Geduld!

  Jetzt sind Sie dran!

Herr Schmidt, warten Sie auf   ☞ Klaus, warte auf mich!
  mich! (Klaus)
Helga und Jürgen, vergesst das   ☞ Erika, vergiß das Geld
  Geld nicht! (Erika)   nicht!

  Now do the following:

Tell your children not to be   ☞ Kinder, habt keine Angst!
  afraid.
Tell your spouse to write you   ☞ Schreib mir eine Postkarte!
  a post card.
Tell the group to please listen   ☞ Hören Sie zu und wieder-
  and repeat.   holen Sie, bitte!

LESSON 20: POLITE REQUESTS

20. A.

"Could-" and "would-" constructions in English are equivalent to *könnte-* and *würde-* constructions in German. They consist of a subjective form of *können* or *werden* and an infinitive. As in English, these forms are used for polite requests. *Hören Sie zu und wiederholen Sie!*

Could I wait here for the manager?	**Könnte ich hier auf den Manager warten?**
Could you meet Mrs. Hinrichs in the office?	**Könnten Sie Frau Hinrichs im Büro treffen?**
Could you call back later?	**Könntest du später zurückrufen?**
Couldn't it wait until tomorrow?	**Könnte es nicht bis morgen warten?**
Could we leave early today?	**Könnten wir heute früher gehen?**
Could you stay late today?	**Könntet ihr heute länger bleiben?**
Could you repeat this, please?	**Könnten Sie das noch einmal wiederholen?**

Let's do the same thing with *würde*:

Would you speak up, please?	**Würdest du bitte lauter sprechen?**
Would you please help the customer?	**Würden Sie dem Kunden bitte helfen?**
Would you write the letter, please?	**Würdest du den Brief bitte schreiben?**
Would you do me a favor?	**Würden Sie mir einen Gefallen tun?**
Would you tell me what time it is?	**Würden Sie mir sagen, wie spät es ist?**

20. B.

Let's learn a few new verbs:

to develop	**entwickeln**
to last, to take	**dauern**

Hören Sie gut zu!

FRAU BECKMANN:	*Würden Sie dem Kunden helfen?*
DER VERKÄUFER:	*Ja, gerne. Bitte sehr!*
HEINZ:	*Ich möchte diesen Film entwickeln lassen. Könnten Sie mir sagen, wie lange das dauern wird?*
DER VERKÄUFER:	*In zwei Tagen ist er fertig.*
HEINZ:	*Könnten Sie mir auch sagen, wie teuer es ist?*
DER VERKÄUFER:	*Ist es ein Farb- oder ein Schwarz-weiß-film?*
HEINZ:	*Ein Farbfilm mit zwanzig Bildern.*
DER VERKÄUFER:	*Zwanzig Farbabzüge. Das macht also zwölf Mark.*
HEINZ:	*Gut!*
DER VERKÄUFER:	*Würden Sie bitte einen Moment auf Ihren Beleg warten?*
HEINZ:	*Natürlich!*

Hören Sie zu und wiederholen Sie!

Would you help the customer?	**Würden Sie dem Kunden helfen?**
Yes, gladly.	**Ja, gerne.**
May I help you?	**Bitte sehr!**
I would like to have this film developed.	**Ich möchte diesen Film entwickeln lassen.**
Could you tell me how long that would take?	**Könnten Sie mir sagen, wie lange das dauern wird?**

In two days it'll be finished.	**In zwei Tagen ist er fertig.**
Could you also tell me how expensive it is?	**Könnten Sie mir auch sagen, wie teuer es ist?**
Color or black-and-white film?	**Ist es ein Farb- oder ein Schwarz-weiß-film?**
A color film with twenty exposures.	**Ein Farbfilm mit zwanzig Bildern.**
Twenty color prints.	**Zwanzig Farbabzüge**
That comes to twelve marks.	**Das macht also zwölf Mark.**
Fine.	**Gut.**
Would you please wait a moment for your receipt?	**Würden Sie bitte einen Moment auf Ihren Beleg warten?**
Of course!	**Natürlich!**

20. C.

Transform the sentences using *können* or *würden* as is appropriate.

Würdest du mir bei den Hausaufgaben helfen?	☞ *Könntest du mir bei den Hausaufgaben helfen?*
Würden Sie mich bitte später noch einmal zurückrufen?	☞ *Könnten Sie mich bitte später noch einmal zurückrufen?*
Könnten Sie das bitte noch einmal wiederholen?	☞ *Würden Sie das bitte noch einmal wiederholen?*
Könntet ihr diesen Brief für mich zur Post bringen?	☞ *Würdet ihr diesen Brief für mich zur Post bringen?*

287

LESSON 21: SUGGESTIONS

21. A.

German has several expressions equivalent to "Let us" or "Let's." One of them is the inverted first person plural present indicative form.

Let's go!	**Gehen wir!**
Let's not leave until this evening!	**Fahren wir erst heute abend los!**
Let's be on our way!	**Machen wir uns auf den Weg!**

The verb *lassen*—"to leave" can also be used in this form.

Let's leave our troubles at home!	**Lassen wir die Sorgen zu Hause!**
Let's leave the diskette in the computer!	**Lassen wir die Diskette im Computer!**

You may also use *lassen* with an infinitive, in which case it means "to let," "to allow," "to have." Compare:

I am repairing my car.	**Ich repariere mein Auto.**
I am having my car repaired.	**Ich lasse mein Auto reparieren.**

Hören Sie zu und wiederholen Sie!

Let him do the work!	**Lassen Sie ihn die Arbeit machen!**
Have the room reserved!	**Lassen Sie das Zimmer reservieren!**

21. B.

Hören Sie gut zu!

Inge:	*Komm', Monika! Gehen wir einkaufen!*
Monika:	*Aber wohin denn?*
Inge:	*Laß' uns in die Stadt fahren!*
Monika:	*Eine gute Idee! Aber der Verkehr... Laß' uns lieber mit dem Zug fahren!*
Inge:	*Da hast du recht! Nehmen wir den zwei-Uhr-Zug.*
Monika:	*Ja, gut!*

Hören Sie zu und wiederholen Sie!

Come, Monika!	**Komm', Monika!**
Let's go shopping!	**Gehen wir einkaufen!**
But where?	**Aber wohin denn?**
Let's go downtown.	**Laß' uns in die Stadt fahren!**
A good idea!	**Eine gute Idee!**
But the traffic...	**Aber der Verkehr...**
Let's take the train instead.	**Laß' uns lieber mit dem Zug fahren!**
You're right!	**Da hast du recht!**
Let's take the two o'clock train.	**Nehmen wir den zwei-Uhr-Zug!**
Yes, fine.	**Ja, gut.**

21. C.

Respond to the requests using the cues. Please add *lieber*—"rather," as in the example.

Fahren wir in zehn Minuten los! (nein, jetzt)	*Nein, fahren wir lieber jetzt los!*

Jetzt sind Sie dran!

Gehen wir mit Kurt in die
    Stadtmitte! (nein, mit Inge)

☞ *Nein, gehen wir lieber mit*
    Inge in die Stadtmitte!

Machen wir die harte Arbeit!
    (nein, nichts)

☞ *Nein, machen wir lieber*
    nichts!

Rephrase the sentences with *lassen.*

Reparieren wir das Auto.

☞ *Lassen wir das Auto*
    reparieren.

Bestell' einen Tisch im Restaurant.

☞ *Laß' einen Tisch im Restaurant bestellen.*

PART III: SPEAKING ABOUT PAST ACTIONS

LESSON 22: THE CONVERSATIONAL PAST OF PREDICTABLE VERBS WITH *HABEN*

22. A.

In German, the preferred past tense form in casual conversation is the present perfect. It is a compound tense consisting of an auxiliary verb—either *haben* or *sein*—in the present tense, and the past participle of the main verb. The English equivalent of *Ich habe gesagt* would be either "I've said" or "I said." Let's begin by practicing the conversational past of predictable, or weak, verbs that use *haben*. Predictable verbs form their past participles by adding the prefix *ge-* to the front of the stem, and *-t* or *-et* to the end of the stem. Let's practice with *sagen*—"to say."

I said	**ich habe gesagt**
I said that.	**Ich habe das gesagt.**
you said	**Sie haben gesagt**
What did you say?	**Was haben Sie gesagt?**
you said	**du hast gesagt**
You said nothing.	**Du hast nichts gesagt.**
he said	**er hat gesagt**
Paul said something.	**Paul hat etwas gesagt.**
we said	**wir haben gesagt**
Did we say that?	**Haben wir das gesagt?**
you said	**Sie haben gesagt**
You didn't say that.	**Sie haben das nicht gesagt.**
you said	**ihr habt gesagt**
What did you say to him?	**Was habt ihr ihm gesagt?**
they said	**sie haben gesagt**
They said nothing.	**Sie haben nichts gesagt.**

Now listen to some more examples of predictable verbs.

I asked him.	**Ich habe ihn gefragt.**
You answered.	**Sie haben geantwortet.**
What did you do?	**Was hast du gemacht?**
They listened to the radio.	**Sie haben Radio gehört.**

Predictable verbs with inseparable prefixes such as *besuchen*—"to visit," *bestellen*—"to order," *erklären*—"to explain," and *erzählen*—"to tell" do not add the *ge-* in front of the stem, but do end in *-t*. This is also true of verbs ending in *-ieren*, such as *interessieren*—"to interest," *probieren*—"to try," *reparieren*—"to repair," and *reservieren*—"to reserve."

He repaired the car.	**Er hat das Auto repariert.**
We explained everything.	**Wir haben alles erklärt.**

22. B.

Hören Sie gut zu!

MUTTER: *Florian, hast du deine Hausaufgaben gemacht?*

FLORIAN: *Nein, ich habe sie noch nicht gemacht.*

MUTTER: *Dann mache sie bitte jetzt! Dein Lehrer hat mir gesagt, du hast Probleme.*

FLORIAN: *Ich habe keine Probleme. Er hat alles schlecht erklärt, und deshalb habe ich alles falsch gemacht.*

MUTTER: *Du mußt gut zuhören!*

FLORIAN: *Ich habe ihm gesagt, ich verstehe nichts.*

MUTTER: *Und dann?*

FLORIAN: *Er hat geantwortet, ich soll besser zuhören.*

Florian, did you do your homework?	**Florian, hast du deine Hausaufgaben gemacht?**
No, I haven't done it yet.	**Nein, ich habe sie noch nicht gemacht.**
Then do it now, please.	**Dann mache sie bitte jetzt.**
Your teacher told me you are having problems.	**Dein Lehrer hat mir gesagt, du hast Probleme.**
I'm not having any problems.	**Ich habe keine Probleme.**
He explained everything poorly, and that's why I made all these mistakes.	**Er hat alles schlecht erklärt, und deshalb habe ich alles falsch gemacht.**
You have to listen carefully.	**Du mußt gut zuhören.**
I told him I don't understand anything.	**Ich habe ihm gesagt, ich verstehe nichts.**
And then?	**Und dann?**
He answered I should listen better.	**Er hat geantwortet, ich soll besser zuhören.**

22. C.

Answer these questions using either *ja* or *nein* as indicated.

Hast du ihm geantwortet? (ja)	☞ *Ja, ich habe ihm geantwortet.*
Haben Sie alles erklärt? (nein)	☞ *Nein, ich habe nicht alles erklärt.*
Hat er etwas gesagt? (ja)	☞ *Ja, er hat etwas gesagt.*

Now do the following:

Say that you said nothing.	☞ *Ich habe nichts gesagt.*
Ask your son if he did his homework.	☞ *Hast du deine Hausaufgaben gemacht?*
Say that you answered quickly.	☞ *Ich habe schnell geantwortet.*

LESSON 23: THE CONVERSATIONAL PAST OF IRREGULAR VERBS WITH *HABEN*

23. A.

To form the past participle of irregular, or strong, verbs, add the prefix *ge-* to the front of the stem, and *-en* to the end. Let's listen to the conjugation of *lesen*—"to read."

I read	**ich habe gelesen**
I read the newspaper.	**Ich habe die Zeitung gelesen.**
you read	**Sie haben gelesen**
What did you read?	**Was haben Sie gelesen?**
you read	**du hast gelesen**
Did you read it?	**Hast du es gelesen?**
he read	**er hat gelesen**
He read the book.	**Er hat das Buch gelesen.**
we read	**wir haben gelesen**
We didn't read it.	**Wir haben es nicht gelesen.**
you read	**Sie haben gelesen**
Did you read everything?	**Haben Sie alles gelesen?**
you read	**ihr habt gelesen**
You didn't read that.	**Ihr habt das nicht gelesen.**
they read	**sie haben gelesen**
They didn't read the novel.	**Sie haben den Roman nicht gelesen.**

Irregular verbs often have a stem-vowel change in the past participle. You have to learn the past participles individually, as there is no general rule for the stem-vowel changes. *Hören Sie zu und wiederholen Sie!*

he slept	**er hat geschlafen**
He didn't sleep well.	**Er hat nicht gut geschlafen.**
there was	**es hat gegeben**
What was for lunch?	**Was hat es zum Mittagessen gegeben?**

294

they saw	sie haben gesehen
They saw her yesterday.	Sie haben sie gestern gesehen.
you recommended	du hast empfohlen
Did you recommend this restaurant?	Hast du dieses Restaurant empfohlen?

23. B.

Hören Sie gut zu!

HANNELORE:	*Was hast du gestern abend gemacht?*
GABRIELA:	*Also, zuerst habe ich die Zeitung gelesen. Dann habe ich die Nachrichten im Fernsehen gesehen.*
HANNELORE:	*Hast du nichts gegessen?*
GABRIELA:	*Doch, ein Käsebrot und etwas Tee.*
HANNELORE:	*Und was hast du noch gemacht?*
GABRIELA:	*Dann habe ich noch einen Krimi im Fernsehen gesehen. Die Kritiker haben ihn empfohlen.*
HANNELORE:	*Ach, den habe ich auch gesehen. Der war gut.*
GABRIELA:	*Ja, und danach war ich müde.*

Hören Sie zu und wiederholen Sie!

What did you do last night?	**Was hast du gestern abend gemacht?**
Well, first I read the newspaper.	**Also, zuerst habe ich die Zeitung gelesen.**
Then I watched the news on television.	**Dann habe ich die Nachrichten im Fernsehen gesehen.**
Didn't you eat anything?	**Hast du nichts gegessen?**
Yes, a cheese sandwich and some tea.	**Doch, ein Käsebrot und etwas Tee.**

And what else did you do?	**Und was hast du noch gemacht?**
Then I watched a mystery on television.	**Dann habe ich noch einen Krimi im Fernsehen gesehen.**
The critics recommended it.	**Die Kritiker haben ihn empfohlen.**
Oh, I saw that one too.	**Ach, den habe ich auch gesehen.**
It was good.	**Der war gut!**
Yes, and after that I was tired.	**Ja, und danach war ich müde.**

23. C.

Now answer the following questions using either *ja* or *nein* as indicated.

Hast du gut geschlafen? (ja)	☞ *Ja, ich habe gut geschlafen.*
Hat Peter das Buch gelesen? (nein)	☞ *Nein, Peter hat das Buch nicht gelesen.*
Habt ihr den Dom gesehen? (ja)	☞ *Ja, wir haben den Dom gesehen.*
Haben Sie ihm das Buch gegeben? (ja)	☞ *Ja, ich habe ihm das Buch gegeben.*

Now do the following:

Say that your children have read the book.	☞ *Meine Kinder haben das Buch gelesen.*
Ask what there was for lunch today.	☞ *Was hat es heute zum Mittagessen gegeben?*
Ask your friends if they slept well.	☞ *Habt ihr gut geschlafen?*

LESSON 24: THE CONVERSATIONAL PAST OF VERBS WITH *SEIN*

24. A.

A number of verbs denoting movement, such as *fahren*—"to drive/to go"; *fliegen*—"to fly"; *gehen*—"to go"; *kommen*—"to come"; *laufen*—"to walk"; and *steigen*—"to climb" take the auxiliary verb *sein* in the conversational past. Two other verbs, *bleiben*—"to stay," and *sein*—"to be," also use *sein* as auxiliary. We'll begin with *fahren*.

I went	**ich bin gefahren**
I went to Bonn yesterday.	**Ich bin gestern nach Bonn gefahren.**
you went	**Sie sind gefahren**
You went downtown today.	**Sie sind heute in die Stadt gefahren.**
you went	**du bist gefahren**
Where did you go?	**Wohin bist du gefahren?**
she drove	**sie ist gefahren**
She drove home.	**Sie ist nach Hause gefahren.**
we drove	**wir sind gefahren**
We drove to work.	**Wir sind zur Arbeit gefahren.**
you went	**Sie sind gefahren**
Did you go by car?	**Sind Sie mit dem Auto gefahren?**
you drove	**ihr seid gefahren**
When did you drive to the airport?	**Wann seid ihr zum Flughafen gefahren?**
they went	**sie sind gefahren**
They didn't go by taxi.	**Sie sind nicht mit dem Taxi gefahren.**

Some of these verbs undergo a stem-vowel change in the past participle.

He came into the room.	**Er ist ins Zimmer gekommen.**
We went to the movies.	**Wir sind ins Kino gegangen.**

Were you in the office?	**Sind Sie im Büro gewesen?**
They stayed for two hours.	**Sie sind zwei Stunden geblieben.**
I flew to Istanbul last summer.	**Ich bin letzten Sommer nach Istanbul geflogen.**
We came home late last night.	**Wir sind gestern abend spät nach Hause gekommen.**
He ran through the park.	**Er ist durch den Park gelaufen.**
Did you climb the mountain?	**Seid ihr auf den Berg gestiegen?**

24. B.

Hören Sie gut zu!

HERR WEBER: *Wo sind Sie letzten Sommer gewesen?*

HERR FISCHER: *Wir haben Urlaub in Schottland gemacht.*

HERR WEBER: *Ach, wirklich?*

HERR FISCHER: *Wir sind zuerst nach London geflogen und sind zwei Tage dort geblieben.*

HERR WEBER: *Und dann?*

HERR FISCHER: *Dann sind wir mit dem Zug nach Edinburgh gefahren.*

HERR WEBER: *Und was haben Sie in Edinburgh gemacht? Haben Sie das Schloß besucht?*

HERR FISCHER: *Ja. Und wir sind auch in viele Museen gegangen.*

HERR WEBER: *Sehr schön.*

HERR FISCHER: *Wir sind auch viel spazierengegangen, und sogar auf einen Berg gestiegen!*

HERR WEBER: *Vielleicht mache ich auch einmal Urlaub in Schottland.*

HERR FISCHER: *Gute Idee!*

Hören Sie zu und wiederholen Sie!

Where were you last summer?	**Wo sind Sie letzten Sommer gewesen?**
We took a vacation in Scotland.	**Wir haben Urlaub in Schottland gemacht.**
Oh, really?	**Ach, wirklich?**
First we flew to London and stayed there for two days.	**Wir sind zuerst nach London geflogen und sind zwei Tage dort geblieben.**
And then?	**Und dann?**
Then we went to Edinburgh by train.	**Dann sind wir mit dem Zug nach Edinburgh gefahren.**
And what did you do in Edinburgh?	**Und was haben Sie in Edinburgh gemacht?**
Did you visit the castle?	**Haben Sie das Schloß besucht?**
Yes. And we also went to a lot of museums.	**Ja. Und wir sind auch in viele Museen gegangen.**
Very nice.	**Sehr schön.**
We also went for walks, and even climbed a mountain!	**Wir sind auch viel spazierengegangen, und sogar auf einen Berg gestiegen!**
Perhaps I'll take a vacation in Scotland sometime.	**Vielleicht mache ich auch einmal Urlaub in Schottland.**
Good idea!	**Gute Idee!**

24. C.

Answer the following questions with *ja* or *nein* as indicated.

Sind Sie letztes Jahr nach Italien gefahren? (ja)	☞ *Ja, ich bin letztes Jahr nach Italien gefahren.*
Sind Herr und Frau Brandt lange geblieben? (nein)	☞ *Nein, Herr und Frau Brandt sind nicht lange geblieben.*

Ist das Kind nach Hause gelaufen? (ja)

Ist Peter nach Berlin geflogen?
(nein)

☞ Ja, das Kind ist nach Hause
gelaufen.

☞ Nein, Peter ist nicht nach
Berlin geflogen.

LESSON 25: THE CONVERSATIONAL PAST OF SEMI-REGULAR VERBS

25. A.

Semi-regular, or mixed, verbs like *wissen*—"to know" and *denken*—"to think" form their past participle like predictable, or weak, verbs, by adding the prefix *ge-* and the ending *-t*. Some of them, however, also show a stem-vowel change like irregular, or strong, verbs. Here's the conjugation of *wissen*.

I knew	**ich habe gewußt**
I already knew the answer.	**Ich habe die Antwort schon gewußt.**
you knew	**du hast gewußt**
Have you known that for long?	**Hast du das schon lange gewußt?**
you knew	**Sie haben gewußt**
You knew nothing about that.	**Sie haben nichts davon gewußt.**
he knew	**er hat gewußt**
He already knew my new telephone number.	**Er hat meine neue Telefonnummer schon gewußt.**
we knew	**wir haben gewußt**
We knew nothing about that.	**Wir haben nichts davon gewußt.**
you knew	**ihr habt gewußt**
You knew where he lives.	**Ihr habt gewußt, wo er wohnt.**
they knew	**sie haben gewußt**
They knew nothing.	**Sie haben nichts gewußt.**

Here are a few examples with other semi-regular verbs.

I thought about you.	**Ich habe an dich gedacht.**
Did you think about me?	**Hast du an mich gedacht?**

What did you think?	**Was haben Sie gedacht?**
We didn't know her father.	**Wir haben ihren Vater nicht gekannt.**
How did you call him?	**Wie habt ihr ihn genannt?**
The candle burnt down.	**Die Kerze ist niedergebrannt.**

25. B.

Hören Sie gut zu!

> CHRISTOPHER: *Wir sind also letzte Woche nach Dresden gefahren.*
>
> MARTIN: *Ja, eine wunderschöne Stadt! Habt ihr vorher gewußt, daß Dresden so viele Paläste hat?*
>
> CHRISTOPHER: *Nein. Das Reisebüro hat uns nur eine Broschüre geschickt, und wir haben gedacht, eine Woche ist für Dresden genug.*
>
> MARTIN: *Da habt ihr falsch gedacht!*
>
> CHRISTOPHER: *Wir haben nicht gewußt, daß man in Dresden so viel sehen kann.*
>
> MARTIN: *Dresden ist immer eine Reise wert.*

Hören Sie zu und wiederholen Sie!

So, last week we drove to Dresden.	**Wir sind also letzte Woche nach Dresden gefahren.**
Yes, a beautiful city!	**Ja, eine wunderschöne Stadt!**
Did you know before that Dresden has so many palaces?	**Habt ihr vorher gewußt, daß Dresden so viele Paläste hat?**
No.	**Nein.**

The travel agency only sent us a brochure, and we thought that a week would be enough for Dresden.	Das Reisebüro hat uns nur eine Broschüre geschickt, und wir haben gedacht, eine Woche ist für Dresden genug.
You were mistaken.	Da habt ihr falsch gedacht!
We didn't know that there is so much to see in Dresden.	Wir haben nicht gewußt, daß man in Dresden so viel sehen kann.
Dresden is always worth a trip.	Dresden ist immer eine Reise wert.

25. C.

Rephrase the sentences using the cues.

Wissen Sie jetzt die Antwort? (gestern)	☞ *Haben Sie gestern die Antwort gewußt?*
Du denkst wohl an Rudi, nicht wahr? (gestern)	☞ *Du hast wohl gestern an Rudi gedacht, nicht wahr?*
Das neue Sportgeschäft nennt uns einen besseren Preis. (letzte Woche)	☞ *Das neue Sportgeschäft hat uns letzte Woche einen besseren Preis genannt.*

LESSON 26: THE CONVERSATIONAL PAST OF *DAUERN, KOSTEN, BEGINNEN, BEKOMMEN*, AND *BLEIBEN*

26. A.

In this chapter we continue with the conversational past. The predictable verbs and past participles you'll learn are *dauern–gedauert*—"to last" and *kosten–gekostet*—"to cost." The irregular verbs and their participles are *beginnen–begonnen*—"to begin," *bekommen–bekommen*—"to receive," and *bleiben–geblieben*—"to stay." All except *bleiben* use *haben* as their auxiliary.

Hören Sie zu und wiederholen Sie!

I began	**ich habe begonnen**
I began the next book.	**Ich habe das nächste Buch begonnen.**
you received	**du hast bekommen**
Did you get my postcard?	**Hast du meine Postkarte bekommen?**
you stayed	**Sie sind geblieben**
You only stayed for a month.	**Sie sind nur einen Monat geblieben.**
it lasted	**es hat gedauert**
The play lasted two hours.	**Das Theaterstück hat zwei Stunden gedauert.**
we began	**wir haben begonnen**
We began yesterday.	**Wir haben gestern begonnen.**
you stayed	**ihr seid geblieben**
Did you stay long?	**Seid ihr lange geblieben?**
they cost	**sie haben gekostet**
They cost ten marks previously.	**Sie haben früher zehn Mark gekostet.**

26. B.

Hören Sie gut zu!

RUDI: *Wir haben Glück gehabt! Wir haben die letzten Sitzplätze bekommen.*

PETER: *Wohl auch die teuersten! Was haben sie gekostet?*

MARYANN: *Nicht so furchtbar viel. Zehn Mark pro Person. Eine Karte im ersten Rang hat aber mehr gekostet, etwa zwanzig Mark.*

RUDI: *Das Stück ist fantastisch ... aber etwas zu lang. Es hat drei Stunden gedauert.*

MARYANN: *Ja, und wir sind die ganze Zeit geblieben!*

Hören Sie zu und wiederholen Sie!

We were lucky!	**Wir haben Glück gehabt!**
We got the last seats.	**Wir haben die letzten Sitzplätze bekommen.**
Probably the most expensive ones, too!	**Wohl auch die teuersten!**
What did they cost?	**Was haben sie gekostet?**
Not so terribly much.	**Nicht so furchtbar viel.**
Ten marks a person.	**Zehn Mark pro Person.**
But a seat in the first balcony cost about twenty marks.	**Eine Karte im ersten Rang hat aber mehr gekostet, etwa zwanzig Mark.**
The play is fantastic ... but a little too long.	**Das Stück ist fantastisch ... aber etwas zu lang.**
It lasted three hours.	**Es hat drei Stunden gedauert.**
Yes, and we stayed the whole time!	**Ja, und wir sind die ganze Zeit geblieben!**

26. C.

Rephrase the following sentences in the conversational past, using the cues:

Wir bekommen ein Paket aus Frankfurt. (letzte Woche)

☞ *Wir haben letzte Woche ein Paket aus Frankfurt bekommen.*

Krista und Wolfgang bleiben länger. (gestern)

☞ *Krista und Wolfgang sind gestern länger geblieben.*

Ein Hotelzimmer in Berlin kostet im Sommer mehr. (schon immer)

☞ *Ein Hotelzimmer in Berlin hat im Sommer schon immer mehr gekostet.*

Ich beginne meine Reise. (gestern)

☞ *Ich habe meine Reise gestern begonnen.*

LESSON 27: THE CONVERSATIONAL PAST OF VERBS WITH A SEPARABLE PREFIX

27. A.

We'll be working with *abholen*—"to pick up"; *hinfahren*—"to travel/to drive"; *ausgeben*—"to spend money"; and *wegnehmen*—"to take away." Note that the *-ge-* is placed between the separable prefix and the stem of the verb. Compare: *hinfahren–hingefahren*.

I took away	**ich habe weggenommen**
I took the car away from Peter.	**Ich habe Peter das Auto weggenommen.**
you spent	**du hast ausgegeben**
Didn't you spend any money?	**Hast du kein Geld ausgegeben?**
she drove	**sie ist hingefahren**
She drove to his house.	**Sie ist zu ihm hingefahren.**
we picked up	**wir haben abgeholt**
We picked our friends up at the airport.	**Wir haben unsere Freunde am Flughafen abgeholt.**
you spent money	**ihr habt ausgegeben**
You spent too much again!	**Ihr habt wieder zu viel ausgegeben!**
they drove there	**sie sind hingefahren**
Did they drive over by bus again?	**Sind sie wieder mit dem Bus hingefahren?**

27. B.

Hören Sie gut zu!

> PAUL: *Ich bin am Mittwoch ins Theater gegangen. Ich bin mit dem Auto hingefahren—und habe eine Panne gehabt ... direkt auf der Autobahn!*
>
> VOLKER: *O, je! Hat dich jemand abgeholt? Jemand von einer Werkstatt?*

PAUL:	*Meine Freunde haben mich zwar abgeholt, aber die Leute von der Werkstatt sind nicht so schnell gekommen. Und das alles hat mich dann noch zweihundert Mark gekostet.*
VOLKER:	*Du Armer! Hast du denn so viel Geld dabei gehabt?*
PAUL:	*Nein, meine Freunde haben mir geholfen. Am nächsten Tag haben sie mich zu Hause abgeholt, und wir sind zur Werkstatt gefahren. Da habe ich dann bezahlt.*
VOLKER:	*Tja! Du hast an dem einen Tag aber recht viel ausgegeben.*

Hören Sie zu und wiederholen Sie!

I went to the theater on Wednesday.	**Ich bin am Mittwoch ins Theater gegangen.**
I took the car—and had a breakdown . . . right on the Autobahn!	**Ich bin mit dem Auto hingefahren — und habe eine Panne gehabt . . . direkt auf der Autobahn!**
Oh, my! Did someone pick you up?	**O je! Hat dich jemand abgeholt?**
Someone from a garage?	**Jemand von einer Werkstatt?**
My friends came and got me, but the people from the garage didn't come all that fast.	**Meine Freunde haben mich zwar abgeholt, aber die Leute von der Werkstatt sind nicht so schnell gekommen.**
And all of that cost me two hundred marks!	**Und das alles hat mich dann noch zweihundert Mark gekostet.**
You poor guy!	**Du Armer!**
Did you have that much money with you?	**Hast du denn so viel Geld dabei gehabt?**

308

No, my friends helped me.	**Nein, meine Freunde haben mir geholfen.**
The next day they picked me up from home and went to the garage with me.	**Am nächsten Tag haben sie mich zu Hause abgeholt, und wir sind zur Werkstatt gefahren.**
That's when I paid.	**Da habe ich dann bezahlt.**
Well, you spent a fair amount in one day.	**Tja! Du hast an dem einen Tag aber recht viel ausgegeben.**

27. C.

Rephrase the sentences in the conversational past.

Fährst du schon immer mit dem Auto hin?	☞ *Bist du schon immer mit dem Auto hingefahren?*
Mein Vater gibt im Restaurant nie sehr viel aus.	☞ *Mein Vater hat im Restaurant nie sehr viel ausgegeben.*
Wir holen den Wein ab.	☞ *Wir haben den Wein abgeholt.*
Warum nimmst du mir immer meine Zeitung weg?	☞ *Warum hast du mir immer meine Zeitung weggenommen?*

LESSON 28: THE CONVERSATIONAL PAST OF REFLEXIVE VERBS

28. A.

All German reflexive verbs use the auxiliary *haben* in the conversational past. *Hören Sie zu und wiederholen Sie!*

I've been interested	**ich habe mich interessiert**
you've been interested	**Sie haben sich interessiert**
you've been interested	**du hast dich interessiert**
he's been interested	**er hat sich interessiert**
she's been interested	**sie hat sich interessiert**
we were interested	**wir haben uns interessiert**
you've been interested	**Sie haben sich interessiert**
you've been interested	**ihr habt euch interessiert**
they were interested	**sie haben sich interessiert**

28. B.

Let's learn a new verb: *sich beschäftigen mit*—"to keep busy with."

LOTTIE: *Mein Vater hat sich sein ganzes Leben lang fürs Bergsteigen interessiert.*

JÜRGEN: *Ja? Meine Tante hat sich auch sehr dafür interessiert.*

LOTTIE: *Mein Vater hat sich in seinem Alpenverein immer über die besten Bergspitzen unterhalten.*

JÜRGEN: *Meine Tante hat sich immer sehr mit Wetterkunde beschäftigt.*

LOTTIE: *Kennst du die Fernsehsendung "Steigen ist Spitze!"?*

JÜRGEN: *Ja, ja, die kenne ich. Tolles Wortspiel, nicht? Aber die Sendung selbst hat mich nie richtig interessiert.*

My father was interested in mountain climbing his whole life.	**Mein Vater hat sich sein ganzes Leben lang fürs Bergsteigen interessiert.**
Oh yes? My aunt was also very interested in it.	**Ja? Meine Tante hat sich auch sehr dafür interessiert.**
In his alpine club my father always discussed the best peaks.	**Mein Vater hat sich in seinem Alpenverein immer über die besten Bergspitzen unterhalten.**
My aunt was always busy with meteorology.	**Meine Tante hat sich immer sehr mit Wetterkunde beschäftigt.**
Are you familar with the TV program "Climbing's the Peak!"?	**Kennst du die Fernsehsendung "Steigen ist Spitze!"?**
Yes, yes, I know it.	**Ja, ja, die kenne ich.**
Great pun, isn't it?	**Tolles Wortspiel, nicht?**
But the show itself has never really interested me.	**Aber die Sendung selbst hat mich nie richtig interessiert.**

28. C.

Answer the questions affirmatively:

Haben Sie sich für Theater interessiert?	☞ *Ja, ich habe mich für Theater interessiert.*
Haben Sie sich mit Ihrer Freundin Helga unterhalten?	☞ *Ja, ich habe mich mit meiner Freundin Helga unterhalten.*
Hat sich Gudrun gefreut?	☞ *Ja, Gudrun hat sich gefreut.*

LESSON 29: FORMING QUESTIONS IN THE CONVERSATIONAL PAST

29. A.

As you know, questions are asked with inverted word order. The statement *Sie haben Deutsch gelernt* becomes the question *Haben Sie Deutsch gelernt?* In this lesson we will work with questions using the conversational past of the verb. Notice that the past participle is at the end of the question. We will conjugate the verb *brauchen*—"to use/to need."

I needed	**ich habe gebraucht**
I needed the files.	**Ich habe die Akten gebraucht.**
you needed	**Sie haben gebraucht**
Did you need the computer?	**Haben Sie den Computer gebraucht?**
you needed	**du hast gebraucht**
Did you need the telephone book?	**Hast du das Telefonbuch gebraucht?**
she needed	**sie hat gebraucht**
Did she need rest?	**Hat sie Ruhe gebraucht?**
we needed	**wir haben gebraucht**
We needed the list.	**Wir haben die Liste gebraucht.**
you needed	**Sie haben gebraucht**
Mr. and Mrs. Müller, did you need the car?	**Herr und Frau Müller, haben Sie das Auto gebraucht?**
you needed	**ihr habt gebraucht**
Did you need the dictionary?	**Habt ihr das Wörterbuch gebraucht?**
they needed	**sie haben gebraucht**
Did Gerda and Beate need more time?	**Haben Gerda und Beate mehr Zeit gebraucht?**

312

29. B.

First there is a new verb to learn:

to play   **spielen**

Let's listen to an interview with a folk musician.

VANESSA: *Wie haben Sie die Ideen für Ihre Musik bekommen?*

UWE MATTI: *Ich habe mich von Anfang an für Volkslieder interessiert.*

VANESSA: *Haben Sie schon als Kind ein Instrument gespielt?*

UWE MATTI: *Ja, ich habe mit der Gitarre angefangen.*

VANESSA: *Für welche Musik haben sich junge Leute damals besonders interessiert?*

UWE MATTI: *Meistens für Musik mit gutem Rhythmus.*

VANESSA: *Haben Sie immer Freude an Ihrer Arbeit gehabt?*

UWE MATTI: *Ja, meine Arbeit ist mein Leben!*

Hören Sie zu und wiederholen Sie!

How did you get the ideas for your music?	**Wie haben Sie die Ideen für Ihre Musik bekommen?**
I have been interested in folk music from the beginning.	**Ich habe mich von Anfang an für Volkslieder interessiert.**
Did you already play an instrument as a child?	**Haben Sie schon als Kind ein Instrument gespielt?**
Yes, I started with the guitar.	**Ja, ich habe mit der Gitarre angefangen.**
What music were young people most interested in then?	**Für welche Musik haben sich junge Leute damals besonders interessiert?**

Mostly in music with good rhythm.	**Meistens für Musik mit gutem Rhythmus.**
Have you always enjoyed your work?	**Haben Sie immer Freude an Ihrer Arbeit gehabt?**
Yes, my work is my life!	**Ja, meine Arbeit ist mein Leben!**

29. C.

Please do the following:

Ask whether they played an instrument.	☞ *Haben sie ein Instrument gespielt?*
Ask whether he bought the car.	☞ *Hat er das Auto gekauft?*
Ask whether Mr. and Mrs. Schulze remained in Vienna.	☞ *Sind Herr und Frau Schulze in Wien geblieben?*

LESSON 30: THE NARRATIVE PAST OF REGULAR VERBS

30. A.

The simple, or narrative, past relates a chain of events in the past. A written or spoken historical account would therefore require the use of the narrative past. In regular conversation the simple past is rarely used. To form the narrative past add *-t* or *-et* and the personal endings to the verb stem. Let's take the verb *bestellen*—"to order."

I ordered	**ich bestellte**
I didn't order a drink, but rather french fries.	**Ich bestellte kein Getränk, sondern Pommes Frites.**
you ordered	**Sie bestellten**
You ordered salad.	**Sie bestellten Salat.**
you ordered	**du bestelltest**
Did you order red or white wine?	**Bestelltest du Rotwein oder Weißwein?**
he ordered	**er bestellte**
My husband ordered just a half portion of ice cream.	**Mein Mann bestellte nur eine halbe Portion Eis.**
we ordered	**wir bestellten**
We ordered durable goods.	**Wir bestellten haltbare Waren.**
you ordered	**Sie bestellten**
Did you order the wine?	**Bestellten Sie den Wein?**
you ordered	**ihr bestelltet**
You often ordered a hot meal.	**Ihr bestelltet oft eine warme Mahlzeit.**
they ordered	**sie bestellten**
Wagners didn't order a newspaper last year.	**Wagners bestellten letztes Jahr keine Zeitung.**

30. B.

Hören Sie gut zu!

RICHARD: *Wir waren in der Schreibwarenhandlung. Ich wollte einen Füller kaufen. Zuerst antwortete der Verkäufer mir nicht, als ich sagte, daß ich einen neuen Füller kaufen wollte. Endlich zeigte er uns sechs verschiedene. Mein Bruder und ich probierten alle sechs. Ich wollte einen dunkelblauen. Leider hatten sie nur schwarze und rote. Also bestellte ich den dunkelblauen.*

Hören Sie zu und wiederholen Sie!

We were in the stationery store.	**Wir waren in der Schreibwarenhandlung.**
I wanted to buy a pen.	**Ich wollte einen Füller kaufen.**
At first the sales clerk didn't answer me when I said that I would like to buy a new pen.	**Zuerst antwortete der Verkäufer mir nicht, als ich sagte, daß ich einen neuen Füller kaufen wollte.**
Finally he showed us six of them.	**Endlich zeigte er uns sechs verschiedene.**
My brother and I tried all six.	**Mein Bruder und ich probierten alle sechs.**
I wanted a dark blue one.	**Ich wollte einen dunkelblauen.**
Unfortunately they had only black and red ones.	**Leider hatten sie nur schwarze und rote.**
So I ordered the dark blue one.	**Also bestellte ich den dunkelblauen.**

316

30. C.

Answer the questions using the cues.

Was bestellten die Webers? *(eine warme Mahlzeit)*	☞ *Sie bestellten eine warme Mahlzeit.*
Was bestellte Max? (eine Portion Vanilleeis)	☞ *Er bestellte eine Portion Vanilleeis.*
Und was bestellten Sie? (den Wein)	☞ *Ich bestellte den Wein.*
Was probierte Horst? (den Rotwein)	☞ *Horst probierte den Rotwein.*
Was sagte er, als Frau Meier uns die Zeitung zeigte? (nichts)	☞ *Er sagte nichts, als sie uns die Zeitung zeigte.*

LESSON 31: THE NARRATIVE PAST OF IRREGULAR VERBS

31. A.

A number of verbs have an irregular past tense with a stem-vowel change. Here are a few examples: *verstehen*—"to understand," *rufen*—"to call," *finden*—"to find," *fahren*—"to drive," *schließen*—"to close," and *essen*—"to eat." Let's learn their conjugation.

I found	**ich fand**
I found my keys.	**Ich fand meine Schlüssel.**
you found	**Sie fanden**
You didn't find his address?	**Sie fanden seine Addresse nicht?**
you found	**du fandest**
Where did you find this?	**Wo fandest du das?**
he found	**er fand**
He didn't find his money.	**Er fand sein Geld nicht.**
we understood	**wir verstanden**
We understood the problem.	**Wir verstanden das Problem.**
you understood	**Sie verstanden**
You understood correctly.	**Sie verstanden richtig.**
you understood	**ihr verstandet**
You didn't understand me.	**Ihr verstandet mich nicht.**
they understood	**sie verstanden**
They didn't understand the movie.	**Sie verstanden den Film nicht.**

And now, some more examples:

I drove a red car.	**Ich fuhr ein rotes Auto.**
He ate too much.	**Er aß zu viel.**
He called his dog.	**Er rief seinen Hund.**
We closed the contract at the right time.	**Wir schlossen den Vertrag zur rechten Zeit.**

31. B.

Listen to this story:

> CLARA: *Es war in Stuttgart auf einem Parkplatz. Es war schon dunkel und ich stand alleine neben meinem Auto. Plötzlich rief eine Frau etwas. Ich verstand kein Wort. Bald darauf sah ich einen großen Hund direkt vor mir stehen. Ich hatte große Angst. Ich konnte nicht schnell genug im Auto sein, aber ich fand meine Schlüssel nicht. Endlich fand ich sie. Ich öffnete die Autotür, schloß sie hinter mir, startete, und fuhr schnell weg.*

Hören Sie zu und wiederholen Sie!

It was in Stuttgart, in a parking lot.	**Es war in Stuttgart auf einem Parkplatz.**
It was already dark and I was standing alone next to my car.	**Es war schon dunkel und ich stand alleine neben meinem Auto.**
Suddenly a woman yelled something.	**Plötzlich rief eine Frau etwas.**
I didn't understand a word.	**Ich verstand kein Wort.**
Soon afterwards I saw a big dog standing right in front of me.	**Bald darauf sah ich einen großen Hund direkt vor mir stehen.**
I was afraid.	**Ich hatte große Angst.**
I couldn't get into the car fast enough.	**Ich konnte nicht schnell genug im Auto sein.**
But I couldn't find my keys.	**Aber ich fand meine Schlüssel nicht.**
Finally I found them.	**Endlich fand ich sie.**

| I opened the car door, closed it behind me, started the car, and drove away fast. | **Ich öffnete die Autotür, schloß sie hinter mir, startete, und fuhr schnell weg.** |

31. C.

Rephrase the following sentences in the narrative past.

Ich rufe meine Chefin an.	☞ *Ich rief meine Chefin an.*
Wir mißverstehen uns.	☞ *Wir mißverstanden uns.*
Hans findet seine Schlüssel nicht.	☞ *Hans fand seine Schlüssel nicht.*
Ich schließe die Tür.	☞ *Ich schloß die Tür.*

32. A.

The narrative past of some verbs, like *haben* and *sein,* for example, is preferred to the conversational past, even in conversation. Here is the narrative past of *haben:*

I had	**ich hatte**
I had no time.	**Ich hatte keine Zeit.**
you had	**Sie hatten**
Weren't you hungry?	**Hatten Sie keinen Hunger?**
you had	**du hattest**
You didn't have much luck.	**Du hattest nicht viel Glück.**
he had	**er hatte**
Hans had yesterday off.	**Hans hatte gestern frei.**
it had	**es hatte**
It was pointless.	**Es hatte keinen Zweck.**
we had	**wir hatten**
Naturally we were right.	**Wir hatten natürlich recht.**
you had	**Sie hatten**
Didn't you have anything against it?	**Hatten Sie nichts dagegen?**
you had	**ihr hattet**
You had bad weather.	**Ihr hattet schlechtes Wetter.**
they had	**sie hatten**
After the hard work, they were thirsty.	**Nach der schweren Arbeit hatten sie großen Durst.**

The narrative past of *sein* is also irregular.

I was	**ich war**
Unfortunately, I wasn't completely satisfied.	**Leider war ich nicht ganz zufrieden.**
you were	**Sie waren**

You were on the island the entire month.	**Sie waren den ganzen Monat auf der Insel.**
you were	**du warst**
Were you ill when we had the meeting?	**Warst du krank, als wir die Besprechung hatten?**
it was	**es war**
Once upon a time, in the middle of winter . . .	**Es war einmal mitten im Winter . . .**
we were	**wir waren**
When we were young, we were always in a hurry.	**Als wir jung waren, hatten wir es immer eilig.**
you were	**Sie waren**
Were you here on a visit?	**Waren Sie hier auf Besuch?**
you were	**ihr wart**
You weren't in the workout room more than ten minutes.	**Ihr wart keine zehn Minuten im Fitneß-raum.**
they were	**sie waren**
How old were they?	**Wie alt waren sie?**

The modals are mostly used in the narrative past. Let's conjugate *wollen*.

I wanted to tell everthing.	**Ich wollte alles erzählen.**
You wanted to speak more slowly.	**Sie wollten langsamer sprechen.**
You didn't want to tell him.	**Das wolltest du ihm nicht sagen.**
Did Anna want to visit Paul?	**Wollte Anna Paul besuchen?**
We wanted to wait a little longer.	**Wir wollten ein bißchen länger warten.**
Did you want to leave?	**Wollten Sie schon gehen?**
When did you want to go on vacation?	**Wann wolltet ihr Ferien machen?**
Mr. and Mrs. Krebs didn't want children.	**Herr und Frau Krebs wollten keine Kinder haben.**

All modals with umlaut in the infinitive lose the umlaut in the narrative past.

I could	**ich konnte**
you could	**Sie konnten**
you could	**du konntest**
he could	**er konnte**
we could	**wir konnten**
you could	**Sie konnten**
you could	**ihr konntet**
they could	**sie konnten**

The semi-regular verbs, such as *bringen*—"to bring," are similar. They undergo a stem-vowel change like irregular verbs and add the past-tense indicator *-t* like predictable verbs.

I brought a lot along.	**Ich brachte viel mit.**
You brought your mother along.	**Sie brachten Ihre Mutter mit.**
Did you bring the money?	**Brachtest du das Geld mit?**
What did Miss Braun bring?	**Was brachte Fräulein Braun mit?**
We brought our friends along.	**Wir brachten unsere Freunde mit.**
You didn't bring anything.	**Sie brachten nichts mit.**
Did you bring only bread?	**Brachtet ihr nur Brot mit?**
They didn't bring their children along.	**Sie brachten ihre Kinder nicht mit.**

32. B.

Hören Sie gut zu!

> MAREN: *Wie war es in den Alpen?*
> EVA: *Das Wetter war einfach herrlich. Wir hatten viel Schnee und überhaupt keinen Regen. Fünf Tage lang konnten wir skilaufen.*

MAREN: *Warum wart ihr dann nicht die ganze Woche in den Bergen?*

EVA: *Wir wollten noch Freunde besuchen. Das Wochenende verbrachten wir bei Dieter.*

MAREN: *Wie war's?*

EVA: *Schön!*

MAREN: *Wie lange seid ihr geblieben?*

EVA: *Ich sollte eigentlich Montag früh wieder hier sein. Aber wir wollten zwei Tage länger bleiben.*

Hören Sie zu und wiederholen Sie!

How was it in the Alps?	**Wie war es in den Alpen?**
The weather was simply splendid.	**Das Wetter war einfach herrlich.**
We had a lot of snow and no rain at all.	**Wir hatten viel Schnee und überhaupt keinen Regen.**
We were able to ski for five days.	**Fünf Tage lang konnten wir skilaufen.**
Why weren't you in the mountains the entire week?	**Warum wart ihr nicht die ganze Woche in den Bergen?**
We wanted to visit with friends, too.	**Wir wollten noch Freunde besuchen.**
We spent the weekend with Dieter.	**Das Wochenende verbrachten wir bei Dieter.**
How was it?	**Wie war's?**
Nice!	**Schön!**
How long did you stay?	**Wie lange seid Ihr geblieben?**
I was actually supposed to be back on Monday.	**Ich sollte eigentlich schon Montag wieder hier sein.**
But we wanted to stay two more days.	**Aber wir wollten zwei Tage länger bleiben.**

32. C.

Rephrase the sentences in the narrative past.

*Heinz und ich wollen den
ganzen Tag skilaufen.*

*Um zwölf Uhr haben wir
Hunger.*

*Wir können aber nicht zurück-
gehen.*

Die Zeit ist zu kurz.

*Deshalb bringen wir immer ein
Brot mit.*

☞ *Heinz und ich wollten den
ganzen Tag skilaufen.*

☞ *Um zwölf Uhr hatten wir
Hunger.*

☞ *Wir konnten aber nicht
zurückgehen.*

☞ *Die Zeit war zu kurz.*

☞ *Deshalb brachten wir immer
ein Brot mit.*

LESSON 33: THE PAST PERFECT

33. A.

The past perfect is used to differentiate events that oc-
curred before other past events. It consists of the narrative
past of either *haben* or *sein,* and the past participle of the
main verb. *Hören Sie zu und wiederholen Sie!*

I had played the saxophone.	**Ich hatte Saxophon gespielt.**
Had you sought advice?	**Hatten Sie sich Rat gesucht?**
You hadn't requested help.	**Du hattest nicht um Hilfe gebeten.**
The baker had gotten the rolls.	**Der Bäcker hatte die Brötchen geholt.**
We had sat there for a long time already.	**Wir hatten schon lange dort gesessen.**
You had seldom played with them.	**Ihr hattet nur selten mit ihnen gespielt.**
The workers had requested a transfer.	**Die Arbeiter hatten um Versetzung gebeten.**

Now let's try a few examples with *sein* as auxiliary.

Had I become calmer?	**War ich ruhiger geworden?**
You had already gone to bed.	**Sie waren schon ins Bett gegangen.**
Hadn't you become tired?	**Warst du nicht müde geworden?**
It had been too warm.	**Es war zu warm gewesen.**
Where had we gone when he came?	**Wohin waren wir gegangen, als er kam?**
You had returned full of enthusiasm.	**Ihr wart voll von Begeister-ung zurückgekommen.**
My parents had become older.	**Meine Eltern waren älter geworden.**

326

33. B.

Hören Sie gut zu!

KAI: *Und wie war der Ausflug nach Hamburg?*
JÜRGEN: *Er war schön. Wir fuhren direkt zu meiner Schwester, nachdem ihr Mann uns vom Bahnhof abgeholt hatte. Dann wollten wir zu einem Fußballspiel gehen, aber die Mannschaft hatte schon am vorigen Tag gespielt. Also gingen wir spazieren. Nachdem wir spazierengegangen waren, sahen wir fern. Wir waren müde, nachdem wir einen Krimi gesehen hatten, und gingen früh ins Bett.*
KAI: *Das klingt sehr erholsam.*
JÜRGEN: *Das war es!*

Hören Sie zu und wiederholen Sie!

And how was the trip to Hamburg?

Und wie war der Ausflug nach Hamburg?

It was nice.

Er war schön.

We drove directly to my sister's after her husband had picked us up at the train station.

Wir fuhren direkt zu meiner Schwester, nachdem ihr Mann uns vom Bahnhof abgeholt hatte.

Then we wanted to go to a soccer game, but the team had already played the day before.

Dann wollten wir zu einem Fußballspiel gehen, aber die Mannschaft hatte schon am vorigen Tag gespielt.

So we went for a walk.

Also gingen wir spazieren.

After we had gone for a walk we watched television.

Nachdem wir spazierengegangen waren, sahen wir fern.

We were tired after we had watched a thriller, and we went to bed early.	**Wir waren müde, nachdem wir einen Krimi gesehen hatten, und gingen früh ins Bett.**
That sounds very relaxing. It was!	**Das klingt sehr erholsam. Das war es!**

33. C.

Answer the questions using the cues:

Wie war das Wetter geworden? (schön warm)	☞ *Das Wetter war schön warm geworden.*
Wo waren Sie gewesen, ehe ich kam? (zu Hause)	☞ *Ich war zu Hause gewesen.*
Wer hatte um Hilfe gebeten? (die Arbeiter)	☞ *Die Arbeiter hatten um Hilfe gebeten.*
Was hatte Karl gesehen? (einen Krimi)	☞ *Karl hatte einen Krimi gesehen.*

PART IV: THE PASSIVE

LESSON 34: THE PASSIVE VOICE

34. A.

So far, we've been dealing with the so-called active voice. This means that the subject of the sentence is performing the action expressed by the verb. In the passive voice, however, the subject of the sentence is acted upon. Listen first to an example in the active voice:

Mr. Ruhl is picking me up from the train station.	**Herr Ruhl holt mich vom Bahnof ab.**

Now listen to the passive voice:

I am being picked up by Mr. Ruhl from the train station.	**Ich werde von Herrn Ruhl vom Bahnof abgeholt.**

In German, the passive voice is formed by the auxiliary *werden* in its conjugated form plus the past participle of the verb. The object of the active sentence becomes the subject of the passive sentence. You may have also noticed that the person or thing performing the act is introduced by *von*. Here's the conjugation of *abholen*—"to pick up":

I am being picked up	**ich werde abgeholt**
I am being picked up at the airport.	**Ich werde am Flughafen abgeholt.**
you are being picked up	**Sie werden abgeholt**
You are being picked up in Cologne.	**Sie werden in Köln abgeholt.**
you are being picked up	**du wirst abgeholt**
You are being picked up at four o'clock.	**Du wirst um vier abgeholt.**

he is being picked up	er wird abgeholt
He is being picked up later.	Er wird später abgeholt.
we are being picked up	wir werden abgeholt
We are not being picked up at the station.	Wir werden nicht am Bahnhof abgeholt.
you are being picked up	Sie werden abgeholt
Are you being picked up today?	Werden Sie heute abgeholt?
you are being picked up	ihr werdet abgeholt
When are you being picked up?	Wann werdet ihr abgeholt?
they are being picked up	sie werden abgeholt
They are being picked up every morning.	Sie werden jeden Morgen abgeholt.

And here are some more examples:

The house is being sold.	Das Haus wird verkauft.
The car is being repaired	Das Auto wird repariert.
The bill is just being paid.	Die Rechnung wird gerade bezahlt.
Everything is explained by the teacher.	Alles wird vom Lehrer erklärt.
The flight is being booked by the secretary.	Der Flug wird von der Sekretärin gebucht.

34. B.

Hören Sie gut zu!

HOTELGAST: *Entschuldigen Sie bitte, um wieviel Uhr wird das Stadtmuseum aufgemacht?*

ANGESTELLTER: *Das Museum wird um zehn Uhr aufgemacht.*

HOTELGAST: *Und werden dort Ansichtskarten verkauft?*

ANGESTELLTER: *Da bin ich nicht sicher. Aber viele Andenken werden dort verkauft.*

HOTELGAST:	*Über den Dom wird sehr viel geschrieben. Ist er sehenswert?*
ANGESTELLTER:	*Bestimmt. Der Dom wird von vielen Touristen besucht.*
HOTELGAST:	*Und noch etwas. Wo ist hier ein gutes Restaurant?*
ANGESTELLTER:	*Der Schützenhof wird häufig empfohlen. Das Essen dort ist wirklich ausgezeichnet.*
HOTELGAST:	*Vielen Dank!*

Hören Sie zu und wiederholen Sie!

Excuse me, please, at what time does the City Museum open?	**Enschuldigen Sie bitte, um wieviel Uhr wird das Stadtmuseum aufgemacht?**
The museum opens at ten o'clock.	**Das Museum wird um zehn Uhr aufgemacht.**
And are picture postcards sold there?	**Und werden dort Ansichtskarten verkauft?**
I'm not sure.	**Da bin ich nicht sicher.**
But many souvenirs are sold there.	**Aber viele Andenken werden dort verkauft.**
Much is written about the cathedral.	**Über den Dom wird sehr viel geschrieben.**
Is it worth seeing?	**Ist er sehenswert?**
Definitely.	**Bestimmt.**
The cathedral is visited by many tourists.	**Der Dom wird von vielen Touristen besucht.**
And something else.	**Und noch etwas.**
Where is there a good restaurant around here?	**Wo gibt es hier ein gutes Restaurant?**
The Schützenhof is often recommended.	**Der Schützenhof wird häufig empfohlen.**

| The food there is really excellent. | **Das Essen dort ist wirklich ausgezeichnet.** |
| Thanks a lot! | **Vielen Dank!** |

34. C.

Answer the following questions using either *ja* or *nein* as indicated.

Wird der Flug gebucht? (ja)	☞ *Ja, der Flug wird gebucht.*
Wird das Auto repariert? (ja)	☞ *Ja, das Auto wird repariert.*
Werden dort Ansichtskarten verkauft? (nein)	☞ *Nein, Ansichtskarten werden dort nicht verkauft.*
Wird Marlene später abgeholt? (ja)	☞ *Ja, Marlene wird später abgeholt.*

LESSON 35: THE PASSIVE VOICE IN THE PAST

35. A.

The simple past of the passive voice requires the use of the simple past of *werden* plus the past participle of the main verb. *Hören Sie zu und wiederholen Sie!*

I was picked up at the airport.	**Ich wurde am Flughafen abgeholt.**
You were picked up in Cologne.	**Sie wurden in Köln abgeholt.**
You were picked up at four o'clock.	**Du wurdest um vier abgeholt.**
Was he picked up?	**Wurde er abgeholt?**
We were not picked up at the train station.	**Wir wurden nicht am Bahnhof abgeholt.**
Were you picked up today?	**Wurden Sie heute abgeholt?**
When were you picked up?	**Wann wurdet ihr abgeholt?**
They were picked up every morning.	**Sie wurden jeden Morgen abgeholt.**

Now listen to some more examples using other verbs.

The novel was written by Günther Grass.	**Der Roman wurde von Günther Grass geschrieben.**
The food was just ordered.	**Das Essen wurde gerade bestellt.**
The house was sold last week.	**Das Haus wurde letzte Woche verkauft.**
When was the bill paid?	**Wann wurde die Rechnung bezahlt?**

The conversational past of the passive voice is formed with the auxiliary *sein* and the past participle of the main verb plus *worden*—the past participle of *werden* without its prefix *ge-*. *Hören Sie zu und wiederholen Sie!*

I was picked up at the airport.	**Ich bin am Flughafen abgeholt worden.**
You were picked up in Cologne.	**Sie sind in Köln abgeholt worden.**
You were picked up at four o'clock.	**Du bist um vier abgeholt worden.**
Was he picked up?	**Ist er abgeholt worden?**
We were not picked up.	**Wir sind nicht abgeholt worden.**
Were you picked up today?	**Sind Sie heute abgeholt worden?**
When were you picked up?	**Wann seid Ihr abgeholt worden?**
They were picked up every morning.	**Sie sind jeden Morgen abgeholt worden.**

35. B.

Hören Sie gut zu!

HERR LORENZ: *Frau Krüger, ist die Post schon aufgemacht worden?*

FRAU KRÜGER: *Ja, aber der Brief an Lehmann & Co. ist noch nicht geschrieben worden.*

HERR LORENZ: *Das wurde noch nicht gemacht?*

FRAU KRÜGER: *Nein.*

HERR LORENZ: *Ist der Flug nach Hamburg schon gebucht worden?*

FRAU KRÜGER: *Ja, das Ticket wurde heute morgen abgeholt.*

HERR LORENZ: *Die Hotelzimmer müssen auch noch bestellt werden.*

FRAU KRÜGER: *Ach ja, richtig. Die sind noch nicht bestellt worden.*

Mrs. Krüger, has the mail been opened already?	**Frau Krüger, ist die Post schon aufgemacht worden?**
Yes, but the letter to Lehmann & Co. has not been written yet.	**Ja, aber der Brief an Lehmann & Co. ist noch nicht geschrieben worden.**
That hasn't been done yet?	**Das wurde noch nicht gemacht?**
No.	**Nein.**
Has the flight to Hamburg been booked already?	**Ist der Flug nach Hamburg schon gebucht worden?**
Yes, the ticket was picked up this morning.	**Ja, das Ticket wurde heute morgen abgeholt.**
The hotel rooms have to be booked as well.	**Die Hotelzimmer müssen auch noch bestellt werden.**
Yes, right.	**Ach ja, richtig.**
They have not been booked yet.	**Die sind noch nicht bestellt worden.**

35. C.

Answer the following questions in the simple past tense using either *ja* or *nein* as indicated.

Wurde das Hotelzimmer schon bestellt? (ja)	☞ *Ja, das Hotelzimmer wurde schon bestellt.*
Wurden die Karten schon abgeholt? (ja)	☞ *Ja, die Karten wurden schon abgeholt.*
Wurde das Haus letzte Woche verkauft? (nein)	☞ *Nein, das Haus wurde letzte Woche nicht verkauft.*
Wurde die Rechnung bezahlt? (ja)	☞ *Ja, die Rechnung wurde bezahlt.*

PART V: DOUBLE INFINITIVES, CONDITIONALS, AND SUBJUNCTIVES

LESSON 36: MANNERS

36. A.

Let's discuss some forms of verbs that allow you to make your questions and requests more polite. The verb forms we will be working with are *möchte*—"would like," *hätte gern*—"would like," and *wäre*—"would be." All of these verb forms are based on the subjunctive forms of *mögen*—"to like," *haben*—"to have," and *sein*—"to be." Let's begin with *mögen*:

I would like a cup of coffee.	**Ich möchte eine Tasse Kaffee.**
Would you like the menu?	**Möchten Sie die Speisekarte?**
Would you like a glass of wine?	**Möchtest du ein Glas Wein?**
Would she like something to drink?	**Möchte sie etwas zu trinken?**
When would you like to go?	**Wann möchtet ihr gehen?**
What would you like to do?	**Was möchten Sie machen?**
Wouldn't they like to come?	**Möchten sie nicht kommen?**

Now let's turn to a few examples with *haben*:

What would you like?	**Was hätten Sie gern?**
I would like a glass of wine.	**Ich hätte gern ein Glas Wein.**
We would like a beer.	**Wir hätten gern ein Bier.**
He would like a Coke.	**Er hätte gern eine Cola.**

And finally some examples with *sein*:

That would be nice of you!	**Das wäre nett von Ihnen!**
Would that be possible?	**Wäre das möglich?**
Would you be agreeable to that?	**Wärst du damit einverstanden?**
Would you be so kind as to take me?	**Wären Sie so nett, mich mitzunehmen?**

There is another verb form that is frequently used to soften requests or statements: *würden*—"would," which is the subjunctive of *werden*—"to become/get." It is equivalent to the English "would."

I would gladly help you.	**Ich würde Ihnen gern helfen.**
Would you please help me?	**Würden Sie mir bitte helfen?**
Would you please close the door?	**Würdest du bitte die Tür zumachen?**
Would you please listen?	**Würdet ihr bitte zuhören?**
Would you please follow me?	**Würden Sie mir bitte folgen?**

36. B.

Hören Sie gut zu!

KUNDIN: *Herr Ober, ich hätte gern die Speisekarte, bitte.*
KELLNER: *Hier, bitte schön.*
KUNDIN: *Was ist denn die Spezialität des Tages?*
KELLNER: *Sauerbraten und Knödel.*
KUNDIN: *Ich hätte gern den Sauerbraten und einen Salat dazu.*
KELLNER: *Möchten Sie etwas zu trinken?*
KUNDIN: *Ich hätte gern einen Wein, bitte. Was würden Sie empfehlen?*

KELLNER: *Wir haben einen guten Moselwein.*
KUNDIN: *Würden Sie mir bitte einen Moselwein bringen?*
KELLNER: *Gern. Möchten Sie sonst noch etwas?*
KUNDIN: *Nein, danke. Vielleicht später.*
KELLNER: *Bitte. Das Essen kommt sofort.*

Hören Sie zu und wiederholen Sie!

Waiter, I'd like the menu, please.	**Herr Ober, ich hätte gern die Speisekarte, bitte.**
Here you are.	**Hier, bitte schön.**
What is the specialty of the day?	**Was ist denn die Spezialität des Tages?**
Sauerbraten and dumplings.	**Sauerbraten und Knödel.**
I would like the sauerbraten and a salad with it.	**Ich hätte gern den Sauerbraten und einen Salat dazu.**
Would you like something to drink?	**Möchten Sie etwas zu trinken?**
I would like to have a glass of wine.	**Ich hätte gern einen Wein, bitte.**
What would you recommend?	**Was würden Sie empfehlen?**
We have a good Moselle wine.	**Wir haben einen guten Moselwein.**
Would you please bring me a Moselle wine?	**Würden Sie mir bitte einen Moselwein bringen?**
Gladly.	**Gern.**
Would you like something else?	**Möchten Sie sonst noch etwas?**
No, thank you.	**Nein, danke.**
Perhaps later.	**Vielleicht später.**
You're welcome.	**Bitte.**
The food will be here at once.	**Das Essen kommt sofort.**

36. C.

Answer the following questions using either *ja* or *nein* as indicated.

Möchten Sie ein Stück Kuchen? (ja, ich)	☞ *Ja, ich möchte ein Stück Kuchen.*
Wärst du damit einverstanden? (ja, ich)	☞ *Ja, ich wäre damit einverstanden.*
Hätten Sie gern ein Bier? (ja, wir)	☞ *Ja, wir hätten gern ein Bier.*

Now do the following:

Ask Mr. Knapp if he would help you.	☞ *Herr Knapp, würden Sie mir bitte helfen?*
Tell the waiter you would like the menu.	☞ *Herr Ober, ich möchte bitte die Speisekarte.*
Now ask the waiter what he would recommend.	☞ *Was würden Sie empfehlen?*

LESSON 37: DOUBLE INFINITIVES IN THE PAST

37. A.

So far we've been using the modal verbs, as well as *sehen*—"to see," *hören*—"to hear," *helfen*—"to help," and *lassen*—"to allow/to have something done" in the present tense, both with and without a dependent infinitive. (For example, *Ich muß nach Hause*—"I have to go home," or *Ich muß nach London fahren*—"I have to go to London.") In the conversational past we've used them without a dependent infinitive. If you use dependent infinitives after modals, or if you use *sehen, hören, helfen,* or *lassen* in the conversational past, you end up with a double infinitive. For example, you learned to say in the conversational past: *Ich habe den Wagen gehört*. Adding *kommen*—"to come," as a dependent infinitive, results in: *Ich habe den Wagen kommen hören*. Notice that the *hören* was recast as an infinitive and positioned after the dependent infinitive.

Hören Sie zu und wiederholen Sie!

He wasn't allowed to go to New York.	**Er hat nicht nach New York fahren dürfen.**
I heard the musicians playing Beethoven.	**Ich habe die Musiker Beethoven spielen hören.**
Did you let Paul stay alone?	**Haben Sie Paul allein bleiben lassen?**
She had to go at twelve o'clock.	**Sie hat um zwölf Uhr gehen müssen.**
Did they want to write the article?	**Haben sie den Artikel schreiben wollen?**
I helped repair the bike.	**Ich habe das Fahrrad reparieren helfen.**
We saw them eating in the cafeteria.	**Wir haben sie in der Mensa essen sehen.**

37. B.

Hören Sie gut zu!

ULI: *Hör mal! Die Berliner Philharmoniker kommen bald nach Heidelberg.*

SUZANNE: *Ein fantastisches Orchester! Ich habe es letzten Monat in Berlin spielen hören.*

ULI: *Hast du im voraus Karten kaufen müssen?*

SUZANNE: *Diesmal nicht! Der Dirigent ist ein Familienfreund und er hat uns die Karten kaufen helfen.*

ULI: *Habt ihr gute Sitzplätze gehabt?*

SUZANNE: *Wir haben alles perfekt sehen und hören können.*

Hören Sie zu und wiederholen Sie!

Listen!

The Berlin Philharmonic is coming to Heidelberg soon.

A fantastic orchestra!

I heard them play in Berlin last month.

Did you have to buy tickets in advance?

Not this time!

The conductor is a friend of the family and he helped us get tickets.

Did you have good seats then?

We could see and hear everything perfectly.

Hör mal!

Die Berliner Philharmoniker kommen bald nach Heidelberg.

Ein fantastisches Orchester!

Ich habe es letzten Monat in Berlin spielen hören.

Hast du im voraus Karten kaufen müssen?

Diesmal nicht!

Der Dirigent ist ein Familienfreund und er hat uns die Karten kaufen helfen.

Habt ihr gute Sitzplätze gehabt?

Wir haben alles perfekt sehen und hören können.

37. C.

Rephrase the sentences in the conversational past.

Ich sehe den Mann kommen. ☞ *Ich habe den Mann kommen sehen.*

Ich höre das Orchester spielen. ☞ *Ich habe das Orchester spielen hören.*

Wir wollen diesmal nicht hinfahren. ☞ *Wir haben diesmal nicht hinfahren wollen.*

Wir lassen das Auto reparieren. ☞ *Wir haben das Auto reparieren lassen.*

LESSON 38: THE CONDITIONAL

38. A.

The German conditional is equivalent to English would-constructions. The German conditional uses *würde*, the past subjunctive (or subjunctive II) of *werden*, plus the infinitive. The conditional is used for hypothetical, unreal, or contrary-to-fact statements and questions. Compare the following two sentences. The first is a statement of fact, the second a hypothesis.

He orders the book.	**Er bestellt das Buch.**
He would order the book, if he had the money.	**Er würde das Buch bestellen, wenn er das Geld hätte.**

Hören Sie zu und wiederholen Sie!

I would order	**ich würde bestellen**
I would order the Rhine wine.	**Ich würde den Rheinwein bestellen.**
you would order	**Sie würden bestellen**
Would you order a cab?	**Würden Sie ein Taxi bestellen?**
you would make reservations	**du würdest bestellen**
Would you make the reservations?	**Würdest du den Tisch bestellen?**
he would order	**er würde bestellen**
He would order the medicine.	**Er würde die Medikamente bestellen.**
she would order	**sie würde bestellen**
She would order the tickets.	**Sie würde die Karten bestellen.**
we would order	**wir würden bestellen**
We would order the new car.	**Wir würden das neue Auto bestellen.**

you would order	**Sie würden bestellen**
Mr. and Mrs. Müller, would you order the tickets?	**Herr und Frau Müller, würden Sie die Fahrkarten bestellen?**
you would order	**ihr würdet bestellen**
Would you order the cookies this year?	**Würdet ihr dieses Jahr die Plätzchen bestellen?**
they would order	**sie würden bestellen**
They would not order our product.	**Sie würden unser Produkt nicht bestellen.**

The conditional requires an explicit or implicit if- or *wenn*-clause: "If . . . , then . . ." —*Wenn . . . , dann . . . .* In conditional sentences, the verb in the main clause is in the same tense as the verb in the if-clause.

| If I had the time, I would buy the theatre tickets. | **Wenn ich Zeit hätte, würde ich die Theaterkarten bestellen.** |
| She'd take a trip if she had the money. | **Sie würde eine Reise machen, wenn sie das Geld hätte.** |

38. B.

Listen to Vanessa's letter to Kirsten:

VANESSA: *Liebe Kirsten,*
ich würde Dich gern sehen, aber Du wohnst jetzt so weit weg. Ich würde zu Dir fahren, aber mein Auto ist kaputt. Weißt du schon, daß Karin Gelegenheit hat, an der Uni in Dresden zu studieren? Wenn ich sie wäre, würde ich das sofort machen! Meine Vorlesungen hier sind langweilig. Wenn ich andere bekommen hätte, würde ich mehr lernen.
Bis bald,
Deine Vanessa

Dear Kirsten,	**Liebe Kirsten,**
I would love to see you, but you live so far away now.	**ich würde Dich gern sehen, aber Du wohnst jetzt so weit weg.**
I'd drive to your place, but my car broke down.	**Ich würde zu Dir fahren, aber mein Auto ist kaputt.**
Do you know already that Karin has a chance to study at the university in Dresden?	**Weißt du schon, daß Karin Gelegenheit hat, an der Uni in Dresden zu studieren?**
If I were she, I'd do that immediately!	**Wenn ich sie wäre, würde ich das sofort machen!**
My courses here are boring.	**Meine Vorlesungen hier sind langweilig.**
If I'd gotten others, I'd learn more.	**Wenn ich andere bekommen hätte, würde ich mehr lernen.**
Till soon! Yours, Vanessa	**Bis bald, Deine Vanessa.**

38. C.

Now do the following:

State that Maria would order the wine.	☞ *Maria würde den Wein bestellen.*
State that Thomas would read the paper.	☞ *Thomas würde die Zeitung lesen.*
Ask if Horst would order the newspaper.	☞ *Würde Horst die Zeitung bestellen?*
Ask if they would learn German.	☞ *Würden sie Deutsch lernen?*

LESSON 39: MORE SUBJUNCTIVES AND
CONDITIONALS

39. A.

We already dealt with the subjunctive forms of *können* to express polite requests. Let's review their forms:

Could I look for the book myself?	**Könnte ich das Buch selbst suchen?**
Could you help me look for the book?	**Könnten Sie mir das Buch suchen helfen?**
Could you order the tickets?	**Könnten Sie die Karten bestellen?**
Could you order the cab?	**Könntest du das Taxi bestellen?**
Could she look for the tickets?	**Könnte sie die Karten suchen?**
Could we speak to the director?	**Könnten wir den Direktor sprechen?**
Could you ask at the counter?	**Könnten Sie am Schalter fragen?**
Could you go visit the teacher?	**Könntet ihr den Lehrer besuchen?**
Could they ask the tour guide?	**Könnten Sie die Reise-leiterin fragen?**

So far we have dealt with conditional sentences referring to the present:

If I had time, I would read this book.	**Wenn ich Zeit hätte, würde ich dieses Buch lesen.**

Now let's turn to conditional sentences referring to the past. For the past conditional, you'll rely on the past sub-

junctive forms of *haben—hätte* and *sein—wäre* as your auxiliary verbs.

If I had had time, I would have read this book.	**Wenn ich Zeit gehabt hätte, hätte ich dieses Buch gelesen.**
If I had been younger, I would have gone to Paris.	**Wenn ich jünger gewesen wäre, wäre ich nach Paris gefahren.**

39. B.

Colleen writes a column for the daily paper and gives ad-
vice in response to confidential letters. *Hören Sie gut zu!*

COLLEEN: *Anna, wenn ich du wäre, würde ich Max nicht verlassen.*

Peter, wenn ich du wäre, würde ich das neue Auto kaufen. Du brauchst es, um deinen Kunden zu imponieren.

Hedwig, wenn ich Sie wäre, würde ich an dem Bericht arbeiten. Erst die Arbeit, dann das Vergnügen. Max, wenn du Lust hättest, könntest du auch in Hamburg studieren.

Hören Sie zu und wiederholen Sie!

Anna, if I were you, I would not leave Max.	**Anna, wenn ich du wäre, würde ich Max nicht verlassen.**
Peter, if I were you, I would buy the new car.	**Peter, wenn ich du wäre, würde ich das neue Auto kaufen.**
You need it to impress your clients.	**Du brauchst es, um deinen Kunden zu imponieren.**

Hedwig, if I were you, I'd work on the report.

Hedwig, wenn ich Sie wäre, würde ich an dem Bericht arbeiten.

Work before play!

Erst die Arbeit, dann das Vergnügen!

Max, if you'd like to, you could also study in Hamburg.

Max, wenn du Lust hättest, könntest du auch in Hamburg studieren.

39. C.

Now do the following:

State that Maria could go to Paris, if she had the money.

☞ *Maria könnte nach Paris fahren, wenn sie das Geld hätte.*

State that Thomas could read the paper, if he had time.

☞ *Thomas könnte die Zeitung lesen, wenn er Zeit hätte.*

State that you would take a trip, if you had money.

☞ *Ich würde eine Reise machen, wenn ich Geld hätte.*

State that if you had had money, you would have taken a trip.

☞ *Wenn ich Geld gehabt hätte, hätte ich eine Reise gemacht.*

LESSON 40: THE PRESENT SUBJUNCTIVE IN INDIRECT SPEECH

40. A.

In the previous three chapters we discussed the use of the past subjunctive, or subjunctive II, to express contrary-to-fact statements in conditional sentences. The present subjunctive, or subjunctive I, is only used to report what someone else has said, and occurs primarily in the third-person singular. The subjunctive I forms of most verbs simply add -*e* to the stem of the infinitive.

He says he has little time.	**Er sagt, er habe wenig Zeit.**
She says it is getting warm.	**Sie meint, es werde warm.**
He says he couldn't come to-day.	**Er sagte, er könne heute nicht kommen.**
He says he'll come tonight.	**Er sagt, er komme heute abend.**
She wrote she was going on vacation soon.	**Sie schrieb, sie fahre bald in Urlaub.**
He says he knows nothing about it.	**Er sagt, er wisse nichts davon.**
She says, she has to study German.	**Sie sagt, sie müsse Deutsch lernen.**

Sein has irregular subjunctive I forms. *Hören Sie gut zu!*

He says I am impatient.	**Er sagt, ich sei ungeduldig.**
She says you are always here.	**Sie sagt, Sie seien immer hier.**
She says you are always happy.	**Sie sagt, du seist immer glücklich.**
He says Maria is very nice.	**Er sagt, Maria sei sehr nett.**
They say we are not punctual.	**Sie sagen, wir seien nicht pünktlich.**

Peter says you are engaged.	**Peter sagt, Sie seien verlobt.**
Mr. Braun says you are busy.	**Herr Braun sagt, ihr seiet beschäftigt.**
Beate says they are back.	**Beate sagt, sie seien zurück.**

40. B.

Hören Sie gut zu!

HERR BECK: *Was liest du da, Else?*

FRAU BECK: *Ja, da ist gerade ein Brief von Wolfgang aus Sidney angekommen.*

HERR BECK: *Was schreibt er denn?*

FRAU BECK: *Er schreibt, er sei Generaldirektor geworden bei einem Maschinenbauunternehmen.*

HERR BECK: *Das ist ja allerhand. Was noch?*

FRAU BECK: *Seine Tochter Kate sei nun in der letzten Schulklasse und werde wahrscheinlich nächstes Jahr studieren.*

HERR BECK: *Und der Sohn?*

FRAU BECK: *Nick sei noch in der Grundschule und interessiere sich für Wassersport.*

HERR BECK: *Was macht seine Frau Beth?*

FRAU BECK: *Er schreibt, sie versuche immer noch ihr Deutsch zu verbessern.*

Hören Sie zu und wiederholen Sie!

What are you reading there, Else?	**Was liest du da, Else?**
Well, a letter from Wolfgang in Sidney just arrived.	**Ja, da ist gerade ein Brief von Wolfgang aus Sidney angekommen.**
What does he write?	**Was schreibt er denn?**

350

He writes he's become general director at a mechanical engineering company.	Er schreibt, er sei Generaldirektor geworden bei einem Maschinenbauunternehmen.
That's really something.	Das ist ja allerhand.
What else?	Was noch?
His daughter Kate is now in her last year of school and will probably attend the university next year.	Seine Tochter Kate sei nun in der letzten Schulklasse und werde wahrscheinlich nächstes Jahr studieren.
And the son?	Und der Sohn?
Nick is still in primary school and very interested in water sports.	Nick sei noch in der Grundschule und interessiere sich für Wassersport.
What's his wife Beth doing?	Was macht seine Frau Beth?
He writes she's still trying to improve her German.	Er schreibt, sie versuche immer noch ihr Deutsch zu verbessern.

40. C.

Now do the following:

Say that Peter told you he has little time.	☞ *Peter sagte, er habe wenig Zeit.*
Say that Ilse told you that she was very busy.	☞ *Ilse sagte, sie sei sehr beschäftigt.*
Say that Monika said she had been in Berlin last year.	☞ *Monika sagte, sie sei letztes Jahr in Berlin gewesen.*
Say that Werner told you he had found a new job.	☞ *Werner sagte, er habe eine neue Stelle gefunden!*

Congratulations! You have mastered the treacherous essentials of German verbs. Practice your German as often as possible. Even if you cannot go on a trip abroad, review with *Living Language™ German 2*, watch German movies, read German magazines, and talk to German-speaking friends as often as possible in order to reinforce what you have learned with *Living Language™ German 2*.

Index of Verbs

The following is a comprehensive list of all the verbs found in *Living Language™* *German 2*. The reference number following the letter "C" (i.e. C: 32) refers to the listing in the *Verb Charts*. The reference numbers following the letter "M" (i.e. M: 7, 15, **15**) refer to the lesson number of the Conversation Manual in which the verb is used. The **bold** numbers refer to lessons in which the verb is featured substantially. The other numbers refer to lessons in which the verb is only used in context (dialogues, exercises, etc.).

A

abfahren   to leave, depart   C: 1; M: **16** *see also: fahren, hinfahren, skifahren, erfahren*

abholen   to fetch, call for, come for, pick up, collect   C: 2; M: **27**, 33, **23**, **35** *see also: holen*

anbieten   to offer   C: 3

anfangen   to begin, start   C 4; M: **16**, 29

ankommen   to arrive   C: 5; M: 40 *see also: kommen, zurückkommen*

anrufen   to telephone   C: 6 *see also: rufen*

antworten   to answer, reply   C: 7; M: **5**, **22**, 30

anziehen   to put on; get dressed   C: 8; M: **17** *see also: ziehen*

arbeiten   to work   C: 9; M: **1**, **5**, **12**, 39

aufmachen   to open   C: 10; M: 34, 35 *see also: machen, zumachen*

ausgeben   to give out, spend   C: 11; M: **27** *see also: geben*

aussteigen   to get out   M: **16** *see also: steigen, einsteigen, umsteigen*

auszeichen   to mark, label   M: 34

B

baden   to bathe   C: 12; M: **5**

bedeuten   to mean, signify   C: 13; M: **5**, **12**

begegnen   to meet, encounter   C: 14

beginnen   to begin   C: 15; M: **26**

bekommen   to get, receive   C: 16; M: **26**, 29, 38

beschäftigen (mit), sich   to keep busy (with)   C: 17; M: **28**

besitzen   to own, posess   C: 18

besorgen   to fear, apprehend   M: 16

bestellen to order (goods) C: 19; M: **18**, 21, **22**, **30**, 35, **38**, 39
  see also: stellen, vorstellen

besuchen to visit, attend C: 20; M: **22**, 24, 32, 34

bewegen to move, agitate, shake C: 21

bezahlen to pay, repay C: 22, M: 27, 34, 35

bitten to ask for, request C: 23; M: 33

bleiben to remain, stay C: 24; M: 20, **24**, **26**, 29, 32, 37

blitzen to flash, emit lightning, sparkle C: 25; M: **8**

brauchen to need, require C: 26; M: 4, **29**, 39

brechen to break C: 27

brennen to burn M: **8**, 14

bringen to bring, fetch, convey C: 28; M: 6, 7, 36 *see also: mitbringen, verbringen*

buchen to book, reserve; enter in the books C: 29; M: 34, 35

D

danken to thank C: 30; M: **12**

dauern to last, continue C: 31; M: **20**, **26**

denken to think, reflect C: 32; M: 7, 15, **25**

donnern to thunder; hammer (on) C: 33; M: **8**

drücken to push, press C: 34

dürfen may, to be allowed to C: 35; M: **6**, **37**

E

einkaufen to buy; shop C: 36; M: 6, **16**, 21 *see also: kaufen, verkaufen*

einladen to invite C: 37; M: 7

einpacken to pack up M: 19

einsteigen to get into M: **16** *see also: steigen, aussteigen, umsteigen*

empfehlen to recommend C: 38; M: **4**, 12, **23**, 34, 36

entlassen to dismiss, release C: 39 *see also: lassen, verlassen*

entscheiden to decide C: 40

entwickeln to develop C: 41; M: **20**

erfahren to learn, hear, experience C: 42 *see also: fahren, abfahren, hinfahren, skifahren*

erinnern, sich to remind, remember C: 43

erkälten, sich to catch a cold C: 44

erklären to explain, declare, announce C: 45; M: **22**, 34

erlauben to allow, permit C: 46

erschrecken to be frightened C: 47

erzählen to tell, relate C: 48; M: **22**, 30

essen to eat C: 49; M: **3**, 9, **31**, 37

F

fahren to drive, go C: 50; M: **2**, 6, 16, 19, **21**, **24**, 25, 27, **31**, 33, 37, 38, 39, **40** *see also: abfahren, erfahren, hinfahren, skifahren*

fallen to fall   C: 51

fehlen to miss, be absent   C: 52

fernsehen to watch television   M: **4**, 33 *see also: sehen*

finden to find   C: 53; M: **5**, 14, **31**, 40

fliegen to fly   C: 54; M: **24**

folgen to follow   M: 36

fragen to ask   C: 55; M: **22**, 39

freuen (über), sich to be glad (about), pleased; **(auf)** to look forward to   C: **56**; M: **17**, 20, 28

frieren to be cold, freeze   C: 57

frühstücken to eat breakfast   C: 58

fühlen to feel, perceive   C: 59

fürchten to fear, be afraid   C: 60

G

geben to give   C: 61; M: **8**, **19**, **23**, 34 *see also: ausgeben*

gefallen to be pleasing, like   C: 62; M: **13**

gehen to go, walk   C: 63; M: 6, 9, 14, 18, **21**, **24**, 27, 32, 33, 37
  see also: zurückgehen

genießen to eat or drink, enjoy   C: 64

gewinnen to win, gain   C: 65

sich gewöhnen to become accustomed   C: 66

glauben to believe   C: 67

grüßen to greet, salute, send regards   C: 68

gucken to peek, stare, look   M: 14

H

haben to have, possess   C: 69; M: **9**, 12, **19**, 20, **22**, **23**, 24, **25**, **26**, 27, **28**, **29**, 30, 31, **32**, **33**, **36**, **37**, 38, **39**, **40**

halten to hold, keep, stop, consider   C: 70; M: **2**, 18

handeln to act: trade (in goods)   C: 71

heiraten to marry   C: 72

heißen to be named, called   C: 73; M: **1**, 15

helfen to help, assist   C: 74; M: **3**, 6, 8, **14**, **19**, 20, 27, 36, **37**, 39

hinfahren to drive there   M: **27**, 37 *see also fahren, abfahren, skifahren, erfahren*

hoffen to hope, expect   C: 75

holen to fetch, get   C: 76; M: 33 *see also: abholen*

hören to hear, obey   C: 77; M: **12**, **14**, 19, **22**, **37** *see also: zuhören*

I

imponieren to impress   M: 39

interessieren (für), sich to be interested in   C: 78; M: **17**, **22**, **28**, 29, 40

K

kämpfen to fight, struggle C: 79

kaufen to buy, purchase C: 80; M: 7, 29, 30, 34, 37, 39 *see also: einkaufen, verkaufen*

kennen to know, be acquainted or familiar with C: 81: M: **7, 28**
see also: kennenlernen

kennenlernen to become acquainted with C: 82; *see also: kennen, lernen*

klingen to sound M: 33

kochen to cook, boil C: 83

kommen to come C: 84; M: 14, 18, **24**, 27, 36, **37, 40** *see also: ankommen, zurückkommen*

können can, to be able to, know C: 85; M: **6**, 8, 9, **20**, 25, 31, **32, 37, 39, 40**

kosten to cost; taste, try C: 86; M: **5, 26**, 27

kriegen to get, obtain C: 87

L

lachen to laugh C: 88

lassen to let, leave, allow, have C: 89; M: **14**, 20, **21, 37**
see also: entlassen, verlassen

laufen to run, walk, go C: 90; M: **24**, 32

leben to live C: 91; M: 14

legen to lay, put, place C: 92

leihen to lend, borrow from C: 93

lernen to learn, study C: 94; M: **18**, 29, 38, 40 *see also: kennenlernen*

lesen to read C: 95; M: **4**, 14, **23**, 34, 38, 39, 40

lieben to love C: 96

liegen to lie, be situated C: 97

M

machen to do, make C: 98; M: 6, 8, 10, 11, 18, 20, **21, 22**, 23, 24, 30, 35, 36, 38, 39, 40 *see also: aufmachen, zumachen*

meinen to be of the opinion, think, mean C: 99; M: **40**

merken to notice, remember C: 100

messen to measure C: 101

mieten to rent, hire C: 102

mißverstehen to misunderstand M: 32 *see also: verstehen, stehen*

mitbringen to bring with M: 6, **16, 32** *see also: bringen, verbringen*

mitnehmen to take with M: 36 *see also: nehmen, wegnehmen*

mögen to want, like C: 103; M: **6**, 7, 9, **36**

müssen must, to have to C: 104; M: **6**, 35, **37, 40**

N

nehmen to take, receive C: 105; M: **13**, 16, 21 *see also: mitnehmen,*
  wegnehmen
nennen to name, call C: 106; M: **15**
nützen to use C: 107

O

öffnen to open C: 108; M: 32

P

passen to fit, be suitable for C: 109
passieren to happen, take place C: 110
probieren to try; taste C: 111; M: **22**, 30
putzen to clean C: 112

R

rauchen to smoke M: 6
reden to talk, speak C: 113
regnen to rain C: 114; M: **5, 8**
reisen to travel C: 115
reparieren to repair C: 116; M: 14, 21, **22**, 34, 37
reservieren to reserve, book C: 117; M: 21, **22**
riechen to smell, scent C: 118
rufen to call, shout C: 119; M: 14, **31** *see also: anrufen*

S

sagen to say, tell, speak C: 120; M: 20, **22**, 30, 32, **40**
schauen to see, look, view C: 121
schenken to give, present C: 122
schicken to send C: 123
schlafen to sleep C: 124; M: **2, 23**
schließen to close, shut, lock C: 125; M: **31**
schmecken to taste, taste good C: 126
schneien to snow C: 127; M: **8**
schreiben to write C: 128; M: 18, **19**, 20, 34, 35, 37, **40**
schreien to shout, scream, shriek, cry C: 129
schwimmen to swim, float C: 130
sehen to see, realize C: 131; M: **4**, 9, **14**, **23**, 25, 31, 33, **37**, 38
  see also: fernsehen
sein to be, exist C: 132; M: 1, 4, 5, 6, 7, **10**, 14, 15, 17, **19**, 20, **22**, 23,
  24, 25, **26**, 27, 29, 30, 31, **32**, **33**, 34, **35**, **36**, 37, 38, **39**, **40**
senden to send, transmit C: 133; M: **15**, **25**
setzen, sich to sit down C: 134 *see also: sitzen*
singen to sing C: 135
sitzen to sit, stay C: 136; M: 33 *see also: sich setzen*

skifahren to ski M: 8 *see also: fahren, abfahren, hinfahren, erfahren*
sollen shall, to be supposed to C: 137; M: **6**, 9, 22
sparen to save (money) C: 138
spazieren to walk, stroll C: 139; M: 24, 33
spielen to play, act C: 140; M: 14, **29**, 33, 37
sprechen to speak, talk C: 141; M: **3**, 18, 32 *see also: versprechen*
starten to start (a car) M: 31
stehen to stand, stop, be located C: 142; M: 31 *see also: verstehen,*
  mißverstehen
steigen to climb, increase, rise C: 143; M: **16**, **24** *see also: aussteigen,*
  einsteigen, umsteigen
stellen to put, place C: 144 *see also: vorstellen*
stören to disturb, upset, trouble C: 145
studieren to study, be in school C: 146; M: 11, 38, 39, 40
suchen to look for, search C: 147; M: 33, **39** *see also: versuchen*

T
tanzen to dance M: 14
tragen to carry, bear, wear C: 148
treffen to meet, hit C: 149; M: 1, **13**, 20
treten to step, walk, tread, go C: 150
trinken to drink C: 151; M: 36
tun to do, make, put C: 152; M: 20

U
überlegen to consider, cover C: 153
umsteigen to change, transfer (bus, train, etc.) M: **16** *see also:*
  steigen, aussteigen, einsteigen
unterhalten, sich to converse, talk, amuse oneself C: 154; M: **17**, 28

V
verbessern to improve C: 155; M: 40
verbinden to join C: 156
verbringen to spend M: 32 *see also: bringen, mitbringen*
verdienen to earn, win, deserve C: 157
verführen to seduce, tempt C: 158
vergessen to forget, neglect C: 159; M: **19**, 20
verkaufen to sell C: 160; M: 34, 35 *see also: kaufen, einkaufen*
verlassen to leave, rely on C: 161; M: 39 *see also: lassen, entlassen*
verlieren to lose C: 162
versprechen to promise C: 163; M: **3** *see also: sprechen*
verstehen to understand C: 164; M: 22, **32** *see also: mißverstehen, stehen*
versuchen to try, attempt C: 165; M: 40 *see also: suchen, besuchen*
vertrauen to trust, have confidence in C: 166
vorstellen to introduce, set in front of C: 167 *see also: stellen, bestellen*

W

wählen to select, choose, vote C: 168
warten to wait, look after C: 169; M: **19**, 20, 32
waschen, (sich) to wash C: 170; M: **17**
wechseln to change, exchange C: 171
wegnehmen to take away M: **27** *see also: nehmen, mitnehemen*
werden to become, grow, get C: 172; M: **11**, 14, **18**, **19**, **20**, 33, **34**, **35**, **36**, **38**, **40**
werfen to throw, fling C: 173
wissen to know (a fact), understand C: 174; M: 7, 11, 14, 15, **25**, 38, **40**
wohnen to reside, dwell, live C: 175; M: **1**, 7, 38
wollen to want to, wish, intend C: 176; M: **6**, 30, **32**, **37**
wünschen to wish, desire C: 177

Z

zeigen to show, indicate, point out C: 178; M: **18**, 30
ziehen to pull, tow, tug C: 179 *see also: anziehen*
zugreifen to help oneself C: 180
zuhören to list to; listen in (on) C: 181; M: 22, 36 *see also: hören*
zumachen to shut, close M: 36 *see also: machen, aufmachen*
zurückgehen to go back M: 32 *see also: gehen*
zurückkommen to come back M: 33 *see also: kommen, ankommen*